用 文 字 照 亮 每 个 人 的 精 神 夜 空

领读文化传媒
LINGDU Culture & Media

微信丨微博丨豆瓣　领读文化

做更好的决定

决定 用数字 解决 一切问题

〔日〕顾彼思商学院 著
〔日〕铃木健一 执笔

邓伟权 译

天津出版传媒集团

天津人民出版社

图书在版编目（CIP）数据

做更好的决定：用数字解决一切问题 / 日本顾彼思商学院著；（日）铃木健一执笔；邓伟权译 . — 天津：天津人民出版社，2023.5
ISBN 978-7-201-19268-0

Ⅰ.①做… Ⅱ.①日… ②铃… ③邓… Ⅲ.①数字技术 - 应用 - 工作方法 - 研究 Ⅳ.① B026-39

中国国家版本馆 CIP 数据核字 (2023) 第 059687 号

TEIRYO BUNSEKI NO KYOKASHO by Globis Corporation
Copyright © 2016 Globis Corporation
All rights reserved.
Original Japanese edition published by TOYO KEIZAI INC.
Simplified Chinese translation copyright © 2023 by BEIJING LINGDU CULTURE & MEDIA CO., LTD
This Simplified Chinese edition published by arrangement with TOYO KEIZAI INC., Tokyo,
through CREEK & RIVER Co., Ltd. and CREEK & RIVER SHANGHAI Co., Ltd.
图字02－2022－193号

做更好的决定：用数字解决一切问题
ZUO GENGHAO DE JUEDING：YONG SHUZI JIEJUE YIQIE WENTI

出 版	天津人民出版社
出 版 人	刘 庆
地 址	天津市和平区西康路 35 号康岳大厦
邮政编码	300051
邮购电话	（022）23332469
电子信箱	reader@tjrmcbs.com

责任编辑	李 荣
装帧设计	欧阳颖

印 刷	北京金特印刷有限责任公司
经 销	新华书店
开 本	880 毫米 ×1230 毫米 1/32
印 张	9.75
字 数	251 千字
版次印次	2023 年 5 月第 1 版 2023 年 5 月第 1 次印刷
定 价	58.00 元

前言

美国小说家马克·吐温写过的《汤姆·索亚历险记》家喻户晓。他以引用英国首相①话语的形式，就数字作了如下言说：

"世界上有三种谎言——谎言、弥天大谎和统计学。"（"There are three kinds of lies: lies, damned lies, and statistics."）

我初读此段话之际，曾简单地理解为，这是马克·吐温为表示数字绝对不可信而说的话。但是，实际上我们也可以认为这段话向我们言说了数字重要的一面。

如果我们把使对方相信本来不真实的事情作为谎言的目的的话，数字就比谎言的"长辈"弥天大谎还高出一个档次，具有更强的说服力。在交流中拥有能够让人稍不留神就会上当受骗的说服力，这就是数字蛊惑人心的力量，也就是本书所说的"数字力"。

顺便说一句，数字真是超越弥天大谎量级的谎言吗？

据说，为了恢复数字的名誉，马克·吐温还对数字进行了如下补充：

"数字不会撒谎。撒谎者（在谎言中）使用数字。"（"Figures don't lie, but liars figure."）

我认为，对诸多商务人士而言，数字是继日语、英语之后的第三语言。如果借用马克·吐温的话来讲，数字就是世界通用的交流手段，它具有凌驾于弥天大谎之上的说服力和蛊惑人心的力量。我也同时认为，

---

① 迪斯累利。——译者注

就像日语这一语言对日本人的思考方式给予影响一样，数字这一语言也对思考有影响。数字是逻辑思考的基础，正如算式是思考的关键。换一种表述的话，如果使用数字这种语言思考，对商务不可或缺的逻辑思考能力就会得到进一步的加强。

然而，在商校授课和面对企业的研修课堂上，在与诸多社会人士一起学习使用数字进行分析之际，我痛感对数字这一语言抱有比对英语更强烈的好恶和过敏感的人为数众多。这是因为，学习数字这一语言其实和学习普通语言一样，都有窍门。

读者诸君，让我们在本书中一起领略和数字打交道的窍门吧。还要补充一点，"数字力"这一词汇，不仅包含着运用数字技巧的意思，还包含着数字拥有蛊惑人心的力量的意义。

顾彼思商学院教授

铃木健一

目录

第一部　分析的观念

第二章　分析与假说思考   041

第二部　比较的技术

第六章　尝试囊括成算式来"比较" 197
　　　　　（回归分析和建模）

第一部
分析的观念

每天的工作是连续的行动。要实现众人期盼的结果，在行动中就必然遇到类似选择怎样的行动这种或大或小的问题，而抉择的结果也必然是"组合式"的。

　　以商学院为例，为了吸引尽量多的优秀学生报考，就需要以下种种前后相续的决策：该以哪类社会人士为目标客户，和他校相比应以何种特色为优势，以怎样的手段和体验向目标客户传递信息，整体课程该如何设计，等等。

　　做出"好的"决策的必要条件是什么？就如同要做出美味佳肴，需要好的食材和对食材的精心烹饪一样，做出"好的"抉择，基于事实的高质量分析不可或缺。

　　大致来说，分析可以分为使用数字的"定量分析"和不使用数字的"定性分析"。鉴于在商务现场，与数字打交道的情况很多，本书就将使用数字的定量分析作为焦点。

　　在第一部中，我们要思考对分析来说关键的思考方法、分析的目的和应当采取的步骤。读者诸君，下面就让我们一起来看看吧。

第一章 分析的本质

我们常常听到这种抱怨："特意收集数据，做了种种表格，却被人指责道'你到底要说什么？'""就算看了别人的图表，却不知道该如何解读。""我就是觉得数字很棘手，很讨厌。"确实，很多人苦恼于不知道如何使用数字进行分析以及如何与数字打交道。

在第一章中，我们一起来思考分析原本的目的是什么、分析以何务为中心。

Let's do the numbers!（让我们来处理数字吧！）

1 如何与数字打交道

1-1 让讨厌数字的人爱上它

各位喜欢数字吗？擅长运用数字吗？

不知什么原因，商学院很喜欢用2×2的矩阵归纳各种现象，那笔者就用矩阵归纳一下各位现在的状态。两条轴线如下图所示，纵轴代表"喜欢 讨厌"，而横轴代表"擅长 棘手"。根据自我评估，您是处在 A、B、C 和 D 四个象限中的哪一个呢？

图 1.1 数字乐园：迷宫矩阵（一）

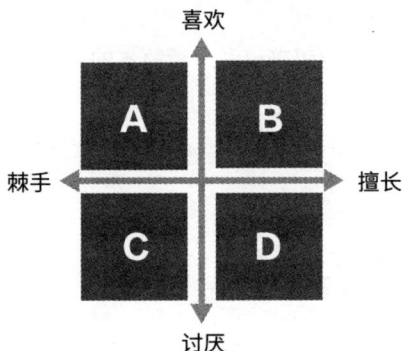

笔者在讲课或者办企业研修班时，一开始的时候一定会要求学员做笔者在讲课或者办企业研修班时，一开始的时候一定会要求学员做这种自我评估。通常的情况总是，其中大约六成的人处在 A 象限，对数字"喜欢但觉得棘手"；另有将近三成的人处在 C 象限，对数字"讨厌又觉得棘手"；剩下的少数人则处在 B 象限或者 D 象限，对数字"喜欢又擅长"或者"讨厌却擅长"。

图 1.2 数字乐园：迷宫矩阵（二）

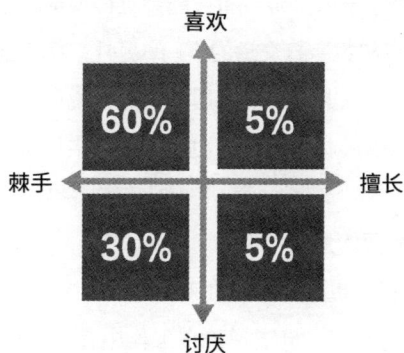

喜欢

| 60% | 5% |

棘手 ——————→ 擅长

| 30% | 5% |

讨厌

喜恶暂且不论，大多数人似乎认为数字很"棘手"，觉得擅长的人是极少数（或许正因为如此，笔者的课程才开得下去）。

图 1.3 数字乐园：迷宫矩阵（三）

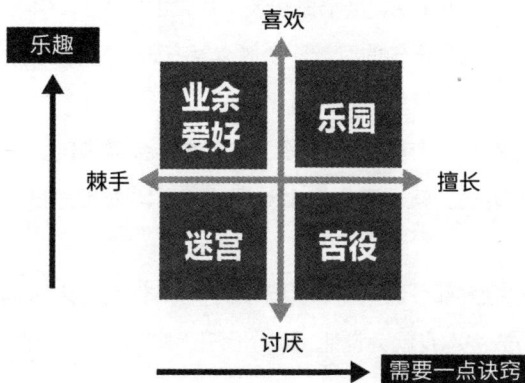

乐趣

喜欢

| 业余爱好 | 乐园 |

棘手 ——————→ 擅长

| 迷宫 | 苦役 |

讨厌

需要一点诀窍

本书的目标是尽量把各位从目前所在的位置，引导到"数字乐园"所在的"喜欢且擅长"象限。乍一看可能会觉得很难，不过要实现"棘手→擅长"，只需要一点和数字打交道的窍门。另外，为了达到"讨厌→喜欢"的过渡，我希望能和大家共同体会运用数字的喜悦和乐趣。期盼各位一边尽量接触由数字引发的趣味实例，一边学习和数字打交道的方法。

1-2 数字对经营的意义

拿起本书的读者，想必多是能在商务中使用数字或是强烈地感受到使用数字的必要性的人吧。毋宁说，在工作中完全不使用数字，也许更难吧。

也许对这样的人来说，数字的重要性是不言自明的，但在这里我们还是要再次思考，对经营而言，数字究竟具有怎样的意义。

关于这一点，看看实际经营的专家——企业家是如何谈论数字的，或许是最快的捷径[1]。

"会计数字就像飞机驾驶座上的仪表。假如没有反映真实的状态，就不能向正确的方向操纵。"（稻盛和夫，京瓷创始人、日本航空会长）

"对话中不包含正确的时间、金额以及其他数字，就不是在谈生意。这不过是侃大山。"（似岛昭雄，宜得利社长）

"凡是问题，必有原因。还有，数字是不会撒谎的。只要根据原因和数字来对照实际，就一定会找出对策。"（泽田秀雄，日本 HIS 国际旅行社会长）

"会议的绝大部分时间都被用于数字的报告上。之所以用这种风格开会，是因为数字本身就会说话。"（小山升，武藏野总经理兼社长）

---

① 铃木健一（2015），《孙正义、乔布斯、铃木敏文：著名言说的心理学》，《总统》（*President*）杂志3月30日号。

"没有数字的故事和没有故事的数字，都没有意义。"（御手洗富士夫，佳能会长）

在上述关于数字的名言中，我在课堂上最常引用的是御手洗先生的话。原因在于，我认为这句话用不能更短的语句极为准确地把握了数字对于经营的意义。

御手洗先生在接受杂志采访之际，说了如下一段话："用数字把目标呈现出来之后，为实现该数字需要做什么？应如何去做？让谁用怎样的方法去做何种工作？要实现这种工作，哪种情景是必要的？以上种种作为方法论的故事就会浮现出来。……没有数字的故事和没有故事的数字都没有任何意义，既不能实行，也无法达成。通过展示数字和能够保证实现该数字的故事，就会增强经营计划的可靠性，并确保市场和股东的信任。数字力会赋予言语以信赖的力量。"[1]

图 1.4 分析最大的关键

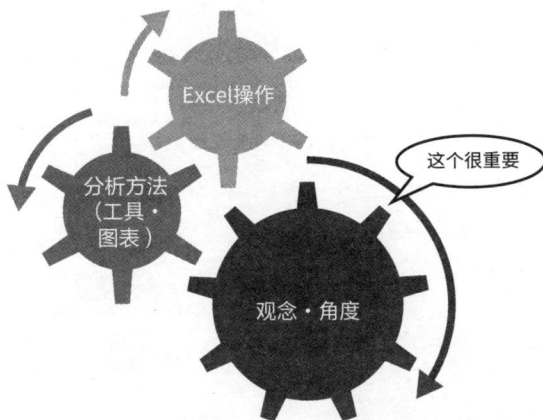

这个很重要

Excel操作

分析方法
（工具·
图表）

观念·角度

---

① 胜见明（2006），《御手洗富士夫"带动组织和人才"的苦口婆心劝说》，《总统》（*President*）杂志2月13日号。

经营、商务是为达成目的（比如说赚钱）而进行的开发、制造和销售产品和服务的一系列活动，为此必须弄清如何行事才能将行为导向结果。经营者需要"做这件事（手段）就会变成这样（结果）"的因果故事，这个故事有时会以"计划""战略"以及其他种种词汇来形容。要是没有这样因果关系分明的故事，就会变成只有天知道行动是否能够奏效的"魔咒"。

经营公司必须要有故事。尽管如此，另一方面，如果没有做什么、做到何时和做到何种程度这样的具体性，故事最终就难免成为镜花水月。借用似岛氏的话来说，那就只是"儿戏"。赋予故事以具体内容、赋予故事以是否能够顺利进展的判断标准者，就是数字。或许把数字视为故事和现实的接点并无不妥。

下面就从"假说思考"和"分析"的角度，来探讨对经营而言必须有的故事和数字这两个方面。

2 何谓分析

谈到使用数字的分析，人们往往不难想到高中或大学里晦涩难解的"统计"和复杂的 Excel 操作，但实际上其观念和角度从本质上来说相当简单。

借用爱因斯坦的话来说，就是："假如你无法简单地说明，就意味着你了解得不够透彻。"（"If you can't explain it simply, you don't understand it well enough."）

2-1 爱价几何？

这里要和大家一起做一个简单的分析。

"爱价几何？"

要用什么样的数据和图表，才能回答这个问题呢？

尽管有种种不同的爱，但这里先专心思考容易设想的男女之爱。

假如在商学院以演习的形式进行专题讨论的话，就会有种种想法。比如把送给对方的礼物和约会花费的时间换算成金钱相加，或是从寿险和离婚时的赡养费推导出结论。乍看之下似乎很简单，但在有真爱时寿险的保额会比较高吗，搞不好没有爱时才会比较高。

虽然也有人认为爱本无价，不能换算成金钱，但这里要介绍个有趣的分析案例。

就如表1.1所示，安盛人寿进行了一项调查，以职业单身女性（25—

44岁）为调查对象，询问她们期望男性有多少年收入，结果发现理想的平均年收入为552万日元。与此数额相对，在被问及"假如出现一个自己爱慕的对象，那名男性的年收入最低可以降到多低，你也愿意和他结婚"时，年收入则为270万日元。两者的差额约为282万日元，这里可以把它解释为爱在一年中的价格。

这个分析堪称巧妙，它不直接问爱价几何，而是从听到的回答中间接地试算爱的价格。

表 1.1 职业单身女性（25—44 岁）对男性年收入（单位：万日元）的期望值

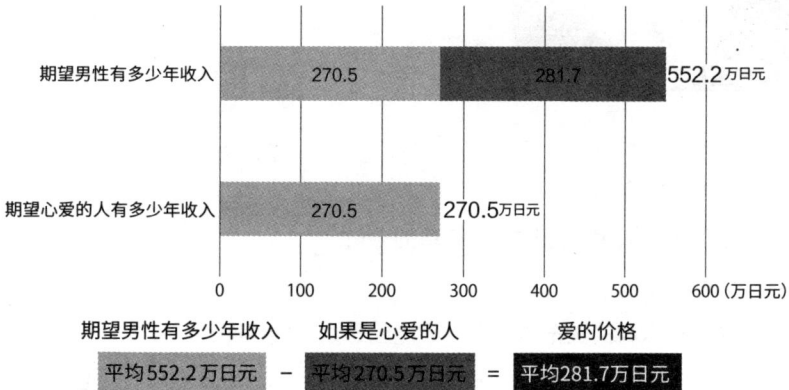

出处：安盛人寿保险《成年女性风险实况调查》2010 年 2 月。

2-2　分析的本质在于"比较"

在试算爱的价格的例子中，将真爱跟感觉不到爱的回答"比较"之后，就能从差额当中顺利推导出爱的价格。实际上，大家每天进行的使用数字的分析，其本质在于"比较"。即使说"没有不进行比较的分析"，也不能算言过其实。

通过比较，从数字这块"原石"中"提炼"出意义就是分析。大家平时所作的分析，其多数也是在无意识之中进行了某种比较。仅仅意识到在比较什么、比较对象为何，分析就会变得异常敏锐。

那么，为什么要进行比较呢？

为了回答这个问题，就有必要追溯在商务活动中究竟是为什么要进行分析。

在被问及"商务活动的本质为何"之际，我的回答可谓一言以蔽之，"构筑因果关系"。之所以这样说，是因为，在商务活动中，通常会期待成果或目的，而为了予以实现，就要采取诸多行动或行为。当此之际，人们每天就会殚思极虑，采取何种行为更有效率，而且能有效达成成果。

为了通过行为产生期待的成果，行为和期待的成果之间的因果关系就必不可少。假如采取了因果关系不明确的行为，行为的水准就几乎跟"念咒"别无二致。

如果换一种说法来表述的话，或许可以说"明了因果关系，就可改变未来"。大家不就是为了改变未来而工作的吗，应该会想要改变未来吧。

2-3　解决问题与比较

即使我们斩钉截铁地说，一句话，"构筑因果关系就是一切"，也难以给人以"这就是分析"的印象，还是来点具体的，把解决问题作为例子来思考。大家在工作中处理的内容，我想在宽泛的意义上大多可以归结为解决问题。谈到解决问题，大家或许会觉得"每天的工作没有那么多的问题要解决"。

图 1.5 解决问题

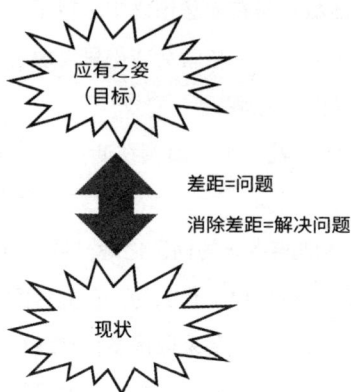

这里首先有必要思考，问题究竟是什么。常用的实用定义如图1.5所示，其做法是把现状和应有之姿（目标）之间有差距的状态作为问题来把握。这样思考的话，例如计算机无法开机（应有之姿：启动状态；现状：无法开机、不能启动）的状态也可以称为问题。

另一方面，把应有之姿当成目标来把握又会如何呢。大家工作的绝大部分内容就是面向目标采取某种行动。目标和现状之间有差距，可以说是有问题的状态。如果目标和现状一开始就别无二致，那就没有必要采取任何行动了吧。我们可以把为达成目标而采取行动理解为消除目标与现状的差距，也就是解决问题。

后面我们将谈到的解决问题，和计算机无法开机这个浅显的例子的不同之处在于这一点，那就是设定应有之姿之后问题才产生。领导的重要作用之一就在于设定目标，如果套用我们对问题的定义来思考的话，也许可以说通过设定目标这一应有之姿来"制造问题"就是领导的作用。

这样，为了解决问题，掌握因果关系、采取某种行动来消除差距就变得必要。

因为解决问题正是要解决因果关系本身，所以我们在这里使用商使用商务活动中解决问题时经常使用的、通用性强的提问框架 What → Where → Why → How 作为具体思考因果关系的示例，来试着稍微思考一下，如表1.2所示（关于这个框架，在第二章再详加说明）。

① What：该解决的问题（应有之姿与现实的差距）究竟是什么？
② Where：问题出在哪里？
③ Why：为什么会出问题？
④ How：解决方案是什么？

在这四个问题之中，要回答前三个问题，"比较"必不可少。

首先，在明了问题点所在的 What 之中，通常以应有之姿与现状之间的差距来定义问题，这正是比较啊。其次，为回答锁定问题和对象的 Where，以及阐明原因的 Why，"比较"也必不可少。

表 1.2 解决问题与比较

Where（问题在哪里）　　　　　　　Why（原因是什么）

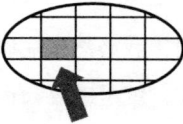

比较原因的有无　　　　比较关联性（相关）

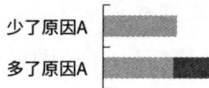

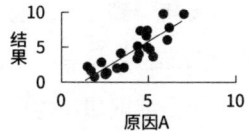

少了原因A
多了原因A

结果 10 / 5 / 0　　原因A 0　5　10

比较后发现问题在"这里"！　　　比较后发现"原因一定是A"！

和其他部分比较之后，方能发现问题所在。另外，通过比较原因和结果来观察关联性，才能发现问题之因。

比如说，你在超市担任新商品（使用有机食材的高级盒饭）的销售策划人员，这时候你就应该思考锁定哪些客人为目标客户（Where），还有盒饭的包装要如何吸引客户才能畅销（Why & How）。

首先，我们要设想目标客户（Where）。这时必须思考对有机食材盒饭感兴趣和有反应的人属于哪个社会阶层。比如说，从消费者对问卷调查的回答中，得知家有幼童的主妇客户对此反应极为敏感。这个过程正是对主妇和其他客户关心有机食材程度高低的比较。

在此基础上，我们还要思考在哪一点上打动这个家有幼童的主妇客户才能更有销路（Why & How）。

回顾当初推出考究食材的盒饭之际，有没有将生产者的肖像印在包装上，销售额就有天壤之别。或许是因为印上了肖像就比较有亲切感，销量就像坐了火箭似的。考虑到将肖像印在包装上也一定会热卖，于是就如法炮制。这正是从肖像的有无与销售额的比较当中，衡量两者的因果关系。

2-4　打破砂锅问到底：论因果关系与比较

在探索因果关系之际，大脑是如何思考的，我们要以数据为基础稍微设想一下。

每年一到冬天，感冒和流感就会流行。每到此时，我必然喉咙痛并且流鼻涕。但是有一年，也只有那一年，别说是流感，就是感冒我也没得。于是我就想，为什么呢？原因是什么呢？今年有什么和往年不一样的地方呢？

后来我猜想原因多半在酸奶上。今年我爱上了某家超市的酸奶，入冬以后就几乎天天在喝。于是我就想到，可能是酸奶中的乳酸菌增强了我身体的免疫力，所以没得感冒。

虽然真正的原因是否在于酸奶提升了免疫力不得而知，不过这种思考模式是推论因果关系的典型做法。也就是说，通过比较结果的不同、原因和期望之间的差异，建立起因果关系的关联。

我们再通过其他的例子来思考一下。

近年来，有研究指出反思在学习上的重要性[①]。例如，将学生分为经过反思的反思组和没有经过反思的普通组，两组成员测验的平均分数如表1.3所示。普通组的分数是66，而反思组的分数则高出15分（除了是否反思以外，其他条件都相同）。

大家看得出反思和测验结果有什么关系吗？比较有没有反思和测验结果的差异，就能判断出两者之间有因果关系了吧。也就是说，可以认为进行反思有助于测验结果的提高。顺便说一句，这个数据引自实际的研究结果[②]。假如反思之后就能提高22%的成绩，就没有人会不反思了。

表 1.3 反思的效果

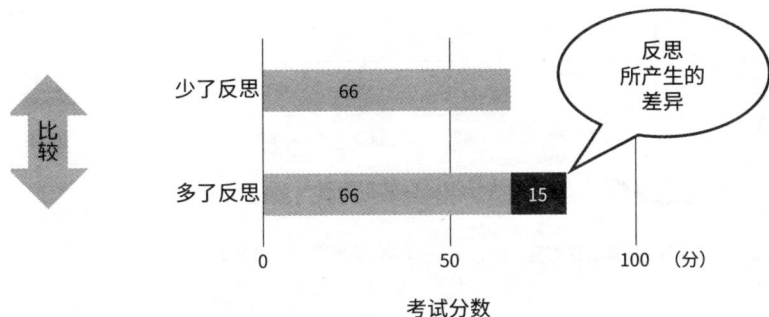

考试分数

---

① 比如说，和栗百惠（2010）:《"反思"与学习：大学教育的反思辅助刍议》，载日本《国立教育政策研究所纪要》139:85-100。

② Giada Di Stefano et al.(2014), "Learning by Thinking: How Reflection Aids Performance", Harvard Business School Working Paper, pp.14-93.

"反思"这个案例当中的原因在于定性类的有没有"反思"，接下来我们来探讨一下，要是原因出在数量时会怎样呢？表1.4是商学院学生持续记录生活时间，将每一季实际的学习时间和各学期成绩的关系用图表表现的结果。从学习量和成绩的比较当中，我们可以判明，用功时间愈多，成绩就愈好。从这层关联性（共变或相关关系）中能够看出一种因果关系，那就是学习量会影响测验结果，用功愈勤，则测验结果愈好。

表 1.4 学习量的效果

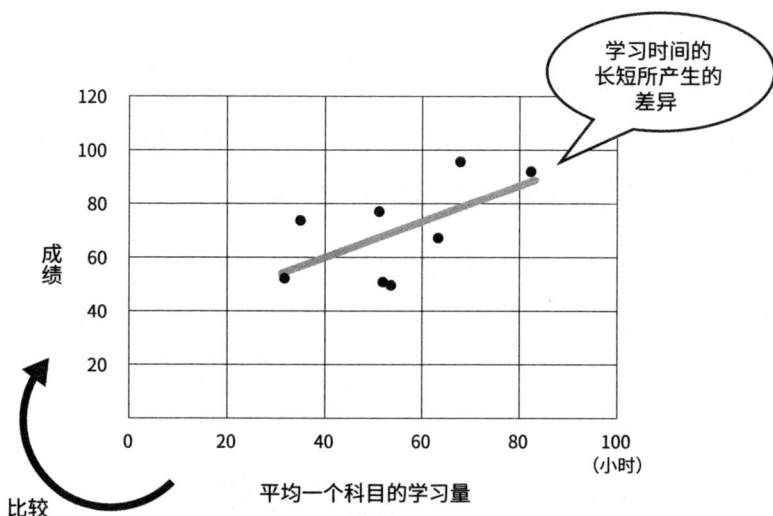

出处：顾彼思商学院毕业生野吕浩良记录自己如何运用时间的分析数据。

从以上两个例子可知，要将原因与期望的有无，或者与期望值的大小乃至与结果的关联性进行比较，从差异当中评定是否存在因果关系及其效用。将这种比较关系稍微改写成方程式就如下面所示：[1]

———————————

[1]　这条公式是根据林岳彦先生的资料《关于相关与因果的思考》加工而成。

X → Y 的因果关系之效用

＝（X 发生时的 Y）－（X 没发生时的 Y）

我们可以认为，也许从远古时代开始，人类为了生存下去，就在无意识之中掌握了这种思考形式。之所以这样说，是因为在课堂上对这样的数据进行解释之时，几乎所有的人都能推论因果关系，但是不能说明为何要这样推论的人却为数众多。

也许正是因为掌握了这样推论因果关系的思考形式，人类才在动物界脱颖而出，成为唯一创造出高度文明的物种。

到目前为止，笔者都使用"推估因果关系"这一表述方式。之所以这样表述，是因为如此便可以给我们"这样的关系也许是因果关系"的重大暗示，是因为这样的关系未必限于因果关系（关于因果关系成立的必要条件，在第四章会加以说明）。

最好的例子就是图1.6所示的厄运。比方说，如果你是销售员，有一天跑业务时偶然戴了红领带，结果就顺利成交了。当时你就会想，之所以产生和平时不同的结果，差异就在于红领带。所以你或许会认为，红领带是制胜关键，以后有重要谈判的日子，一定打着红领带赴约。

图 1.6 红领带和因果关系

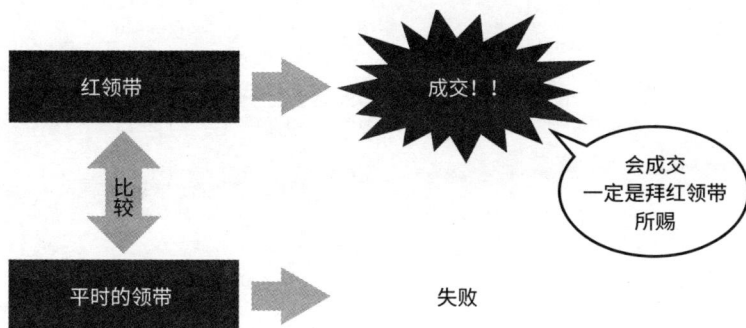

的确有些人称红领带为"权力领带"，认为它是强力和激情的象征。实际上，欧美的政治家和经营者打着红领带是一种司空见惯的现象。因此，不能完全排除红领带对客户的心理状态带来正面影响的可能性，但我们在此来试着考虑一下其他的可能性。

说不定差异除了体现在领带的颜色上，还体现在你进行营销活动的做法和客户方面。比方说，或许是因为客户相当重要，你做出来的提案比平时更为周详，至于选了和平常不同的红领带，只不过是为了换换心情而已。在这种情况下，与其说是红领带对成交产生了影响，不如说是精心准备的周详提案才是成交的原因。

推估因果关系的思考模式就这样铭刻在所有人的脑中。然而，问题在于人们平时使用这种思考模式是无意识的，所以一旦要尝试分析时，就无法运用自如。想要妥善分析，关键就在于在此过程中要意识到"用比较来掌握因果关系"的思考模式。

恋爱方程式

有句话说："幸运女神的后脑勺不长头发。"指的是机会溜走之后会后悔莫及，别让机会逃掉，悔不当初。附带一提，在很长一段时间里，我无法想象只有刘海的女神是什么样子，这是何等模样的女神呢？其实原本希腊神话中的机会之神卡伊洛斯（Kairos）并非女神，而是一名少年。由于他的头发长在前额，等于只有刘海，因此机会一来就只能抓住那撮头发。

既然前面谈到"爱"价几何，现在就稍微偏离正题，一起想想该采取什么策略，才能在恋爱时邂逅命中注定之人以免抱憾终身。当然，只要和各式各样多不胜数的人交往就行了，但实际上很多人能够交往的对象人数有限。在此状况之下，该与多少对象邂逅再从中选择"心中的那个他（她）"呢？假如放掉这个人再找下一个，不就能遇到更适合自己的对象吗？不过，或许以后不会出现比这更好的人，这种令人烦恼的状况似乎也是存在的。

其实这种情况可以用简单的算式计算其概率。设定只要在遇到第几个对象（假设为 r）之后选择这个人，就能邂逅命中注定的人（你心目中评价最高的人）。先说结论，如果一个人一辈子跟10个人交往，以这个算式计算其概率之后，就会发现 $r=4$ 时概率最大。

换句话说，为了将邂逅命中注定对象的概率最大化，哪怕刚开始的3个（即4—1）对象是多么好的人，可能也要对他（她）们说"抱歉"。而要是遇到第四位以及其后的人，只要比刚开始的3人还要好，就选择那个人，这便是最好的策略。

另外，假如一生当中交往的人数 n 愈来愈大，就会发现最适合将概率最大化的 r 会逼近于 n/e（只不过，e 是自然对数的底数，约为2.71，因此 $1/e$ 约为0.368），也就是该对这辈子刚开始36.8%的交往对象说"抱歉"，或是再简单一点，拒绝刚开始大约三分之一的人。

要说人类实际上会怎么行动，那就是往往等不到最恰当的人数就做出决策。或许不断分手的确是太难受了。

＊　＊　＊

接下来要对感兴趣的人说明一下，这种算式究竟为什么可以计算概率。没兴趣的人烦请跳过。

概率的算式就如以下所示：

$$P(r) = \left(\frac{r-1}{n}\right)\sum_{i=r}^{n}\left(\frac{1}{i-1}\right)$$

这里的 n 是你这辈子交往的对象人数。

另外，如果你交往时是采取以下的策略：对刚开始的（$r-1$）个对象说"抱歉"，假如第 r 人之后的交往对象比刚开始甩掉的（$r-1$）个人还要好，就当场选择那个人。还有，时光无法回头，就算能够找到下一个对象，已经甩掉的人也不会回来。这真会叫人悔不当初。

虽然令人念念不忘的（？）$\sum$（读作 sigma）出现在算式中的瞬间足以把人差点吓死，不过该符号指的是将某个范围的数值全部相加，就如下面所示：

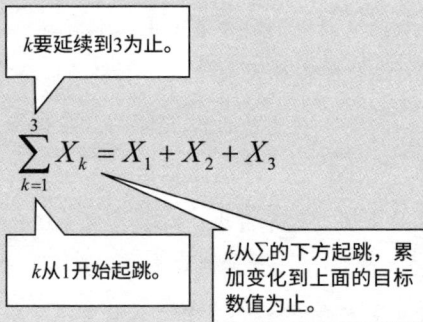

k要延续到3为止。

$$\sum_{k=1}^{3} X_k = X_1 + X_2 + X_3$$

k从1开始起跳。

k从∑的下方起跳，累加变化到上面的目标数值为止。

如果命中注定的对象是 M，当你的策略确立之后，就不断拒绝刚开始的（r−1）人，第 r 人以后，要是出现的对象比刚开始的（r−1）人还要好，就选择那个人。运用这个策略邂逅 M 的概率是 P（r），这是将以下个别情况的概率相加的结果。

●第 r 人是 M，而且直到第 r 人为止中途不选择对象，终获良缘的概率。
●第（r+1）人是 M，而且直到第（r+1）人为止中途不选择对象，终获良缘的概率。
●……
●第（n−1）人是 M，而且直到第（n−1）人为止中途不选择对象，终获良缘的概率。
●第 n 人是 M 君，而且直到第 n 人为止中途不选择对象，终获良缘的概率。

个别的概率当中，所有的候选对象为 n 人，因此第 i 人是 M 的概率为1/n。反观直到第 i 人为止中途不选择对象，终获良缘的概率，则可照以下方式计算。

要等到第 i 人后终获良缘，就必须在那之前不做选择。到第 i 人为止的 i 名对象当中，最好的是 M。现在让我们想一想你邂逅的 i 名对象当中，第几个对象是继 M 之后第二好的人（姑且称为 N）。之所以提到这点，是因为 N 是第几个遇到的对象，将会左右与 M 相逢的命运。这里要分两种情况进行考察：

●假如 N 君在第（r−1）人之前
●假如 N 君在第 r 人到第（i−1）之间

假如对第（r−1）之前的人说"抱歉"的过程中 N 就在，就代表第 r

人以后没有超越 N 的人，所以要在遇到第 i 人 M 之后，再选择 M。

反观 N 出现在第 r 人到第 $(i-1)$ 之间时，由于在遇到 M 的瞬间，N 是当时最好的对象，所以至少在遇到 M 之前（或是在遇到 M 以外的第 $r-1$ 人之前，就碰到更好的对象）就会选择 N，等不到 M 出现。因此，假如想遇到第 i 人 M，邂逅时继之后第二好的 N，就必须在刚开始的 $(r-1)$ 人当中。我们可以算出第二好的 N，出现在刚开始的第 $(i-1)$ 人到第 $(r-1)$ 人的可能性为 $(r-1)/(i-1)$。

总而言之，第 i 人是 M，而且直到第 i 人为止中途不选择对象，终获良缘的概率是：

$$\frac{1}{n} \times \left(\frac{r-1}{i-1} \right) = \left(\frac{r-1}{n} \right) \times \left(\frac{1}{i-1} \right)$$

假如算这个概率时，将 i 通过 $\sum$ 从 r 相加到 n，就会化为最开头的算式。

附带一提，这条恋爱方程式是为了将邂逅最佳对象的概率最大化而设想的策略，但实际上还有一条策略，是不强求必须邂逅最好的对象，第二好或第三好的人也不错，将结婚对象的期望值（expected value）最大化（找出平衡点邂逅好对象）。

这时最佳的策略跟之前的策略（要对刚开始约三分之一的人说"抱歉"）着实不同。研究人员发现，在这种情况之下，最适合的策略是，假设一生中能够交往的人数为 n，再对刚开始的 $\sqrt{n-1}$ 人说抱歉，之后要是遇到的人比拒绝过的对象更好，就毫不犹豫地选择对方，这才是最好的策略[①]。

---

① J. Neil Bearden (2005), "A New Secretary Problem with Rank-Based Selection and Cardinal Payoff," *Journal of Mathematical Psychology* 50 (1): 58-59.

比方说，假设这辈子能够交往的对象有10人，答案就是$\sqrt{10}-1$等于2.16，要向刚开始的两人说抱歉，第三人之后要是出现的对象比刚开始的两人还要好，就选择对方。跟开头的策略把目标放在先邂逅最佳对象再说相比，还是稍微早一点决定比较好。

前面谈到，采取把目标放在邂逅最佳对象的策略时，人类实际的行动往往是等不到最恰当的人数就做出决策，但是人类实际的行动与其说是把目标放在邂逅最佳对象，倒不如说是采取找出平衡点尽量遇到好对象的策略，这或许比较接近实际的情况。

r	P(r)
2	0.2829
3	0.3658
4	0.3987
5	0.3983
6	0.3728
7	0.3274
8	0.2653

Less is more（少即是多）？人生不比较会更好？

虽然分析就是比较，但人类是一种不仅止于分析、凡事都要比较才肯罢休的动物。比方说，就连自己是否感到幸福，也往往会忍不住要跟别人比较一番。

关于比较与幸福感，有一项饶有趣味的研究。

大家觉得奥运奖牌得主当中，拿到银牌幸福还是拿到铜牌幸福？客观来说应该是奖牌名次高的银牌得奖者会比较幸福，实际上却并非如此。

康奈尔大学（Cornell University）的维多利亚·梅德维克（Victoria Medvec）教授等人，曾经试着比较1992年巴塞罗那奥运会的银牌和铜牌得主[1]。研究方法是由（对运动没兴趣的）大学生从竞赛后不久开始的尤其是颁奖典礼的录像的情况，以10个等级估算得奖者的名次多高才幸福。

结果发现，以10个等级（1表示苦闷，10表示高兴，数字愈大表示愈幸福）评分法算起，竞赛后不久的铜牌得主为7.1，银牌得主则为4.8。而颁奖典礼上的铜牌得主为5.7，银牌得主则为4.3，铜牌得主的幸福感比银牌得主还要高。

会出现这种现象的原因在于比较对象的不同。也就是说，铜牌得主是跟没拿到奖牌的人（或是也许拿不到奖的自己）比较，感到庆幸。反观银牌得主则是跟金牌得主（或是差一步也许就能夺金的自己）比较，所以无法充分感受获得银牌的喜悦。

虽然分析就是比较，不过为了幸福着想，或许人生不要比较会更美好。

---

[1] V. H. Medvecetal (1995), "When Less is More: Counterfactual Thinking and Satisfaction among Olympic Medalists," *Journal of Personality and Social Psychology* (69): 603-610.

3 要拿什么跟什么比较？

我们已经看到分析的本质在于比较。确实"分析就是比较"没错，但不代表每件事都该比较。（知道应该）拿什么跟什么比较，其实是相当重要的。

3-1 什么是恰当的比较？

表1.5是美国某家顾问公司网站上的图表，以及这张图表所透露的信息。"本公司客户的股价提升到市场平均的3倍。提升客户的企业价值（=股价）是我们的工作。"[1]

企业是谁的？企业价值是什么？虽然观点众说纷纭，不过这里则要从非常金融的角度，简单设想股价的水平就代表企业的价值。标准普尔500指数（S＆P 500，Standard＆Poor's 500，简称标普500指数）是美国代表性的股价指数，以日本来说就类似于日经平均指数或东京证券交易所股价指数（TOPIX，Tokyo Stock Price Index）。

从这张图表的数据（与标准普尔500指数相比）来看，似乎表示经过顾问公司华丽的（？）[2] 咨询服务之后，股价就上涨至标准普尔500指数的3倍（2倍的差距是拜顾问公司之赐）。假如顾问公司的作用没有图表显示的那样大，我们该注意哪一点呢？

首先，这家顾问公司正是要借由这张图表，传达"咨询服务→从结果来看企业价值（股价）提升"的因果关系。这项因果关系是否能由这张图表证明，是否具备足够的说服力呢？

---

① 这项假设性数据是以某家顾问公司的网站为灵感，设想出纯属虚构的顾问公司。标准普尔500指数的数据则是实际数据。

② 原文如此，大概是指美化报表。——译者注

表 1.5 本公司客户股价与标准普尔 500 指数（S & P 500）的演进

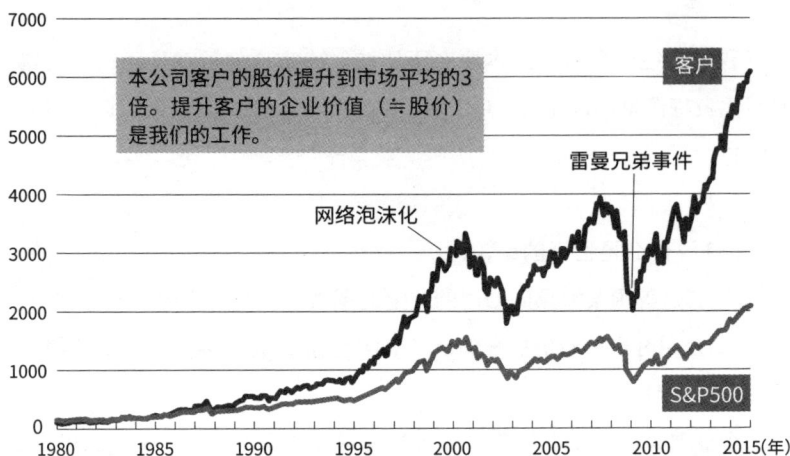

在进行专题讨论之际，常会有人提出以下疑点：

● 是不是专挑原本股价就上涨的客户？

→在此假设市场占有率没有那种作假的情况。

● 当作数据的客户数量是不是原本就很少？

→的确要是数据太少，就有偏狭之嫌，不过这里的数量很充足。

比方说有一百家公司以上。

● 不晓得咨询服务究竟从什么时候开始，在什么时候结束。

→原因和结果之间的时间差距太久，接受度也不大。在此假设这

段时间一直接受咨询。

● 虽然取平均值，但是否有鹤立鸡群的企业股价涨为百倍，哪怕只

有一家？

→假如有庞大的异常值（outlier），平均值就不一定适合代表全体，

落入"平均的陷阱"当中。在此假设没有庞大的异常值。

●因果关系可以逆推吗？难道不是原本成长性就高的企业在接受咨询服务吗？

　→确实单凭图表不晓得因果关系的趋势。在此简单假设挑选客户的方法并非精挑细选。

●客户实例是否过于偏向 IT 企业？网络泡沫化时期股价正在大幅上涨。

这里我们要特别聚焦最后一点再一起想一想。的确，从1999年到2000年这段时期股价急遽上升，客户类型或许会偏向 IT 企业。

既然如此，这张图表有哪里不对劲？经常得到的回答是："比较对象应该拿 IT 企业的股价指数（假如有的话）为例，而不是囊括各个产业的标准普尔500指数。"

那么，为什么非得找齐 IT 企业不可？其实能够马上清楚回答这个问题的人意外地少。我想这恐怕是因为平常在推论因果关系之际，许多人会在无意识间将比较对象一网打尽。英文当中常将比较对象是否恰当形容成"苹果比苹果"（apples to apples），比较对象失当则形容成"苹果比橘子"（apples to oranges）。

虽然这里想要比较"（原因）咨询服务的有无→（结果）企业价值不同"，推估咨询服务和企业价值的因果关系，但若这时咨询服务有无以外的条件没有尽量找齐，就不晓得是咨询服务对提升企业价值发挥了功效，还是除此之外的相异条件（像行业的不同等等）在起作用。

大家或许认为找齐恰当的比较对象很简单，照理说这不会有错，但做起来却出乎意料地困难。接下来要看几个实际的例子，烦请大家一起思考哪里不对劲。

3-2 航天飞机"挑战者号"的事故

1986年1月28日,从肯尼迪太空中心(Kennedy Space Center)发射的美国航天飞机"挑战者号",从发射升空起73秒后就爆炸解体,7名乘组人员罹难。7名组员中包括高中女教师克里斯塔·麦考利夫(Christa McAuliffe,1948—1986)女士。原本她计划从太空进行授课,却在全美包括孩童在内的许多观看发射升空直播的观众面前发生重大意外,给整个美国带来极大的影响。

当时的总统里根(Ronald Reagan)中止原定的国情咨文演讲,事故当晚向全美发表紧急演说。

事件发生后,根据在总统之下设置的特别委员会所进行的调查,发现这起事故的原因,是在火箭接合处的橡胶制零件O形环出了状况。然而,这个O形环并非这次发射升空之后才出的状况,其实从以前发射升空时就有毛病了。只不过先前至少没造成重大事故,直到1月28日那致命的一天。

现在,让我们把时针拨回到1月27日,也就是出意外的前一天。当时美国太空总署(NASA,National Aeronautics and Space Administration)的工程师和设计O形环的赛奥科公司的工程师,再三研议隔天1月28日是否该发射升空。他们预测28日发射升空时气温极低(2℃左右),需要弄清楚气温是否真的跟O形环出状况有关。

工程师眼中所见发射升空时出状况的气温和出状况的关系,就如表1.6所示。

大家从这张图表当中看出气温跟O形环出状况有什么关系吗?

Y轴是出状况的数量,乍看之下,气温和出状况之间的关系也可看成是U字形关系。只不过,若从是否发生问题

的观点思考，就会看出在12℃至24℃的范围内，无论在什么气温下，O形环都会发生问题，气温和出状况之间没有关系。正是因为工程师最后的判断，所以才会依照这项判断，将挑战者号发射升空。

其实从"比较"的观点来看，那张表有个致命的错误。

关键在于是否出问题的结果有所不同。因此，假如真的必须要比较，就该比较出状况时和没出状况时的差异。尽管如此，表中却只标示发生问题时的数据，完全没有安插没出状况时的发射升空信息。

表1.7是将整体数据（包含没发生问题时的发射升空信息在内）画成表，从表中可知：

●高于18℃的范围中，发射14次只有2次出状况，发生的概率为大约14%。

●低于18℃的范围中，发射总共4次就全部出状况，发生的概率为100%。

表 1.6 航天飞机零件 O 形环发生问题时出状况的数量与气温的关系

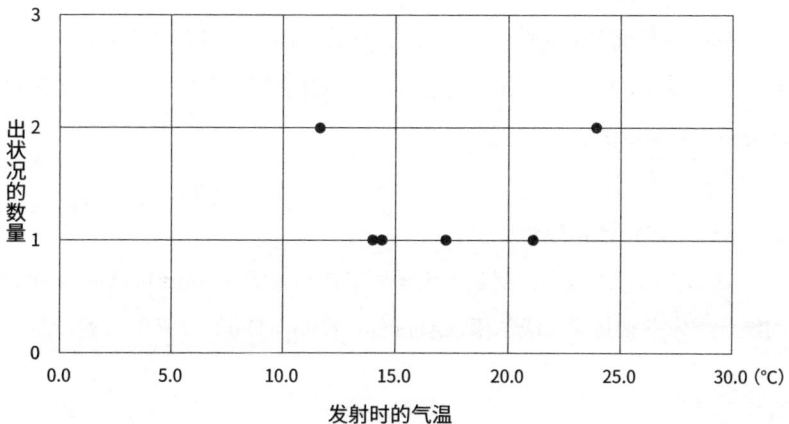

出处：作者根据 M. Lichman (2013) UCI Machine Learning Repository. Irvine, CA: University of California, School of Information and Computer Science 制作而成。

表 1.7 航天飞机零件 O 形环出状况的数量与气温的关系（所有例子）

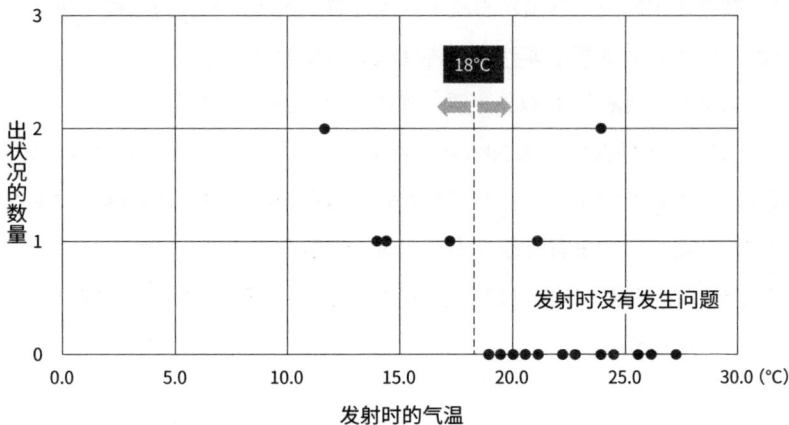

出处：作者根据 M. Lichman (2013) UCI Machine Learning Repository. Irvine, CA: University of California, School of Information and Computer Science 制作而成。

　　因此可以料想到，预估温度为2.2℃的预定发射升空日，将会有相当高的概率发生问题。从这个分析来看，"挑战者号"的发射升空日本应该延期。

　　分析的概念在于简单的"比较"。然而，就连美国太空总署老练的工程师们，进行分析时都会弄错比较对象。拿什么跟什么比较，正确的比较在分析中是必要的。

3-3　如何强化轰炸机[1]

　　第二次世界大战中，就职于美国哥伦比亚大学（Columbia University）的统计学家亚伯拉罕·沃尔德（Abraham Wald，1902—1950），曾分析该

---

[1]　"SciTech Tuesday: Abraham Wald, Seeing the Unseen"，http://www.nww2m.com/2012/11/scitech-tuesday-abraham-wald-seeing-the-unseen/.

怎么做才能提升美军轰炸机的生存能力。为了提升轰炸机的防弹能力，轰炸机哪个部位要用装甲强化更是重大的问题。显然，只要整架轰炸机贴上装甲，防弹性能就会上升，但是轰炸机就会变重，所以只能挑选要用装甲强化的部位。问题在于究竟该在轰炸机的哪个部位用装甲强化。

调查轰炸后回到基地的轰炸机中弹状况之后，就发现中弹的部位和没中弹的部位如图1.7所示。

图 1.7 轰炸机中弹状况比较

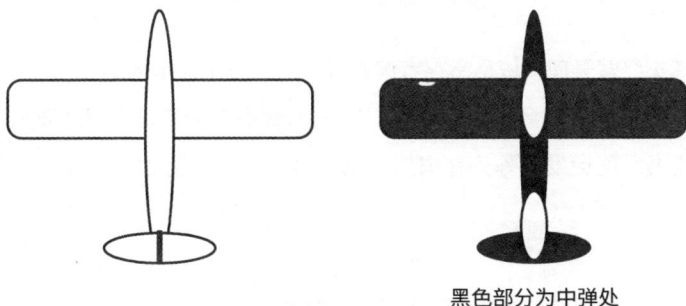

黑色部分为中弹处

分析就是比较。

那么，比较中弹的部位和没中弹的部位之后，该强化哪一边呢？按照常理来想，会认为中弹愈多的地方，就愈得用装甲强化防弹。当时，盟军也觉得该用装甲强化中弹较多的地方。

与此种观点针锋相对，沃尔德反而主张应该强化没有中弹的部位。

其实，在这里，必须比较的不是回得来的轰炸机中弹的情况，而是回得来的轰炸机和回不来的轰炸机有什么差异。当然，未能返航的轰炸机不在眼前，只能以此为前提做推论。可以想象得到，敌机和来自地面的对空炮火，原本就会让轰炸机均匀中弹到某种程度。尽管如此，回来的轰炸机中弹的状况却参差不齐，为什么？从这个现象可以推论，回来的轰炸机没中弹的地方是中弹轰炸机的致命伤，中了就无法返航。

如果上述分析成立，便可知，导致坠机的致命处反而是没有中弹的部位，没中弹的地方才必须用装甲强化。这也显示出恰当的比较（平安返航 vs. 遭到击落）是很重要的。

就如同轰炸机的情况一样，单凭生存案例推论时无法恰当地比较，因此结论会产生偏差（bias）。这其实是常犯的错误，所以就取名叫作幸存者偏差（survivorship bias）。

本来，为了要认清什么东西有助于生存，就必须比较生存时和无法生存时的案例。不过，人类在思考原因时，往往只会从眼前生存的案例出发。

其实经营管理领域是幸存者偏差极为容易发生作用的地方。

走进书店，就会看到商业书专区陈列着很多书籍。假如硬要大胆归纳这些书，就会发现陈列在书店中的商业管理书，恐怕多半是以下两类书籍：

①根据成功经营者的经验和案例撰述而成的书。
②根据成功企业的案例编撰而成的书。

这两类书基本结构相同，都是从成功案例的共通原因记述成功原因。假如实例有一个以上还算好，但实际上独白类的书籍也很常见。

假如我是①类书籍的工作人员，为了写书而访问50位成功的经营者，结果发现"所有人都一定会吃早餐"。

根据这项分析，若推出的书籍中传达这项信息："要做个成功的经营者就必须吃早餐。"大家到底会不会在书店拿起这本书呢？恐怕一定是觉得哪里怪怪的吧。我的书有什么不对劲呢？

其实一定会吃早餐的人当中，应该也有很多失败的经营者才是。照理说成功的经营者和企业要与失败的经营者和企业比较，从差异中方能看出真正的成功原因。因此，单纯从成功经营者和企业的角度撰写而成的书籍，或许正是落入了前面提到的幸存者偏差陷阱当中。

那为什么在商业管理书中有很多可能会陷入幸存者偏差呢？一个理由是，成功经营者和企业的信息容易获得，反观失败经营者和企业的信息则难以取得。成功的经营者会告诉我们很多事情，失败的经营者则三缄其口。另外，企业要是遇到重大失败就会破产，说不定连企业本身都会烟消云散。

无论如何，我们无法否定许多商业管理书有可能没有做恰当的比较，陷入幸存者偏差当中。既然没有恰当的比较，书上的结论也许就不该当成案例实证的结果，而是要彻底当成假设层次的内容才好。

要看穿内容的真伪，就要靠大家自己了。

3-4 商务当中的实验与A/B测试（A/B testing）

在寻找因果关系的过程中，或者说在进行比较之际，除了被视为原因的因素之外，最好要找齐条件，或是逆向操作，除了关心的因素之外统统随机分组，将差异平均化后再比较（这是医疗领域当中经常使用的方法，称为随机对照试验）。

随机对照试验是主要用在医疗领域的比较方法。比方说，假如要知道新药的功效，就要将受验者随机分成两个组，一组投以新药，另一组则投以俗称的"安慰剂"而不是新药，比较两组是否产生不同效果，便可以查明新药的效果。

实际上受验者的年龄、生活环境和其他特质不尽相同。然而为数众多的受验者，被随机分为试验新药的小组和试验安慰剂的小组，对其他可能影响结果的因素都尽量平均分配，这样从对结果的影响这一点上就可以忽略这些因素的差异了。随机对照试验或许称得上是比较的终极形态之一。

医疗领域姑且不论，以往人们认为这种实验式的比较难以落实在商务领域当中，因为单是确保充裕到足以比较的数据量就很困难。然而世界进入网络时代以后，实验式的比较以 A/B 测试的形态被广泛运用，状况大为改变。

A/B 测试是实验新措施是否实际影响结果的方法。比方说，让实际在网络上访问网站的人随机看两种网站款式，就跟前面的新药测试一样，比较两者有什么程度的效果。

A/B 测试的例子，可以看看2012年美国总统选举中奥巴马阵营所运用的分析。奥巴马阵营继2008年的总统选举之后，又在2012年的总统选举上运用 A/B 测试，筹划争取捐款[1]。

图1.8的照片是手机版网站，当初是在"网站该尽量简洁"这一假说的影响之下，就如左边所示，拿掉了奥巴马总统的照片。不过在 A/B 测试下，跟放了奥巴马夫妇照片的网站比较之后，就发现有照片的网站多了6.9% 左右的捐款。

奥巴马阵营在2012年的选战当中像这样实施了500次 A/B 测试，计划要做出最适宜的网站。

另外，据说高级餐厅的菜单省略美元的符号（$）之后，就有更多顾客点菜。奥巴马阵营从中获得启发，产生一个假说。那就是从捐款金额上拿掉 $ 之后，捐款就会增加。尽管实际进行了捐款金额上加 $ 和没有加 $ 的 A/B 测试之后，结果并没有出现差异。

综上所述，我们可以看出，分析的本质是要解释因果关系，运用比较以便在行动时拿出成果。

---

① "Kyle Rushon Surprising Results, His Major, and the Future," Optimizely Blog.

图 1.8 美国总统选举手机版网站的 A/B 测试

无照片	有照片

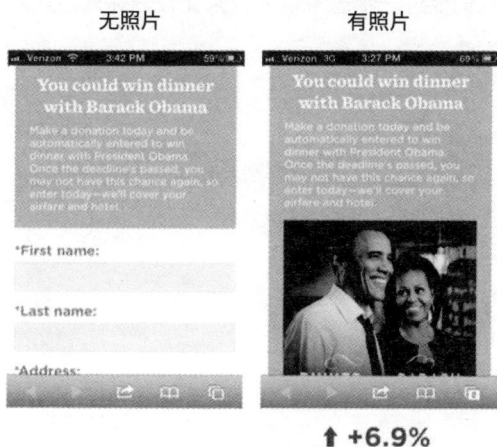

↑ +6.9%

出处：http://kylerush.net.

　　其实，高效分析需要独特的动脑法，遵循思考步骤（假说思考）。在实际着手分析之前，要事先设想通过分析解释什么，该说什么才好，而不是没头没脑地分析。就如图1.9所示，可以简单理解为"分析＝假说思考 × 比较"。

图 1.9 分析＝假说思考 × 比较

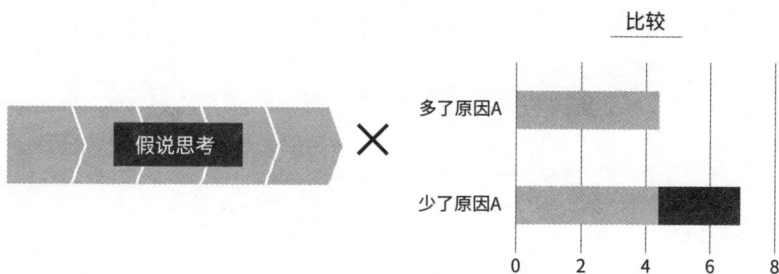

下一章我们要一起看看假说思考这个动脑分析的方法。在此基础上，从第三章起，我们要进一步思考用分析来比较之际该注意的比较观点，以及实际的比较方法。

章末问题

1. 现在你看到一则实际金融机构的广告。其中信息如下："请你给我们3分钟的时间。只要3分钟，85.1%的人（※）会发现资产运用的必要性。"

从分析的观点来看，这项信息当中有几个重点，请问在哪里呢？

> ※ 该公司以全国20至59岁的1000名男女为对象，实施的"3分钟看得完的年终奖金运用手册"网络调查当中，对于"（阅读'3分钟看得完的年终奖金运用手册'之后）你觉得资产运用必要到什么程度？"这一提问，结果回答"觉得必要"和"稍微觉得必要"的人总共有851名，这代表占1000名调查对象人数的比率为85.1%。

2. 这也是一则广告。刊登的图表似乎在透露"过了20岁之后，辅酶Q10就会不够"。假如内容当中有重点，那会是什么呢？

表 1.8 辅酶 Q10 过了 20 岁之后就会不够！

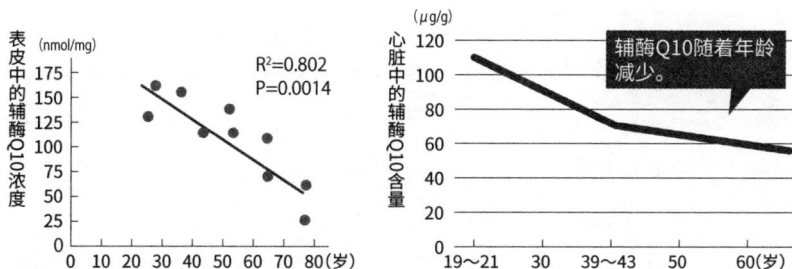

出处：Hoppe U. et al. (1999)," Coenzyme Q10, A Cutaneous Antioxidant and Energizer," *Biofactor* 9 (2-4): 371-378.

出处：International CoQ10 Association.

3. 小学改采小班制是文部科学省正在研议的重点（2015年）。小学平均每班孩童数的平均值，日本为28.0人，经济合作暨发展组织（OECD, Organization for Economic Cooperation and Development）调查到的平均值则为21.6人，看来日本小学每班的孩童数比较多。的确，小学一班孩童数量少的时候，老师的教育指导也能比较到位。

班级规模小真的可以提升孩子的成绩吗？假如能够做实验实际改变班级规模就好了，但考虑到公平性，社会性实验似乎是窒碍难行。该怎么做才可以验证班级的规模（人数）是否会影响成绩？请务必谈谈你的想法。

第二章 分析与假说思考

我们在第一章考察的重点是，分析原本的目标为何，以及何谓分析。为了在商务上取得想要的结果，就有必要高效搭配结果和与之有因果关系的方法。分析的目标是要有效率地解释因果关系。另外，分析的本质就是"（分别）比较"。

了解了分析的目标及其本质以后，实际上该以什么步骤分析呢？就如同为了活用食材做出美味菜肴需要烹调的步骤一样，要做出优质的决策，其实也需要思考的步骤。

相信大家在工作时多半会思考各个层面。不过，"思考"这个行为本身往往是在无意识间进行的吧？只要各位用运动来设想就能轻松明白，就算在无意识间去运动也难以进步。要学会分析所需的思考方法，关键就在于要意识到如何思考的步骤。

第二章将会说明优质分析所需的"思考方法"步骤。

1 何谓假说

1-1 诊断你的假说能力

如果上司拜托你在下星期的业务会议之前"归纳加强业务能力方面的提案"。遗憾的是，公司这段时间的销售业绩持续低于计划目标，急需采取某些改善措施。你接下来必须准备报告。

各位的状况大概是以下三个等级中的哪一级呢？

●别说是目次，就连要写什么都完全想不出来的等级（假说3级）。

```
★业务能力强化报告书
   该怎么办呢？
```

●虽然设法想出目次，却想象不出该写什么的等级（假说2级）。

```
★业务能力强化报告书
1. 强化业务能力的必要性
2. 现在的课题
3. 课题所在
4. 课题起因
5. 提出解决方案
```

●能够想象出目次，以及对应目次的故事发展的等级（假说1级）。

```
★业务能力强化报告书

1. 强化业务能力的必要性    →必须达成目标。

2. 现在的课题            →这样下去将会达不到目标。

3. 课题所在             →业务绩效是否两极化？

4. 课题起因             →业绩和拜访顾客的次数是否成正比？原
                       因在于拜访次数不够。

5. 提出解决方案          →应该废除每天写报告和其他浪费时间的
                       程序，增加经营业务的时间。
```

　　说来遗憾，假说3级就连到底该构思什么都不知道，完全没有行动，只能求助前辈和上司。假说2级比3级好的地方是懂得该思考什么，但再这样下去，无论过多久都不知道要写什么具体的内容，只能永无止境地先收集业务数据再说，嘴里念念有词还要不断多方摸索做分析。在业务会议前夕，被上司批评没准备好资料，并被怒斥："为什么不早点来跟我商量！"就算想要跟别人一起分担工作，这下也无从分担。

　　反观1级又是怎么样呢？比方说，假如平常能够对自己的周遭有问题意识（做得成的业务和做不成的业务有什么不同），据此想象目次和故事的展开，后面的工作就会变得轻松自如。这时只需实际收集故事展开所需的数据（比方说拜访次数和成交件数的关系等）和信息，再制作图表，汇总成 PowerPoint 的简报图。

　　另外，要是团队可以帮忙制作报告，就分割由众人分担，这样也会变得很轻松。不用说，工作应该会有很大的进展。另外，事先想好假说之后，就算搜集的数据到最后和假说不合，也能思考为什么跟原本的假说不同，进而构思新假说。

依照自己所知的片段信息和经验，针对假说3级 [1] 的目次（其实是提问）建立暂时的答案（故事）正是"假说"，而将假说组合起来就是在"建构假说"。

假说=（针对提问）暂时的答案/故事

假说听起来或许很难。请各位务必观察周围有工作干练之称的人，他们在工作之前应该或多或少都事先拥有自己的故事，也就是"假说"，怀着想法在工作，而不是单纯进行"试错"式的摸索。

接下来要跟大家一起思考，拥有假说再工作究竟会有什么样的优点，该以什么流程做工作，商务上"可行的"假说是什么，以及如何才能拥有"可行的"假说。

1-2 假说思考的优点

这里将拥有假说的思考和工作简称为"假说思考"。那么，以进行假说思考的方式拥有假说，从假说逆推再工作之后，究竟会有什么好处呢？

优点可归纳为以下三项：

假说思考工作的优点=速度↑ × 精确度（质量）↑ × 进步速度↑

我们就试着思考一下有了假说再工作跟没有半点假说就工作的情况吧。没有假说就工作，换句话说就是漫无计划地"东一榔头，西一棒子"地工作。假如时间是无限的，这个方法或许总有一天能够到达答案这一彼

---

[1] 原文如此，疑似有误，"假说3级"应为"假说2级"，因为前者根本没有目次。——译者注

岸。然而，商务活动常常要求要在有限的时间内拿出成果。有了假说再工作的优点，就是无须在试错中进行多余的操作，因此在工作时能够既迅速又专心，精确度也高。

谈到假说思考的话题时，一定会有人问："有了假说之后，不就等于有了结论硬着头皮去做吗？""这样不是先射箭后画靶吗？"

假说就是不知道是否正确的"临时的"（"假设的"）说法，通过分析数据，尝试着验证，往往会发现假说是错的。假如无视数据贸然前行，就会变成硬要先射箭后画靶，必须要避免这一点。

其实有了假说再工作和没有假说时工作的两种情况下会出现差异正是在"假说偏移"的时候。没有假说就工作时，就会全盘接受眼前的现实，同意"没什么啊，就是这样啊"的看法，没有问"为什么"就了事。

有了假说之后，遇到结果违反己意且跟假说相异时，就算别人没说，自己也不可能不问"为什么"，反省假说哪里错了。情况之所以与假说判断的那样如出一辙，就是因为其中潜藏着自己没有想到的"某种要素"。

比方说，假如在本章开头部分所述的强化业务能力的案例当中，跟假说的判断不同，看不出业务负责人拜访顾客的次数和成交数有什么相关性，就代表业务绩效似乎不是单纯取决于业务的活动量和拜访次数，必须再次建构假说。

有没有其他可能性呢？让我们反过头来重新具体思考并比较能干的业务负责人和一般业务负责人的行动，如此一来就可以猜想到能干的业务负责人在开展业务的时候确实拥有明确的故事，他晓得客户就是基于这种理由购买了自家公司的商品。业务绩效的区别并非工作量，而是是否有针对客户描绘明确的购买故事。

要是想到这种假说就太好了。你对工作的假说建构能力会明显"进步"。像这样每天有了假说再工作，每天持之以恒，一年后会为你的工作精确度和质量带来什么样的变化，自是无须多言。

若以别的说法表述，就是你以假说为起点工作后，就会从偏离假说的经验中"学到东西"。下次思考时会不会受影响，是否会进步，将会因为有没有假说而形成莫大的差异。假如没有假说，恐怕下次工作时还是老样子。

　　是否"学到东西"将会影响下一次遇到同样的局面时，行动会不会有所变化。能不能采取更好的行动，分水岭就在于有没有从经验中学习。你未来的行动是否会改变，就取决于是不是有了假说再工作。

2 假说思考的工作方式

2-1 假说思考的步骤

假说思考该采取的步骤就如图2.1所示。请大家这样思考，实际上并非转一圈就结束，而是以螺旋状行进。刚开始想到的那个层次的早期假说要用数据和事实增强，同时采取行动孕育更为确实的假说。

步骤1：明确目的（争议、提问）

步骤2：针对目的（提问）建立假说（故事）

步骤3：实际搜集数据

步骤4：通过分析来验证和确定假说是否符合事实

图 2.1 假说思考的步骤

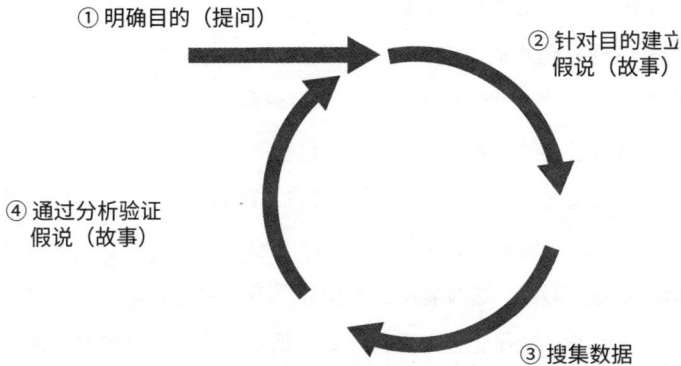

① 明确目的（提问）

② 针对目的建立假说（故事）

④ 通过分析验证假说（故事）

③ 搜集数据

在这些步骤当中，特别重要的是刚开始的两个步骤："明确目的（提问）"和"建立假说"。其中明确最初目的（提问）的方法，敬请参照后述提问的模式一节。

刘易斯·卡罗尔（Lewis Carroll，1832—1898）的《爱丽丝梦游仙境》（*Alice's Adventures in Wonderland*）就以象征的手法，通过猫咪之口告诉爱丽丝目标的重要性：

> "请你告诉我，接下来该往哪里走？"
>
> "这很大一部分要看你想去哪。"猫咪说。
>
> "去哪里都可以吧？"爱丽丝说。
>
> "那你走哪条路都没关系。"猫咪说。
>
> "但是我想走到一个地方。"爱丽丝补充道。
>
> "喔，那你往哪儿走都没错。只要多走点路的话。"

虽然我们不是猫咪，但只要充分分析，大概就会分析出点儿什么。然而，商务当中稀有度最高的资源就是时间。要高效分析，不浪费时间，就需要明定目标，也就是"想要去哪里"。

刚开始建立假说时，有时也会事先搜集构成假说题材的信息，不过刚开始要特别把这个部分有意识地降到最低限度，以跳过也无妨的心态，尝试先根据自己已经知道的事情，依照经验来思考。

尤其是没有数据就什么也想不出来的"数据依赖症"，更是绝对应该避免的。身处在信息过多的时代，要持续在没有数据和信息的情况下思考其实非常疲惫。不过，这时能不能坚持先思考将会左右思考的质量。没有信息就无法思考，这并非事实，我们要尝试就算没有信息也要发挥想象力构思。

2-2　顾问的假说思考

对于以假说思考为基础的工作作风，可以参考"思考专家"云集的企管咨询服务工作是怎么进行的。假说思考的终极形态之一就在这里。

虽然在为客户（委托方）提供咨询服务时要解决的课题，有时也在自己的经验范围之内，但其实也有很多企业项目，是自己没有经验和知识的行业，或是对当地风土民情不了解的企业项目。这时为了建立早期假说，就要在刚开始的几天至一星期左右快速吸收该业界，也就是委托方企业的相关知识。上网搜寻、各种调查和浏览业界杂志就不用说了，还要联络顾问公司内的业界经验人士或是委托方企业的退休人员，掌握业界的结构和委托方企业面临的问题。

在此基础上，实际启动项目后要依照正式获得的信息，趁着极为早期的阶段（几星期左右）提出假说形式的答案，以为最终报告赋予形象时用的 PowerPoint 编撰假说故事。顾问公司称之为连环画剧①、空白简报（ghost deck）、故事板（storyboard）或其他名称，要设想最终报告的报告数据，就如图2.2所示，将标题和信息当成假说写进 PowerPoint 的投影片当中，要考虑到要支持这段信息需要什么样的图表和访谈结果，组织的内容跟当下能否取得实际数据无关。要全力发挥"想象力"，事先制作报告资料的连环画剧。

制作完作为假说的最终报告数据后，这份数据就要以"验证"的形式分担，实际搜集数据，制作"验证假说"型的资料。要说出假说观点想要透露的结论，就要在工作时以所需的根据（这也是假说）为起点，这或许也可以称为"逆推思考"。

年轻顾问之所以能在短时间内发展建构假说的能力，正是因为不断迅速实践假说思考和验证假说的流程。

---

① 日文汉字写为"纸芝居"，一般是一边手动更换一张张图画，一边唱作俱佳，看图说故事。——译者注

图 2.2 故事板的示意图

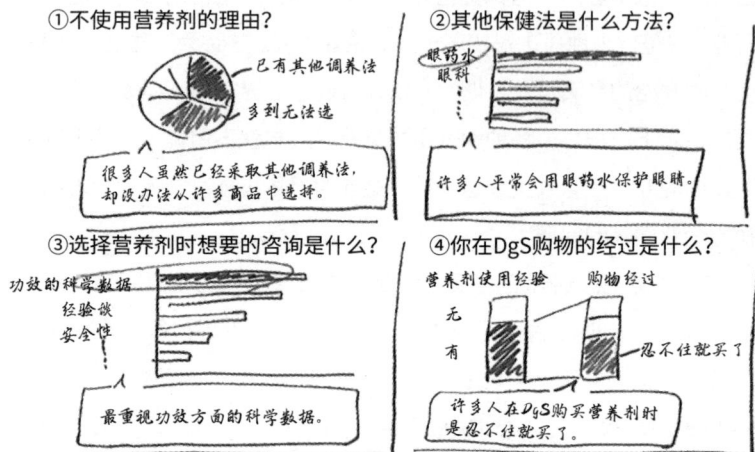

①不使用营养剂的理由？

已有其他调养法
多到无法选

很多人虽然已经采取其他调养法，却没办法从许多商品中选择。

②其他保健法是什么方法？

眼药水
眼科

许多人平常会用眼药水保护眼睛。

③选择营养剂时想要的咨询是什么？

功效的科学数据
经验谈
安全性

最重视功效方面的科学数据。

④你在DgS购物的经过是什么？

营养剂使用经验　购物经过
无
有　　　　　　　忍不住就买了

许多人在DgS购买营养剂时是忍不住就买了。

与其在电脑上绘制图表，还不如由专案成员一起使用白板绘制，或是由个人手绘在报告用纸上。

　　将假说思考明确嵌入业务并取得良好业绩的实例，在大家的身边也比比皆是。大家常常光顾的7-Eleven，从店长到打工人员，总公司都要求他们在订购商品时要做假说思考。也就是说，除了实际的销售额及其他的客观数据之外，还要以能够探查客户尚未显露出来的潜在需求的相关信息（是否有重大活动、天气、气温等）为基础，来创作属于自己的故事："恐怕客户会基于这样的理由购买这样的商品，因此这种商品会畅销。"在此之后，才订购商品。

　　每天反复进行假说思考和验证假说，订购商品的精确度就会提高。因为7-Eleven认为订货精确度不外是身为卖方最重要的业务之一。跟美国以沃尔玛为代表的大规模零售连锁店用算法推动自动订货的系统化相比，两者的处理方式恰成鲜明对比。

图 2.3 超市订购饭团的故事范例

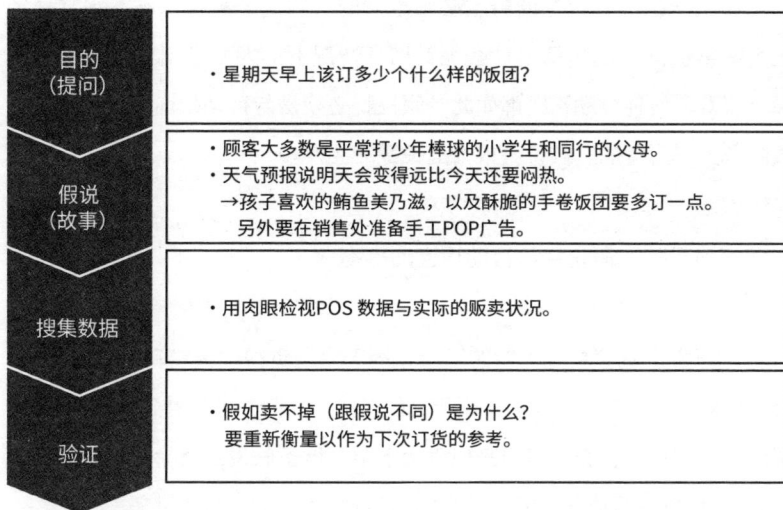

目的（提问）	·星期天早上该订多少个什么样的饭团？
假说（故事）	·顾客大多数是平常打少年棒球的小学生和同行的父母。 ·天气预报说明天会变得远比今天还要闷热。 →孩子喜欢的鲔鱼美乃滋，以及酥脆的手卷饭团要多订一点。 另外要在销售处准备手工POP广告。
搜集数据	·用肉眼检视POS数据与实际的贩卖状况。
验证	·假如卖不掉（跟假说不同）是为什么？ 要重新衡量以作为下次订货的参考。

许多超市外观看起来几乎一样。然而，其中以分店数最多著称的7-Eleven，为什么能够维持平均每日单店销售额比其他连锁店高出约10万日元呢？支持其业绩的组织能力之一据说就是我们一直谈论的假说思考。

另外，最近在创业领域当中，假说思考的方法则以艾瑞克·莱斯（Eric Rice）提倡的精益创业（lean startup）形式受到瞩目。精益创业强调，不要花费庞大的时间和精力在事前的计划和顾客调查上，而是小幅发展事业的假说，通过跟顾客的互动来验证假说加以学习，一点一滴、精雕细刻地改善事业，这也正是在极短的时间内不断进行假说思考的循环。

也许到了最后，从单单一次工作来看，无论是有了假说再工作，还是没有假说就工作，都不会出现很大的差别。然而，从企管顾问和7-Eleven的例子也可以知道，能不能出现差异，绝对牵涉是否能反复执行这个流程。

2-3 什么是"可行的"假说

再问一次，各位在商务上必须思考的"假说"是什么呢？平常商务上大家常被问到的事情是什么呢？许多情况下，为了拿出别人要求的成果，该采取何种行动？既然如此，假说就必须是与行动相连的事物，这代表商务上"可行的"假说会成为最关键的要件。

"可行的"假说＝与行动相连的事物

比方说，就算看到扩散的云朵布满天空，觉得"天空乌云密布"，也只是转播现状实况，完全看不出行动的影子。然而，要是看到同样的天空，想出"天空乌云密布，接下来似乎会下雨"这条假说，就会影响接下来的行动："那我要带伞去公司，还要在出门前把阳台的衣服收进来。"

本章开头部分谈到的强化业务能力的案例也一样，假如只有"业务绩效是否两极化？"的现状假说，就算企图用数据验证，也不会与行动相连。这时要进一步扪心自问"So what?"（"那又怎样？"），并总结为原因的假说："做不到的人有没有必要提升素质？→做不到的人将时间花在内勤上，没办法访问顾客吧？"这样才会看出什么行动可以当作解决方案："既然如此，是否该减少时间的浪费，增加访问的次数？"

不断针对想出来的假说询问"So what?"，将会突显假说是否能与具体行动相连。

"与行动相连"的全貌究竟是什么呢？假说当中需要什么样的条件才足以"与行动相连"呢？

换个方式来说，"与行动相连"就是依靠假说产生行动，获得想要的结果作为总结。要通过行动（手段、原因）改变某些事情（目标、结果），两者之间就必须有因果关系。

也就是说，我们必须明白"可行的"假说、"与行动相连"的假说，必须是跟因果关系（原因、方法→目标、结果）有关的信息。"可行的"假说多半牵涉因果关系本身，"做了这件事就会变这样"（Why?），或是以"二八法则"（80/20 Rule）[①]为代表的"锁定这里之后就能高效拿出成果"（Where?），通过上述假说，就能确实高效建立因果关系。

"可行的"假说＝对牵涉因果关系的提问的回答

商务当中意识到"可行的"假说是什么，呈现假说，也会大幅影响建构假说后续的分析质量。在这里，首先在建立假说之际，至少要意识到因果关系（也就是原因和结果为必要因素），尝试这样简单思考。

2-4　提问的模式

假说是针对"问题"暂时的答案，是故事，这个道理我们之前已经说过了。

假说＝（针对问题的）暂时的答案／故事

在这里，要具体看一下要回答什么样的"问题"。原因在于懂得常用的提问模式之后，就可以用在实际建立假说时的线索上。针对提问暂时的

---

① 19世纪意大利经济学家维尔弗雷多·帕累托（Vilfredo Pareto，1848—1923）发现意大利80%的土地由20%的人口拥有。这项帕累托法则（Pareto principle）又称为"二八法则"，指的是"在很多事物中有一种现象，大约80%的结果或者说产出，是从投入或者说原因的20%产生出来的"。当然，80%和20%的偏颇比率本身是一种象征，但一言以蔽之，这正代表了"世间偏颇不公"。——译者注

答案正是假说。

其实值得庆幸的是，对于牵涉因果关系的"提问"，先人已经归纳出常用的模式（称为解决问题的框架）。不晓得该从何处着手思考时，请务必试用这个提问模式。虽然提问会变成连串的形式，却不一定要成套使用，配合各位面对的状况零散使用可行的框架也没关系。

首先，要划分出对问题本身的提问和为解决问题而进行的提问。前者包括使问题（issue）是什么、应该解决的是什么以及问题本身是什么等明确化的提问（What?）。后者则是为具体解决已经明确化的问题而进行的提问（Where?Why?How?）（请参考图2.4）。

问题这个词平常以社会问题为代表，整体来说多半用在"苦恼之事"这种负面的意义上。这里则要如第一章所言，将其意义变得更广泛，把"应有之姿"（理想状态）和现状的差距当成有"问题"的状态，再填补其中的差距，将实现理想状态视为"解决问题"。

像这样在更广的意义上把握"问题"，明确其定义，就能把商务上的策略、经营计划，以及其他大部分事务视为某种"问题"。因为将"应有之姿"（理想状态）当成"目标"之后，每天迈向目标掀起行动的绝大多数商务情况都可以换成解决问题一词。

比方说，你负责的商品必须在下个年度增加20%的销售额。理想状态是"销售额增加20%"，现状是"现在销售额的状态"。该怎么消除差距，该怎么做才可以让现在的销售额增加20%，就成了这时要解决的问题。为了让销售额成长20%，你一定会改变商品的包装，对促销的方法下功夫，说不定还会再重新衡量价格本身。以这种方式看事情之后，各位每天在做的大多数工作就真的可以被视为在解决问题。

図 2.4 解决问题的框架

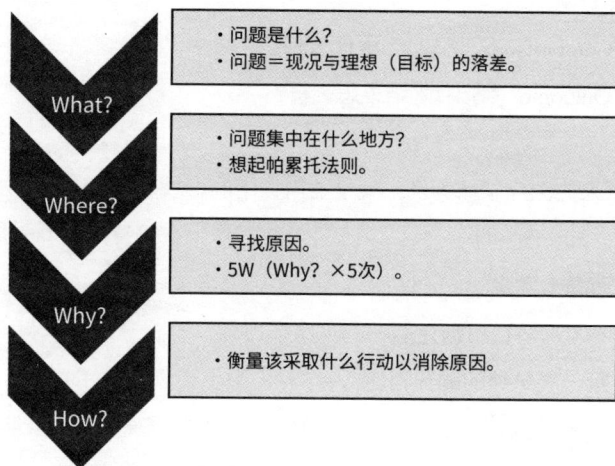

What?	·问题是什么? ·问题＝现况与理想（目标）的落差。
Where?	·问题集中在什么地方? ·想起帕累托法则。
Why?	·寻找原因。 ·5W（Why? ×5次）。
How?	·衡量该采取什么行动以消除原因。

【另一个提问模式 PICO】

关于解决问题的框架方面，前面已经介绍过"What → Where → Why → How"这一框架。除此之外，还要特别介绍另一个框架，当意识到跟 Why 有关的分析时即可派上用场。在意识到因果关系，衡量该如何分析假说为宜之际，将表达原有假说的方式定型化也应会让人有所启发。

医疗领域中经常使用的"实证医学"（EBM, Evidence-Based Medicine）这个词，指的是援引经过实证、有所根据的信息和知识，对眼前的患者进行治疗，而不是仰赖经验或预感。实证医学当中所用的提问模式为 PICO（或 PECO）。这种定型化的方法在医疗领域中创下了实际绩效，我们也要试着用在商业的语境上。

P（Problem，问题）：对象是什么，是谁？〔以医疗的情况来说就是患者（Patient）〕

I（Intervention，原因）①：做什么来引发结果？（有时也会用 Exposure 的 E 代替 I）

C（Comparison，比较）：跟什么相比？

O（Outcome，结果）：结果怎么样？

以原来的医疗领域为例，就是要用以下的形式表达：

P：面向小学生

I：嚼木糖醇口香糖之后

C：跟一般单纯的刷牙相比

O：不容易蛀牙

连比较对象都包括在内，表达到这个地步之后，就非常容易想象之后该用什么图表来分析了。反之，或许我们也可以说，没有确实纳入这四个要素的假说就难以分析和表达。

---

① 在医疗领域，一般翻译为"介入"。——译者注

3　建构假说的能力：假说该怎么产生

那么，假说该怎么产生？这个部分正是最多人怀有疑问的地方，实际上，这也是商学院学生经常提出的问题。尽管前面谈到的提问模式可以成为产生假说的契机，但是遇到提问时该设想什么样的暂定答案呢？

正如我们已经看到的那样，商务当中"可行的"假说多多少少跟商务上的因果关系和机制有关，如果此说法成立，那么能否产生"可行的"假说，就与如何看透和洞察商务当中的因果关系息息相关。

建构假说的能力和建构假说的推动力来源，可以从"问题意识"和假说的"萃取要素"分别衡量。

建构假说的能力＝问题意识 × 萃取要素

建构假说的推动力当中应有对工作的问题意识，还要萃取知识和信息当作假说的素材。有了这两个条件才可以产生商务当中"可行的"假说。

【问题意识】
用不着多说，每天处理工作时拥有多少目标意识和问题意识（更想这么做／这样下去就糟了），就是建构假说的出发点。假如明天的工作跟今天完全相同，这样或许建构假说本身就毫无用武之地。"想把工作做得更好，想要改变未来"，正是因为有这种问题意识，建构假说才有意义，还会涌现疑问"为什么会变成这样？"，更会萌生建立假说的积极干劲。

另外，问题意识的有无也会大幅影响接下来要说明的萃取要素。假如各位也有自己关注的兴趣和艺术家的话题，不经意间看到的信息，也会在无意识间残留在头脑当中。有趣的是，只要在工作时具备问题意识，相关的知识和信息自然会从泛滥的信息当中，跑进自己的眼睛和耳朵里，变成假说的素材。

【萃取要素：对商业机制的理解】

提到假说，或许大家的印象就是聪明绝顶的人绞尽脑汁凭空想出新点子。而长销书《创意，从无到有》（A Technique for Producing Ideas）写道"点子除了既有要素的新组合之外，什么也不是"（"An idea is nothing more nor less than a new combination of old elements"），我也很喜欢这个定义。

假如现在将点子换成假说，就会变成"假说除了既有要素（知识）的新组合之外，什么也不是"了吧？

商业原则会成为假说的源头，原则知识跟因果关系有关，要是这些完全没有被萃取出来，想必就无法建立早期假说，就如同不管零乘以多少还是零一样。极端来说，无论再怎么学习演绎法和归纳法这些逻辑思考的方法，没有知识也产生不了假说。能否自行萃取商务的机制和因果关系的要素，能否把假想的数据库在自己的脑中配备到位，将会在商务当中导致能否产生"可行的"假说。再者，知识组合的新颖度、组合知识的多样性和广泛度非常重要。

假如知识能够直接应用其原理原则，就有助于建立假说。同时，不符原理原则的"异常值"浮现之后，更会从中产生出以往没发现的崭新知识。

假说的萃取要素＝知识（从经验获得的知识＋学习获得的知识）＋信息

化为假说材料的萃取要素，大致可分为知识和信息这两种数据来源。关于信息方面，在下一节将会提到，这里要说明建构假说时所需的相关商务知识。

知识当中最重要的是从工作和自己的其他经验中获得的知识。每天的经验会以"这样做，就会变成这样"的知识形式累积下来。经验是自己体验的事物，所以在数据库中铭刻得最深[1]。据说成人的能力开发有七成可以借由经验说明，不过萃取的知识多半还是从经验中得来。

另一方面，从经验得来的知识只能覆盖经验所及的事物，也就是广度和深度只限于可以经验到的事物，难以具备整体感，拥有无法结构化这一大限制。要弥补经验的不足，就要通过体系化的学习培养知识，像是商业就要到商学院等教育培训机构去上课。

什么知识需要建立体系到什么地步，这也有赖于各位面临的"提问"在什么层次。比方说，假如问"明天订几个饭团？"，前辈就会传授相关知识，一旦晓得什么因素似乎会影响订货（像天气或附近有没有重大活动），或许对于想出假说就够了。然而，如果当上了超市的店长，要回答"该怎么做才能增加利润？"的提问，则销售额、费用和其他会计知识自不待言，就连旨在增加收入的营销知识都很需要。当各位的职位升得愈高，愈是必须以更高的立场回答"提问"时，所需的知识广度和视野也要愈广。

能否针对与迄今为止的"提问"性质相异的"提问"，马上建立"假说"呢？这是逐步升职时要面临的一个重大课题。

---

[1] 指在大脑这一数据库中留下最深的印象。——译者注

演绎法与归纳法

逻辑的思考方式可以归纳成两种，那就是演绎法与归纳法。

演绎法是从普遍接受的规则、法则和模式推导出结论。

比方说，商业经管领域当中通常会知道规模经济（economies of scale，规模愈大，效率愈高）的法则。

在日本，许多都市银行①于2000年左右合并。比方说，1996年三菱银行（The Bank of Mitsubishi）和东京银行（The Bank of Tokyo）合并为东京三菱银行（The Bank of Tokyo-Mitsubishi）；2001年樱花银行（The Sakura Bank）和住友银行（The Sumitomo Bank）合并，三井住友银行（Sumitomo Mitsui Banking）于焉诞生。另外，2002年第一劝业银行（The Dai-Ichi Kangyo Bank）、富士银行（The Fuji Bank）和日本兴业银行（The Industrial Bank of Japan）合并为瑞穗银行（Mizuho Bank）；三和银行（The Sanwa Bank）和东海银行（The Tokai Bank）合并为日联银行（UFJ Bank）②。

这一连串动向的背景，理由之一就是如下所示的演绎思考方式：

规则（规则性、法则性）：规模庞大，则获利（效率）较高。（规模经济）

---

① 都市银行指的是日本境内将总行设在大都市，分行则遍布全国各地的银行。——译者注

② 2006年东京三菱银行与日联银行合并为三菱东京日联银行（BTMU，The Bank of Tokyo-Mitsubishi UFJ），2018年4月起更名为三菱日联银行（MUFG）。——译者注

观察事项：本银行相对来说规模较小。

结论：通过合并壮大规模之后，获利就能更加提升。

像这样从规则和法则推导结论的方法就叫作演绎法。采用演绎法时，假如当作前提的规则本身正确，结论应该也会正确，称得上是"真理性强"的思考方式。另一方面，既然只要知道规则就看得出结论，从这层意义上来说也可以当成"缺乏新意"的思考方式。

想要将演绎法淋漓尽致地运用在商务上，就少不了要具备许多从商务中萃取的规则和法则，通过商学院和商业经管书等途径学习的目标之一，就是学习商业经管领域当中像规模经济这样的法则和共通模式（理论、常规）。

而另一边的归纳法有什么用处呢？

其实在建立假说的目标时，关键的思考方式正是归纳法。

比方说，刚才是以规模经济（规模愈大，效率愈高）的法则为前提推导出结论，不过这样的法则究竟是怎么推导出来的呢？从实际的例子和观察事项推导出共同模式和法则的思考方式就是归纳法。

第三章第五节中有张散布图（scatter plot），表示连锁超市的规模和收益之间的关系（表3.9）。

从这张散布图可以解读出什么样的法则呢？从数据可以解读出规模愈大，获利愈高的法则。然后想一想这个假说，在这个商务中是否存在"规模愈大，获利愈高"的模式呢？像这样从观察事项和实例看出共通模式的思考方式就叫作归纳法。

另一方面，除了从实际的例子找出共通模式的"枚举归纳法"

（enumerative induction）之外，因为相似所以认为这也是相同模式的"类比法"，也是归纳法的思考方式。比方说，学习商业经管策略时必定会出现的迈克尔·波特（Michael Porter）"五力"（five forces）模型，原本也是以模拟微观经济学（micro economics）领域当中说明垄断企业利润的理论为基础，其出发点可以当成归纳法式的思考。

归纳法是从观察事项看出崭新的模式和法则（转变、智慧、理论、常规），这一点堪称是"富有创意"的思考方式。只不过，在前面规模经济的例子当中，要是发现规模对获利改变不大的行业（即反例），规模经济就不是任何行业都适用的通用法则，从这层意义上来说就是"真理性弱"的思考方式。什么情况规模经济会发挥作用，什么情况不会，要实际再搜集数据建立崭新的法则、假说。

下图尝试归纳出这两种思考方式的关联。实际的商务中需要绞尽脑汁对演绎法和归纳法的运用进行科学的组合，而非单凭其中一种思考方式就好。

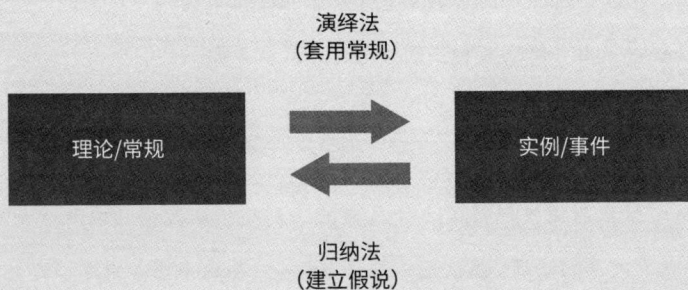

演绎法
（套用常规）

理论/常规　　　　　　　　　　实例/事件

归纳法
（建立假说）

4　数据搜集的观念

4-1　数据搜集的目的

数据搜集的主要目的有以下两种：

●验证事先建立的"假说"　　→假说验证型

●一开始就建立"假说"　　　→假说探索型

前者的特征在于依照图2.1所描述的流程，逆推所需的信息再进行搜集，以便验证假说。过去屡次做过同样的调查，或是遇到过类似的情况，拥有事前的经验和知识时，建立假说就会比较容易。当此之际，该搜集什么信息才可以验证该假说，也会变得比较容易判断，能够进行锁定焦点的数据收集。

像这样将验证建立的假说当成目标来搜集数据，我们在此要称为"假说验证型"的数据搜集。比方说，就如图2.2介绍的一样，顾问公司在提供咨询服务时往往会在实际搜集信息之前，趁着相当早期的阶段定好假说，制作故事板，再从产出的图像这个最终成品逆推，着手搜集和分析数据。这可以说是把"假说验证型"的方法用在实务中的例子。

与此相对，"假说探索型"的特征则在于获取事前知识以想出假说，为了培养一种关于分析对象的"风土民情知识"，往往在搜集数据时，某种程度上多有网罗。尤其是在没有经验的领域中刚开始分析没多久，说到底连争议和问题是什么都不知道，最后往往连建立假说都很困难。

这种情况之下，若想"预估"看似重要的问题和看似有意义的假说，关键就在于要先拜访该领域中有经验的人和有识之士，倾听他们的意见，取得所有可以轻松、迅速弄到手的数据。实际上，这个层次的数据搜集与其说是"数据搜集",或许称为"用功学习"还比较接近实情。像这样着眼于"一开始就建立假说"的数据搜集,就叫作"假说探索型"的数据搜集。

话虽如此,不过人类动辄以"没有数据就无法思考"为由,将数据搜集用于理不通的原因上,漫无目标地搜集数据。敬请在着手搜集数据之前,尽量先趁着没有数据的空档,努力地构思假说(层次在"是这样吗"的程度就好)。实际上,假如在看到数据时没有"是这样吗"的假说,就会以"原来如此"为结论,思考往往会停止。要是数据跟"是这样吗"的假说不同,思考就会向前迈进,提出"为何如此"的疑问。

要在有限的时间当中高效搜集数据,关键就在于采取"假说验证型"的方法搜集数据,该方法要求有某种假说,哪怕是即兴想起的也没关系。然而,商务中的数据搜集,多半都要搭配"假说验证型"和"假说探索型"这两种方法进行,也是事实。

那该怎么灵活运用假说验证型和假说探索型的数据搜集呢?在分析的早期阶段,探索性的数据搜集所占的比例较大,随着分析的进行,为验证假说搜集数据的比例就高了起来。两者的关系绝不是相互排斥的排他性关系。反而要当成是车子的前后轮,对应分析阶段灵活运用这两种方法才是关键。另外,实际的数据搜集不见得一次就能完结。

比方说,通过团体访谈建立探索式的粗略假说,再以数百人次的问卷调查验证这个假说,像这样多次往复进行假说验证型和假说探索型的数据搜集,同时进行分析。有时这也伴随着重新审视和建构假说的意义,不过像这样屡次进行摸索和"推倒重来",最后多半会比较容易形成精辟的分析。

实际在搜集数据时,可以大致区分为"定量数据"(定量信息)和"定性数据"(定性信息),这里要叙述的是一般性的资料收集的"秘诀",所以论述不限于定量数据的搜集,也包括定性数据的搜集。

其实数据收集的质量将会大幅影响后续分析的质量。有一个跟搜集数据有关的词汇，希望大家事先记住，那就是"GIGO"。

GIGO = Garbage in, garbage out（输入的是垃圾，输出的也一定会是垃圾）

GIGO 是个缩略语，可以按照一个单词来读。它原本是计算机科学领域的词汇，但在谈到分析和数据的关系时，我们也完全可以这样说。不管对错误的数据做的分析有多么精辟，也是错误的。

在这里，我们先认为从假说可以看出所需的资料这一观点正确，以此为前提，谈谈如何搜集没有"偏题"的数据。就如图2.5所示，重点在于如下两项：

●不够明了的数据是什么
●实际搜集数据（参照本章的第5节）

图 2.5 搜集数据时要避免"离题"

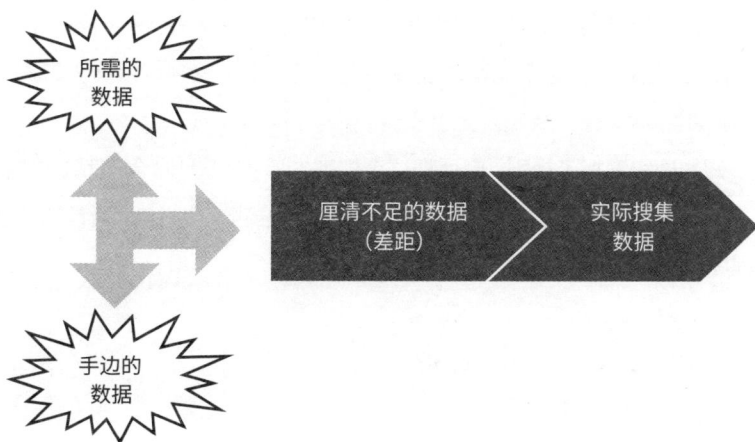

4-2 不够明了的数据是什么

从假说逆推再明了所需的数据之后，就要和手边既存或可以马上弄到手的数据比较，明了有什么不足。

只不过，为了明了有什么不足，就必须在一开始对所需要的究竟是什么有个清晰的概念。这时在假说思考章节中谈过的逆推设想就派上用场了：以故事板的形式，尽量掌握产出图像，查出究竟需要什么样的数据。

就算随便分析随便搜集来的数据，也只会拿出随便的结果。这时要注意"确认偏差"（confirmation bias）。

人类的思考当中有个容易陷入的圈套叫作"偏差"，搜集资料时需要特别注意"确认偏差"这一偏颇的思考。我们就通过专题讨论一起看看吧。

〔专题讨论〕

各位的面前有以3个数字（2→4→6）组成的数列。其实这个数列是我根据某项规则编出来的，目的是要让大家猜猜看这些数字是以什么样的规则编制和排列的。请试着从刚开始的3个数字排列中建立假说，推测规则是怎么样的。

随后要根据这个设想，同样自己任意用3个数字组成数列给我看。假如这个数列依循同样的规则，我就会回答"是的"。另外，假如错了，我就会回复"不是"。这个流程重复多少次都没关系，直到可以确实掌握规则为止。

假如确实掌握了规则，麻烦把这个规则告诉我。要是吻合，就会说"答对了"，而若没猜中，就会说"答错了"，要重新推测。比方说，通常的"活动程序"会像这样：

〔学生 A〕6→8→10怎么样？
〔我〕是的，这满足规则。

〔学生 A〕那么，10→12→14怎么样？

〔我〕是的，这满足规则。

〔学生 A〕既然如此，规则就是每次加二的偶数。

〔我〕答错了。

〔学生 B〕6→10→12怎么样？

〔我〕是的，这满足规则。

〔学生 B〕那么，2→4→10怎么样？

〔我〕是的，这满足规则。

〔学生 B〕既然如此，规则就是递增的偶数。

〔我〕可惜，答错了。

其实答案是"递增的数列"。

这次的假说验证在数据搜集上有什么不妥呢？其实无论是哪个例子，对数据集中的数列都是先吻合自己想出的假说（以刚开始的学生 A 为例，就是每次加二的偶数），再求证是否符合规则。从这个实验中也可以发现，人类往往会搜集支持自己假说的信息，以迎合的方式强化自己的假说。

像这样仅仅注意支持自己先入为主的观念和假说的信息和数据，无视或轻视相反信息，这种倾向就称为"确认偏差"。从单单注意对自己假说有利的数据来看，或许也可以改称为"选择偏差"。研究指出，人类的脑部在出现的结果符合自己的预测时，就会促进多巴胺（这种物质会刺激脑部的快感部位，所以别名又称为快感荷尔蒙）①的分泌，而当结果不吻合时，则会抑制该物质的分泌。脑部的结构导致确认偏差，这或许是某种意义上的必然。

① 这个说法欠妥，"快感荷尔蒙"或者"快乐荷尔蒙"不是专业的说法，而且可以让人感受快乐的神经递质不仅有多巴胺，还有血清素和内啡肽。——译者注

比方说，假如有个人喜欢根据血型进行性格诊断，看了书之后相信"B型血的人个性十足"。在这个例子当中，不管周围有几个B型的人（日本人约5人中有1人，欧美人约10人中有1人），他眼里也只有其中自己觉得个性十足、"有B型气质"的人，从而更加深信"果然B型很有个性"。其实，B型的人当中"不像B型"的人照理说也有一定数量，然而这种"不像B型"的人往往被当成例外，随便安上"搞不好是隐性A型"的理由，不经意地遭到忽视。

附带一提，近年在美、日施行的社会调查显示，血型几乎不会造成差异，血型和性格没有关联[1]的观念早已成了主流。

既然如此，该怎么做才可以避免确认偏误呢？

人类往往会过于深信只有自己一定没问题，不会陷入那样的偏误。首先，关键在于要谦虚接受脑部的结构也会导致确认偏差，这在任何人身上都会发生，要怀着开阔的心胸自问是否有"确认偏差"。再者，过程当中少不了跟假说不同的多样化数据，以及探讨意见的态度。不要仅仅自己思考，征求别人的意见也很好。

---

① 绳田健悟（2014），《血型与性格无关》（「血液型と性格の无关连性」），《心理学研究》（『心理学研究』）85（2）:148–156。

5 实际搜集数据

接下来我们就要着手取得数据了。

图2.6归纳了一下搜集数据的方法，大致可分为两种：

①搜集世上既存的数据。

②搜集世上尚不存在的数据。

图 2.6 搜集数据的方法

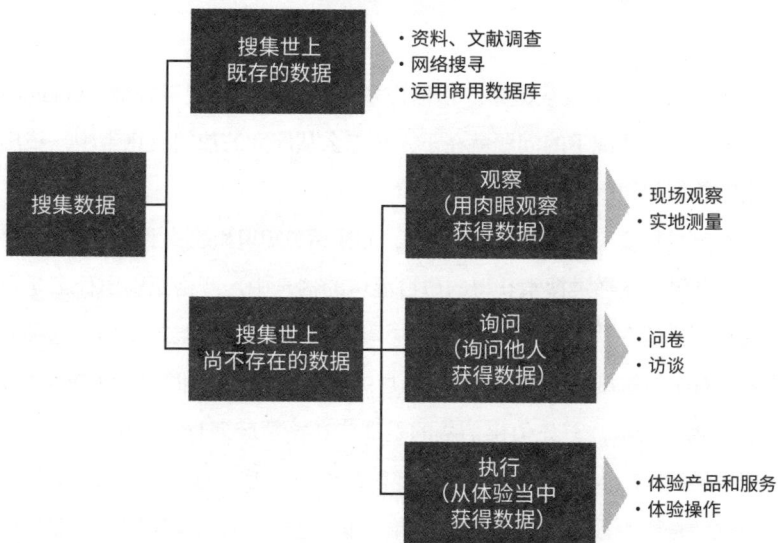

5-1 搜集世上既存的数据

数据既存于世上某个地方，而寻找数据的这个途径（方法）就是以此为前提。许多情况下，凡是谈到搜集数据，首先就是指这个方法。之所以这样说，是因为跟另一个方法"搜集世上尚不存在的数据"相比，这个方法在时间和费用上通常都有效率得多。

　　具体来说方法如下：

●搜寻网络上的信息
●通过商业数据库搜寻
　→像商务领域当中就有日经 TELECOM 和 SPEEDA 等
●调查资料、文献
　→书籍、杂志、报纸、论文、政府机关和业界团体等机构的公共
　　数据等

　　说到实际搜集某些数据，相信许多人刚开始会尝试用谷歌（Google）
搜寻吧。这种情况下的问题就在于，该怎么从庞大的热门信息当中，找出
可用的数据和值得信赖的数据。

　　在某种程度上，在搜集数据领域，如果相关知识和经验累积到某个程度
之后，就可以从通过搜索获得的鱼目混珠的信息中，严格甄别出什么是可
用的数据，但在找不到窍门的领域中，这就成了相当困难的工作。这种时
候要是有个领航员晓得哪里有什么信息，搜集数据的精确度就会大幅提升。

　　作为领航员，首先值得信赖的是那些在该领域拥有知识和经验、"似
乎知道详情"的人，比如说专家或是曾在该领域工作的人。询问知情的人
效率就会是压倒性的，可谓事半功倍。即使是顾问公司或是智库在提供咨
询服务时，如果处理的是新领域的主题，刚开始要做的事情之一就是请教
该领域的经验人士和专家，探听业界信息和搜集数据的窍门。

　　话虽如此，但有时周围连这种经验人士和专家都没有，要进入资料
库也很困难。这时，国会图书馆提供的 Research Navi 网站，就成了找
寻线索的依靠了。这个网站也会提供调查数据的技巧，在搜集数据时会
很好用。

比方说，假说要取得超市的顾客光临人数和人均消费金额的相关数据。进入 Research Navi，搜寻"超市"，超市业的相关主要统计数字就会归纳成数据，还会得知信息来源如下：

● 《CVS 市场年鉴》（『CVS マーケット年鑑』，物流企划编辑、发行，年刊）
● 《商业贩卖统计年报》（经济产业省经济产业政策局调查统计部，年刊）
● 《物流统计数据集》（『流通统计数据集』，物流经济研究所编辑，年刊）
● 《超市》（『コンビニ』，商业界，月刊）
● 各种统计调查（日本连锁加盟协会）

从对信息来源的说明可知，其中的日本连锁加盟协会数据当中似乎会有顾客光临人数和人均消费金额的信息。

最近政府机关的统计和调查数据，也以类似 e-Stat 平台的方式将政府统计数字汇整到入口网站上，通过档案的形式让人人都能取得数据，可以马上用 Excel 分析，相当方便。另一方面，尽管有时因目标不同，想要的数据本身就在网站上，但也不会以马上就能轻松分析的方式提供。

【出生月效应】
表2.1是对日本职业棒球选手出生月分布的调查结果。以前我就知道美国职业棒球大联盟、英国职业足球和其他职业运动中，选手出生月的分布不均，而日本是怎样呢？于是就有了求证的动机。尽管试着寻求数据，也找不到能以马上就能分析的方式提供信息的来源。

各球队的选手名单就刊登在日本棒球机构（Nippon Professional

Baseball Organization）的网站上，所以我就将网站上十二个球队旗下所有选手的表格，老老实实地从网站复制到 Excel 当中，做成柱形图。搜集数据实际花费的时间是30分钟左右。最近还有个方法是用程序自动搜集网站上刊登的数据（数据撷取[①]），不过就算没做到这个地步，只要有这点东西在，花些工夫就可以像这样搜集数据。

然而，以我过去咨询和在商学院上课的经验，尽管实际做了之后发现不太麻烦，但意外的是做出"再花点工夫"这种行为的人并不多，这也是事实。换句话说，是否会不惜时间"花点工夫"，这在搜集既存的数据时相当重要。话虽如此说，为了使自己"出类拔萃"，与其将数据分析本身弄得"富丽堂皇"，还不如在取得数据时别吝惜许多人吝惜的小工夫，这样会轻松得多。

机会难得，就稍微瞧瞧出生月的数据吧。看了图表就知道，早出生（1至3月出生）的选手明显很少，在4至7月出生的选手则变多了。原本一个月有30或31天，2月只有28天，要公平比较就需要修正天数，但就算没有做到修正的地步，差距也的确很大，所以这里就省略了。另外，从比较的观点来看，说不定也会有尖锐的意见指出，一般人的出生月其实也不均衡。尽管一般人的出生月多多少少具有异质性（heterogeneity），但就当作分布大致相同即可[②]。

同样的倾向（早出生的人很少，很多选手的出生月在年度之初）在日本国内的足球 J 联盟中也看得到，另外美国职业棒球大联盟和其他国外的职业运动上，更是可以观察到类似的现象。这种趋势被称为出生月效果和相对年龄效果，目前已知不只是在体育运动领域，还广泛出现在学校成绩和升大学的成绩等情况。

---

① 其实就算不自己写程序，也有支持数据撷取的网站（https://import.io/）。

② 如厚生劳动省《关于出生的统计概况：人口动态统计特殊报告》。

表 2.1 职业棒球选手的出生月份分布（2012 年赛季结束时，总计 827 名选手）

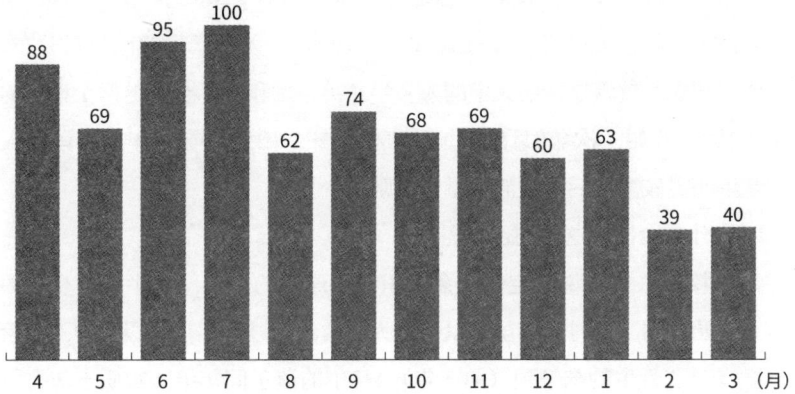

表 2.2 牛津大学与剑桥大学 2012 年入学学生出生月份

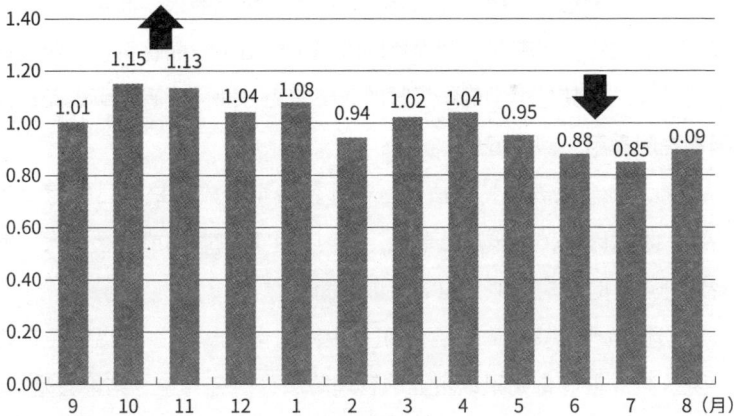

注：依照 1993/1994 年各月的出生人数补充修正，平均为 1.0。

出处：作者根据 BBC 新闻网（http://www.bbc.com/news/uk-politics-21579484）制作而成。

我用网络搜寻这种趋势对大学入学学生的影响，于是就发现表2.2是一个在英国的例子。图表内容是英国顶尖大学牛津大学（University of Oxford）与剑桥大学（University of Cambridge）入学学生的出生月分布。目前已知志愿就读这两所大学的人多半在英格兰和威尔士，这两个地区的学年从9月开始，次年8月结束。从表中可知，出生月在学年前半段的入学学生明显较多，后半段的入学学生则较少。

　　为什么会出现这样的现象呢？

　　以棒球来说，说不定有机会去职业棒球队的选手，多半是从少年棒球队开始打的。这时比赛虽然以年级为单位，不过小学低年级当中，尽管（这一年）3月生的孩子跟（前一年）4月生的孩子同年级，实质上却有将近一年的发育差异。4月生的孩子体格相对壮硕，运动能力又佳，较为有利，可以轻易想见包括教练在内的周边的人和自己的评价，将对孩子的自信和干劲带来影响。原本这段差距应该会随着时间流逝而逐渐祛除，数据却表明自信和干劲的早期条件差异不会简简单单就磨灭，而是影响到长大成人。早出生的孩子有时会因为比同班同学早出生，而背负相对年龄效果的不利条件，尤其是小学低年级时的成绩差距方面，更有当事人无法控制的因素在起作用，需要留意。

　　另外，一个人要是特别成功，往往就会觉得成功是自己的努力和能力所致，不过因果关系没那么单纯，有时出生月的影响或许会很大。就算凭着这一点暂时成功，似乎也需要谦虚面对。

　　这份影响牵涉多大？是否连职业生涯也会受影响？我也曾经长期在商学院执教，很好奇如果以企业的管理阶层为研究对象，结果会是如何。说不定真的有论文讲关于企业管理阶层的出生月效果。于是我就先试着用Google 搜寻，然后就发现以下这篇论文[1]的研究结果。

---

　　[1]　Qianqian Du et al.(2012) "The Relative-age Effect and Career Success: Evidence from Corporate CEOs," Economic Letters 117: 660-662.

表2.3标示出美国500家名列标准普尔500指数的代表企业1992至2009年期间375名CEO（首席运营官）的出生月分布。CEO当中也包括美国以外的人，不过这里要设想绝大多数CEO都是美国出身。

原本每季出生的人数一定多少会有所变动，所以也把一般人的分布当成比较对象加进去。美国有37个州的幼儿园入学时间在8月31日到10月16日之间，夏天出生的孩子大致上是在学期的最后诞生，也就是要视为早出生。从表可知，夏天出生的CEO比一般人要少。

假如硬要解释因果关系，就是从念小学时开始，诞生在学期之初的孩子跟诞生在后半段的孩子相比，在体力和智力层面领先了将近一年，所以比其他孩子容易占优势。另外，当事人往往还会因此轻松获得周遭的认可，拥有自信，同时取得领导地位的机会自然就变多了。

就这样，刚开始在集体当中学习时，领导该有的自信和经验差异，从那之后上了初中、高中、大学，也不会完全消失，其实还会影响到长大之后。

表 2.3 标准普尔 500 指数（S&P500）的 CEO 与出生月份

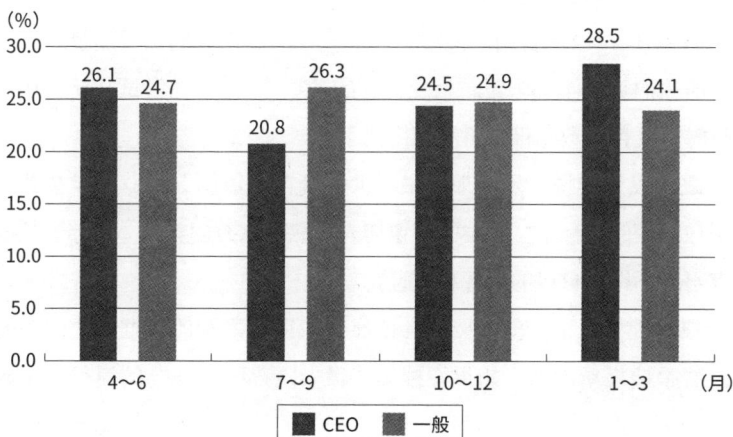

附带一提，我任职的研究生院中，日文 MBA 课程的学生出生月分布，则可以参见表2.4（以1.0为平均值）。从表中可知，没有明显的迹象显示出生在学年前半段会比较有利。

表 2.4 日文 MBA 课程的学生出生月份

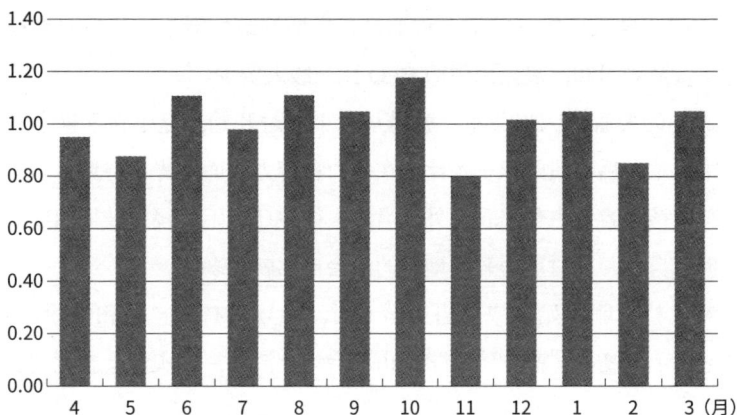

注：此表没有特别按一般人各月出生人数的差异补充修正。

5-2　搜集世上尚不存在的数据

我们在5-1当中看到了搜集"世上既存的数据"的相关途径。另一方面，所需的数据不局限于"世上既存的数据"。尤其在尝试从新的切入点分析时，既存的数据极有可能无用武之地。

之所以这样说，是因为搜集"世上既存的数据"时，多半会默认这是用在固定的目标上，各位的假说切入点愈是富有创新性，既存的数据就愈有可能不符合自己的目标和假说。

在这种情况下，就需要放弃依靠已取得的既存的数据解决问题的幻想，着手搜集新数据。如果说搜集"世上既存的数据"的流程是拿成衣将就一下，搜集"世上尚不存在的数据"的流程就相当于配合目标和假说定做服装。

从搜集数据所需的行动来看，这种途径大致可以划分为以下三种方法：

● 观看（用眼观察，获得数据）
● 询问（询问他人，获得数据）
● 执行（通过体验，获得数据）

【观看：用眼观察，获得数据】

观察指的正是用肉眼实际观看和测量，取得数据。丰田汽车的生产方式又叫作精益生产方式（lean manufacturing），在世界上也很有名。支撑丰田生产方式（TPS，Toyota Production System）的哲学之一就有"现地现物"（不管何事，都奔赴事实发生的现场，切实确认事实）这一词汇，其内容正如其字面所述，可谓名副其实。

具体来说，观察顾客的购买行动、考察竞争店家、观察工厂当中的制造流程或办公室当中的事务等就相当于实行"现地现物"。观看不只是实际观察，还包括定量式的测量。比方说若要改善业务，就要测量实际花在业务上的时间。另外，最近随着传感器的迷你化，运用穿戴式传感器之后不只是观看，还可以持续测量行动本身[①]。

网络的发达让公共数据和其他许多数据公之于世，能够从网络上存取。因此，从获得数据的观点来看，就算取得的技巧有优劣之分，光靠数据也难以差异化。单凭这一点，能够通过实地实物以自己独有的数据来分析就非常重要。

---

① 矢野和男（2014），《数据的无形之手：穿戴式传感器阐明的人类、组织与社会法则》（『データの見えざる手—ウエアラブルセンサが 明かす人間・組織・社会の法則』），草思社。

另外，这本书虽然是关于定量分析的读物，实地实物的状况却不见得都可以通过数字传达和描述。从这个意义上来看，动用以视觉为首的五感就相当重要了。通过可以理解的方式心领神会，掌握实际的状况，连数字表达不了的事物都包含在内，这正是"百闻不如一见"。

有时实际运用五感体验之后，就会看到以往没能见过的崭新风貌。

顾彼思商学院研究生院有个毕业生叫作 N。其实从依靠"观察"来搜集数据这一点上，N 是个极为独特的人。之所以这样说，是因为从 2002 年起，N 就按照用途来划分每天的生活时间，他以分钟为单位持续记录达 10 年以上。所追求的不只是提升自己单位时间的工作效率，连周遭的人都要帮。一时兴起制订行动记录，这种程度或许任谁都做得到，但要不间断地持续做 10 年以上，没有充分的心理准备根本做不到。那么，N 究竟为什么要开始做这种测量呢？他透露的理由如下：

"契机是在我 22 岁时父亲突然过世。目睹最亲近而重要的人死亡，让我发现自己在浪费生命。人生苦短，生命无常。人生必有终点，上天给予自己的时间有限。时间是唯一平等赐予所有人类的东西，运用的方式就决定了人生。想到这些之后，我就孜孜不倦地把目标放在有效运用人生剩下的时间上，于是从那一天起我就马上用定时器测量所有的时间。"

比方说，N 在研究生院就读的这两年中，每季时间运用法的变化就如表 2.5 所示。

懂得这种运用时间的方式之后，会发生什么有趣的事呢？

管理学家彼得·德鲁克（Peter Drucker）在日本也有很多支持者，他曾经讲过以下这段话："受到测量的东西可以改善。"（"What's measured improves."）

表 2.5 N 就读研究生院时每季时间运用法

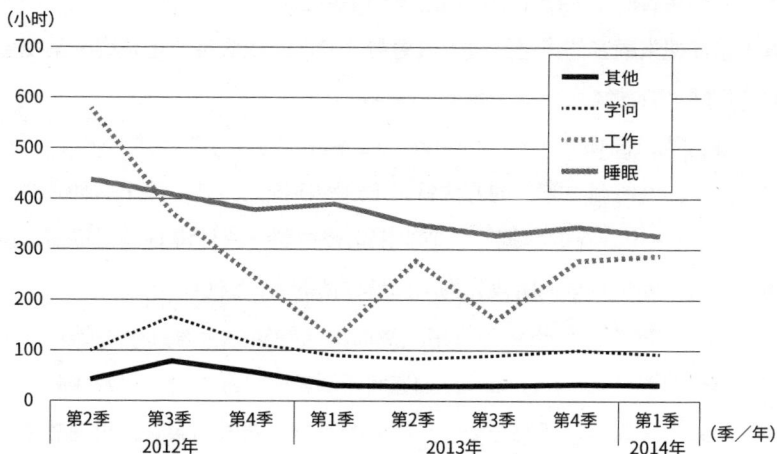

也就是说，只要能被测量，就会在此过程中看到改善的机会。N 的假说如下：

成果＝时间量 × 有效活用法

尽管有了这个假说，不过为了采取行动验证与改善，首先就需要将时间定量化作为基础，再观察与成果的关联性。表1.4介绍过学习量和成绩的关系分析，正是从这一世界上独一无二的数据[①]中推导出来的。

【询问：询问他人，获得数据】

询问指的是运用面谈、纸张、网络和其他媒体，请教他人和企业借

---

① 指时间。——译者注

此搜集数据。商业最后终究是要让人购买产品或服务方能成立。因此，关于作为购买者的个人或企业的信息就必不可少。为了要通过问卷或客户投诉等途径搜集顾客的声音，进而改善与开发产品或服务，正是要经常使用的"询问"方法。

比方说，面谈（一对一的访问、团体访问等）与非面谈（邮寄问卷、电话问卷、网络问卷等）的方法就属于这种情况。另外，除了这种方法以外，"搜集世上既存的数据"一节当中也曾提到，遇到没有风土民情知识的领域时，要趁着早期阶段先询问知道详情的人，这也很重要。

问卷在网络时代也极为常用。然而，问卷实际上有几个难处。一个在于抽样偏误（sampling bias），抽选问卷回答的过程本身，以及实际的回答在结果上有偏差。还有一个则是提问的措辞对回答的影响，出题者甚至能办到受人之托即可用问卷做出任何结果。必须小心别让提问的措辞影响回答。

【抽样偏误：总统选举和大相扑名古屋会场的转播与否】

"询问"的对象不具有代表性的被称为抽样偏差，以往知名的例子就是1936年美国总统大选的选举预测。当时著名的杂志《文学文摘》（*Literary Digest*）进行样本数为240万人的调查，预测共和党的候选人阿尔夫·兰登（Alf Landon）会以57%的得票率胜选，与此相对，富兰克林·罗斯福的得票率则为43%。

反观后来以民意调查出名的乔治·盖洛普（George Gallup），则从远低于该杂志的样本数只有区区5万人的调查当中，预测民主党的罗斯福会胜出。实际的选举结果是，罗斯福以62%的得票率获胜。样本数达240万人的调查预测，与结果竟然差了19个百分点。其实《文学文摘》调查的样本数虽然多达240万人，但选择的调查对象是根据电话簿得出的，而当时只有富裕阶层才拥有电话，于是对象就偏向富裕阶层了。

有人指出，这个调查结果有利于富裕阶层支持者多的共和党。再加上调查对象名单上的1000万人当中，只有240万人实际回答，电话问卷回收率低，这一点也可能让结果偏差更大。尽管说到调查，焦点往往会无可避免地落在样本数上，但从预测能力的意义上来看，偏差小的样本会比偏差大的样本来得优异①。

而在2010年，世人所谓的"大相扑棒球赌博问题"震撼了日本的大相扑界。以当年5月的杂志报道为契机，现役相扑运动员②涉及由黑道集团做庄家的职业棒球赌博的丑闻浮出水面。面对这个问题，世人关心的是日本放送协会（NHK）是否会转播7月大相扑名古屋会场的赛事。截至7月5日，日本放送协会收到多达约12600件针对这个问题的观众意见，其中有68.3%反对转播，赞成转播的仅有12.7%。

日本放送协会接受观众的意见，判断7月6日应该中止持续50年以上的大相扑电视节目的现场直播。与这个决定相关联，当时日本放送协会的福地茂雄会长留下这样一段话："从观众那边收来的意见当中有六成以上认为应该中止，这是前所未有的严苛局面。"

然而，日本放送协会发布中止转播的消息之后（7月6日下午4点30分至7月7日正午），就收到约2000件观众意见，其中竟然有47.5%赞成转播，反对转播的仅有27.5%，跟以前完全相反。

为什么发布中止转播的消息之前和之后，观众的意见就发生逆转了呢？

据推测，这恐怕是因为转播中止之前和之后，传达意见的观众成分大为不同。或许特地在转播中止前打电话给日本放送协会传达意见的观众多半正义感强，接触到大相扑棒球赌博的报道，无法容许大相扑转播当中

---

① 节录于宾夕法尼亚大学丹尼斯·德特克（Dennis DeTurck）的网站。

② 日语称为"力士"，共分横纲、大关、关胁等十个等级。——译者注

有做出这种恶行的运动员在，于是就在这样的想法之下打了电话。因此，反对转播的人占了多数也是可以理解的。

另一方面，发布中止转播的消息后打电话给日本放送协会的人，想必是期待相扑转播的相扑迷（可能以中老年群体为主），他们听到中止转播的消息很惊讶，才向日本放送协会传达意见。因此我们可以推测，发布中止转播消息之前和之后传达意见的观众，都不见得是日本放送协会一般的观众群，另外，两者的特性也有所不同。

【问卷的提问与对回答的影响】

2014年，安倍政府就是否该允许实施某政策的问题发生了很大的争议。以主要报纸为首的各家媒体以民意调查的问卷形式，调查与公开国民的意见。

其中，从2月到3月进行调查的《朝日新闻》，其调查的结果（二选一的提问）为：

●回答"维持不能实施的立场"的为63%。
●回答"争取可以实施"的为29%。

调查结果显示，反对实施的占压倒性多数。
另一方面，5月《读卖新闻》实施的民意调查（三选一的提问）则为：

●回答"应当可以全面实施"的有8%。
●回答"应当可以在最低必要限度的范围下实施"的人有63%。
●回答"没必要争取可以实施"的人有25%。

结果显示，前两个回答相加之后，有高达71%的人认为该允许实施。

在调查进行的时间因素影响不大的前提下 [①]，为什么同样是有关该政策的民意调查，其结果会出现这种鲜明的对比呢？

这项民意调查当中有两个因素可能被认为会影响回答。首先是提问的选项数量。其实当选项有3个时，回答问卷的人就不愿意采取明确的立场，答案会集中在中庸的选项上〔集中趋势（central tendency）〕。这同样会影响到人事考核，为了避免集中趋势作祟，需要花心思将选项设定为偶数，而非奇数。反观《朝日新闻》的选项有二，被试者被迫要选择明确的立场，导致更多的回答者选择因维持现状而心理负担轻的"维持不能实施的立场"，这样的解释也是有可能的。

另一个可能性也跟集中趋势有关，那就是"最低必要限度"一词的影响。假如选项中有这个词汇，其中庸特性就会更强烈，让被试轻易选择这个选项。

问卷就"询问"别人意见的意义而言是有效的方法，但不可否认提问的设计有可能影响答案。审视提问的方法也很重要，假如看到结果时觉得跟自己的感受天差地远，就要查明是否为提问所影响。

【执行：通过体验，获得数据】

执行的目标旨在以自己为当事人，通过亲身体验和尝试取得数据。

像是使用自家公司和竞争对手的商品和服务，体验自家产品和竞争产品的优缺点，搜集改良自家产品和服务所需的材料，就相当于我们所说的"执行"。另外，除了商品和服务以外，实际去工厂做组装产品的作业和办公室的业务，搜集作业和业务瓶颈的相关数据，也可以视为"执行"的范例。

---

① 指的是两次调查仅仅相隔两三个月，这一点对调查结果的影响可以忽略。——译者注

实际体验现场，以所有感官感受之后，就可能收集到不能借由语言和数字简单搜集到的材料。

从实际"执行"的意义来看，或许也可以将商务实践活动视为同一范畴来把握。话虽如此，但在使用过去的数据进行分析时，就算数据告诉你过去顾客的行动模式，不过在做前所未有的大胆新尝试时，那些数据就不会告诉你顾客会有什么反应。这种情况之下，商务中也要在广泛实施新措施之前实际实验，就像制药公司将新药投入市场之前，要实际实验是否有效一样。

姑且不论医疗领域，以往这种实验性的比较在商业领域一向被视为难为之事。然而，自从世界进入网络时代，第一章介绍过的 A/B 测试广泛使用之后，状况就大为改观了。

像是美国大型零售连锁店柯尔百货（Kohl's），就曾经讨论是否该为了缩减营运成本，将平日开店的时间延后1个小时[①]。经营团队对推迟开店时间是否会影响销售额茫然无知，意见分歧。为解决纷争，后来柯尔百货实际在将近100家分店进行实验和比较延后开店时间的影响，发现这对销售额确实影响不大。

---

① 史蒂芬·汤克（Stefan Thomke）、吉姆·曼兹（Jim Manzi）（2014），《以实验考验创新》，《哈佛商业评论》12月号。

章末问题

少子化已成为日本很大的社会问题。从横跨200年的生育率演变的国际比较表中也可以发现，实际上近年日本的总生育率（TFR，Total Fertility Rate）为1.4左右，跟支撑人口最低限度的2.07相比仍有差距。

该怎么做才能挽救日本脱离少子化危机？烦请各位思考一下假说。

※ 总生育率着眼于某段时间（一年间）的出生状况，是该年各年龄段（15至49岁）女性生育率的总和，是忽视女性人口的年龄结构差异后的"该年生育率"，一般用于年度比较、国际比较和地区比较上[1]。

表 2.6 横跨 200 年生育率的演变

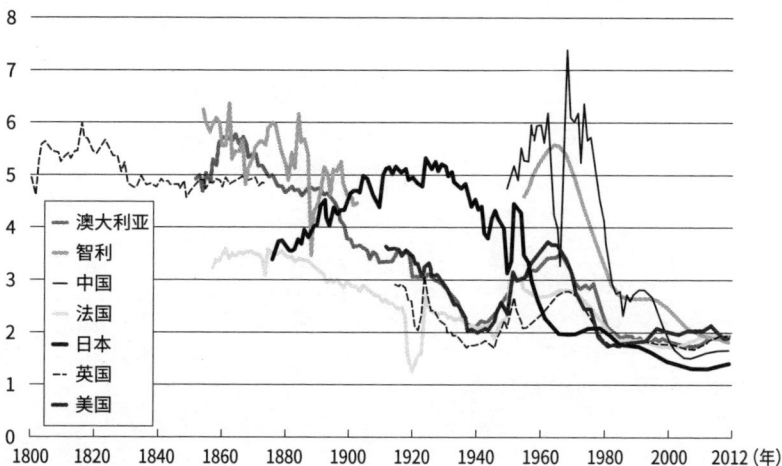

出处：作者根据 Gapminder World 制作而成。

---

① 节录自厚生劳动省人口动态统计月报的说明。

第三章 分析的五个观点

就如我们在第一章叙述的那样，分析的本质在于"比较"。或许也可以说没有不进行比较的分析。另外在第二章当中，我们还一起考察了思考的步骤，明白该以什么步骤思考为宜。

在第三章，终于要逐渐开始进入分析的内涵了，虽然"分析就是比较"，不过究竟该怎么比较？分析时要先统一比较基准再进行比较，从中找出来龙去脉。换句话说，比较的关键似乎就在于要注意数据的某些地方。

以下将从这种观点出发，尝试从分析的视角，主要以什么作为比较对象，将这些观点归纳成5个项目：

①影响度多大？
②差距在哪里？
③趋势是怎样？
④异质性分配情况如何？
⑤模式是什么？

那么，我们就依序看看分析的观点吧。

1 影响度（大小）

第一个观点就是要考虑作为分析对象的影响度，也就是这项"分析对最后结果将会产生多大的影响"。要选择与影响程度相应的分析的精确度和分析方法。换句话说，就是能否回答以下的问题："这项分析究竟值不值得花时间和精力去做？"

特别是在定量分析时很容易有这种倾向：埋首于分析工作中，陷入"玩弄数字"或"为分析而分析"的状态。比方说，判断是否要投资10亿日元的设备，和请示上司是否要批准1万日元的经费支出，所要求的分析精确度和数量当然有所差异。

我们往往会关注眼前的机会和问题，针对那一点思考接下来的行动。不过，世界上哪里也不存在眼前的机会和问题一定会大幅影响最后结果的保证。因此，在商务活动中有必要仔细思考"想要分析的问题具有多大的影响度"。于是，这就要求我们找出影响度大的地方，设定优先次序，再按顺序分析。有时候这也是必要的，即使认识到一些小问题，也要无视它们不进行分析。

我喜欢的战略定义中有一种表述为"决定不做什么事情"。假如配合这里的文脉来说，或许也可说成"决定不分析什么事情"。分析时一定要衡量以下几点：

● 真的需要分析吗？
● 没有分析就无法决策吗？
● 有没有时间和资源能够用在分析上？

首先要比较进行分析和不进行分析时的情况，这项判断本身也正是分析。

影响度这个视点，如果以我们早在第一章自己分析时所能支配的框架来说，愈是喜欢和擅长数字的人，愈是要引起注意。正因为喜欢和擅长，就特别容易陷入"为了分析而分析"的状态。

2 差距（差异）

所谓"差距"，就是通过比较一般的分析对象，认识分析对象和比较对象的差异，也就是"什么相同"和"什么方面有怎样的不同"。另外还要通过思考为什么"相同"或"不同"，来了解分析对象的固有特征。

通过比较着眼于差距的分析也常用在商务上，比方和设定的目标与计划值，或者与基准点比较的差异分析，就是典型的例子。另外，解决问题时会比较"应有之姿（理想状态）"和"现状"，把存在差距的状态作为问题来把握，再分析发生问题的起因是什么。还有，在推论对解决问题必不可少的因果关系之际，比较也会很重要。

尽管商务上经常采用高低大小这些和比较相关的说法，但偶尔会有不确定究竟要跟什么比较才能看出差距的案例。因此，首先要明确比较对象，并且选择何者为比较基准，这个选择是否恰当，以上步骤在决策时会非常重要。

在选择适当的比较对象之际，请参考以下的比较轴：

●要用绝对数值，还是比率（%）？

像在验证"跟外国相比，日本公务员太多"的假说之际，是看公务员本身的人数，还是要看所有劳动者中的公务员比率（公务员数 ÷ 劳动者总数），分析的意义是不同的。

●要看流量，还是看存货？

一般来说，我们会把某固定期间内的流动量叫作流量，而某个时间点的储藏量则叫作存货。要比较经济上的富裕程度时有两种方法，一是相当于流量的收入，二是相当于存货的资产保留额。企业的财务会计当中，表示收支的损益表会对应流量，而资产负债表则对应存货。

何种教育方法有效

各位看过电影《华氏九一一》(Fahrenheit 9/11)吗？这是迈克尔·摩尔(Michael Moore)导演于2004年监制的一部纪录片，以2001年9月11日在美国发生的多起恐怖袭击为主题。尽管内容是在批判当时布什政府应对恐怖袭击的方式，不过其中还有个知名的场景是恐怖袭击当天布什总统的影像[①]。

当时，布什总统造访佛罗里达州的小学，观摩阅读书籍的课程。参观课程的途中，白宫幕僚长卡德(Andrew Card)在布什总统耳边告知第二架飞机撞进世界贸易中心的消息，然而在那之后将近7分钟，布什总统却继续跟孩子们一起念《宠物山羊》(The Pet Goat)这本山羊的故事。

美国本土遭到恐怖分子的攻击，布什总统这个军队最高指挥官却不知道该做什么，不及时采取行动，这就是摩尔导演所批判的内容。

这里要谈的并不是影片当中布什总统的表情，而是为什么总统要造访这所小学。其实布什总统是来观摩这所小学采用的阅读教材(Reading Mastery)，教材中运用了到直接教学法(DI, Direct Instruction)[②]。

当时，布什政府为了提升美国初等教育的教育水平，而推动"一个也不能少"(NCLB, No Child Left Behind, 没有一个人会在学习上被弃之

---

① 影片在 YouTube 或其他影音网站应可找到。

② Ian Ayres (2008), *Super Crunchers: Why Thinking-By-Numbers is the New Way to Be Smart*, Bantam.

不顾）的政策。政府在"一个也不能少"的政策之下采取明确的方针，将联邦政府的预算拨给科学认证为具有教育成效的教育方法，而直接教学法则是在这些评比当中被认可为教育成效最好的方法之一。

其实采用直接教学法讲课时，连老师的台词都要事先编纂脚本，许多认为创意方法才是宝贵价值的教师和专家对此评价甚低。尽管如此，诸多研究表明，这个方法教育效果甚好。布什总统选择造访的学校就是使用了这种直接教学法。

表3.1依照美国教育部（Department of Education）运营的有效教育策略数据中心（WWC, What Works Clearinghouse）的网站数据制作而成，将对阅读能力的许多教育方法按学习成效由高到低排列。由此表可以看出，布什总统观摩的"Reading Mastery"在教育成效当中名列第二。

尽管这个表格没有列入，但在作表依据的原始数据当中，还记载了针对各个方法写过多少论文、哪个州有哪年的数据以及被引用的论文信息等。这个网站建立了按照领域划分的关于教育成效的数据库，比如想查的是算术，就能够轻松检索到什么教育方法被认定为最有效的。

谈到教育方法时，往往会脱离"什么最有效"的议论，陷入"应该怎样"的哲学争辩。医疗领域中想把最新最好的医学见解用在治疗上的EBM（Evidence-Based Medicine, 基于证据的治疗，即实证医学）观念引来人们的支持。尽管教育领域中同样的动向才刚就绪，但或许有一天经营领域中重视EBM（Evidence-Based Management，基于证据的管理，可译为实证管理）的时代也会到来。不过，这时的关键还是在于"比较"。

表 3.1 比较阅读教育方法成效

	教育成效指数	教育成效的评比为？	证据足
教学对话和文学日记	29	成效方面有证据	小规模
精熟阅读	28	成效方面有证据	小规模
阅读修复	27	成效方面有坚实的证据	小规模
双语合作性综合阅读与写作	23	成效方面有证据	小规模
强化主动阅读	19	成效方面有证据	小规模
词汇提升	19	成效方面有证据	小规模
加速阅读	16	成效方面有证据	小规模
班级内同伴辅导	14	成效方面有证据	小规模
迷你书	12	成效方面有证据	小规模
同伴互助学习	12	成效方面有证据	小规模
阅读180	12	成效方面有证据	中到大规模 *
"造就成功"阅读软件	11	成效方面有证据	小规模
"所有学习者均成功"理念	10	成效方面有证据	中到大规模
Lexia Reading阅读软件	9	没有证据	小规模
音伴	9	没有证据	小规模
音韵阅读项目	5	没有证据	小规模
"快速学单词"软件	3	没有证据	中到大规模
"快速学单词和语言"软件	3	没有证据	小规模
小组合作统整读写法	1	没有证据	小规模
"自然阅读"软件	1	没有证据	小规模
"读起来不错"软件	−1	没有证据	小规模
重复阅读	−7	没有证据	小规模
分享阅读	−8	没有证据	小规模

注：＊证据为"中到大规模"指的是包含一个以上的研究，对象为学校，或是 350 人以上、14 个班级以上的学生。

出处：作者根据 WWC 网站制作而成。

3 趋势（时间的变化）

"趋势"是在时间轴上，将过去、现在、未来进行比较，从而掌握变化的观点。

我们在第一章讲到分析的目标，对它的表述是"为改变未来而掌握因果关系"。通过在趋势中观察过去的时间性变化，预测将来。与此同时，从过去的趋势当中会获得思考的启发，明白通过数据看到的现象背后是什么力量在作用，从而采取必要的行动。

据闻德意志帝国首相俾斯麦曾说："愚者向经验学习，智者向历史学习。"说得夸张点，趋势就是数据的时间性变化，就是向历史学习。或许也可以说，未来的启发就在于过去。

那么，要从时间性变化的哪些点当中获得启发呢？该观察的重点主要可归纳为如下两项：

● 趋势（一贯的倾向）
● 与一贯倾向相背离的点
● 反曲点（Inflection point，倾向改变的点）
● 异常值（背离倾向的点）

那么，趋势、反曲点和异常值会告诉我们什么呢？

首先趋势是掌握时间当中一贯倾向的视点，要把握对象是增加还是减少，变化是加速还是减速。增加和减少之类的变化具有一贯性，是在暗示数据所反映的这个现象当中相关的作用力和结构稳定，没有很大的变化。

我们必须想想，数据究竟为什么会增加和减少，变化是否是稳定的。

假如对于"为什么"的答案是往后也不会改变，预测也只要延续以往的变化即可。

另一方面，反曲点和异常值，则是在暗示成为背景的结构的变化和意料之外的特殊力量正在发挥作用，在启发思考的意义上相当重要。在这里重要的是，观察反曲点和异常值时也必然要思考"为什么"。

3-1 从数据解读超市

接下来让我们一边观察实际的数据，一边一起思考一下。

表3.2显示出排行前四名的超市各自拥有的分店数量的演变。从这张表中可以看出什么样的趋势呢？虽然知道各家公司的连锁店都在增加，用肉眼却难以确切解读增长速度是加快、减慢，或是趋势有没有变化。

第四章的时间序列图（time series plot）一节当中也会谈到，观察趋势时的一个秘诀在于尽量撷取时间跨度较大的数据，以鸟瞰的方式掌握趋势。

既然如此，就把同样数据的时间轴尽量拉长，观察20世纪70年代起的数据（请参考表3.3）。这次看起来怎么样呢？

现在应该可以将趋势解读得相当明确了吧？从7-Eleven的例子中可知，截至21世纪头十年中期，分店数几乎呈直线稳定增长。假定关闭门店数没有大幅的变化，就可以解读成新开门店数几乎每年都保持固定。恐怕用于开新店的资源也没有太大的变化。

然而，我们发现在2000年之后，各家超市的开店行动一度减缓，其中罗森（LAWSON）尤为显著。2004年光是前四名商家的分店数量就超过3万家，可以推测在新市场难以大幅开拓的情况下，竞争也激烈起来，扩展店铺更是愈发困难。

表 3.2 超市主要连锁店的数量演变（2002 至 2014 年）

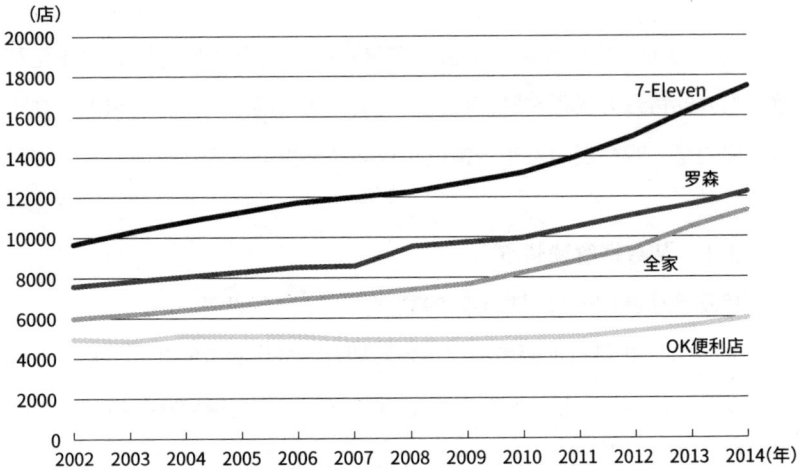

出处：此表是作者根据 SPEEDA 和各家公司网站制作而成。全家的数据是在刊登于网站之前经由顾客咨询室取得。

表 3.3 20 世纪 70 年代起超市主要连锁店的数量演变

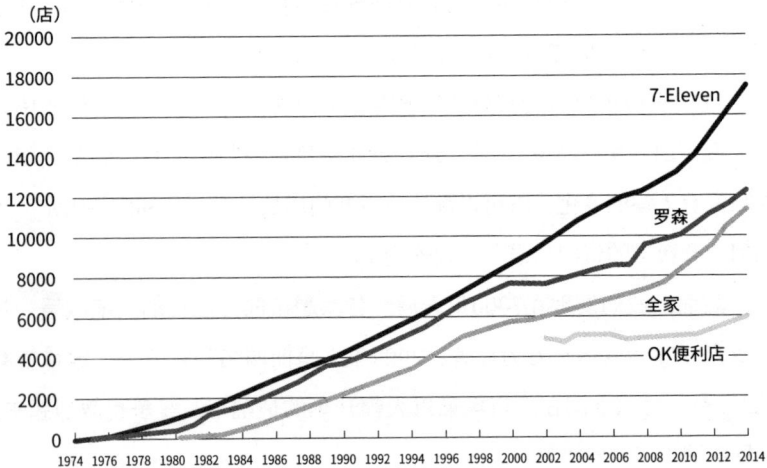

出处：跟表 3.2 相同。

不过，从2010年左右的反曲点可以看出数据大幅倾斜，也就是扩展店铺速度增快，行动转为积极。在此为了将这项变化呈现得更为明确，而把各家连锁店的扩展店铺净增减数（与上一年度总分店数的差）绘制成时间序列图（请参考表3.4）。

当时到底发生了什么事？

7&I控股（Seven&I Holdings）2010年2月的年度报告当中[①]，预估社会结构的四个变化（家庭平均人数减少、职业妇女增加、少子老龄化、小卖店减少），将导致"觉得购物不便"的消费者增加，另外，报告还强调要在"就近就便"的概念之下，把握进一步成长的机会，提供消除不便的食物或服务的解决方案。换句话说，就是告诉我们要改变观点，认知到超市不是以往所认为的成熟市场，而是有未被满足需求的将会大幅成长的新市场。

实际上，来到超市的客户是否发生了上述的变化？表3.5是以年龄来看7-Eleven分店一天的来客数，可以发现29岁以下的年轻客人群，2000年以后大幅减少，而40岁以上的客人大幅增加，呈现逆转之势。

7-Eleven掌握这种社会结构的变化，翌年的年度报告也指出方针该定为在高龄化人口集中的大都市圈（东京、大阪、名古屋）加速扩展店铺，2010年以后的扩展店铺攻势，正是因应这项方针的实际举措。

---

① 7&I控股《2010年度报告》。

表 3.4 超市主要连锁店的净增减数量演变

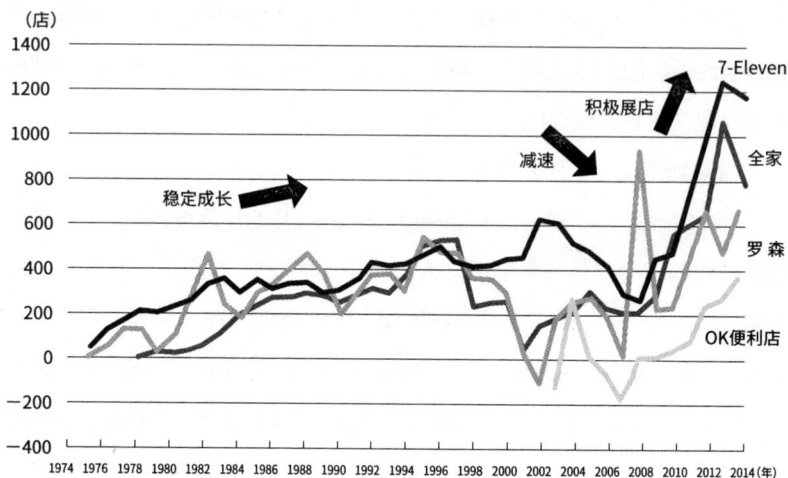

（店）

- 7-Eleven
- 积极展店
- 减速
- 全家
- 稳定成长
- 罗 森
- OK便利店

出处：作者根据表 3.3 制作而成。

表 3.5 7-Eleven 平均每天不同年龄层来客数演变

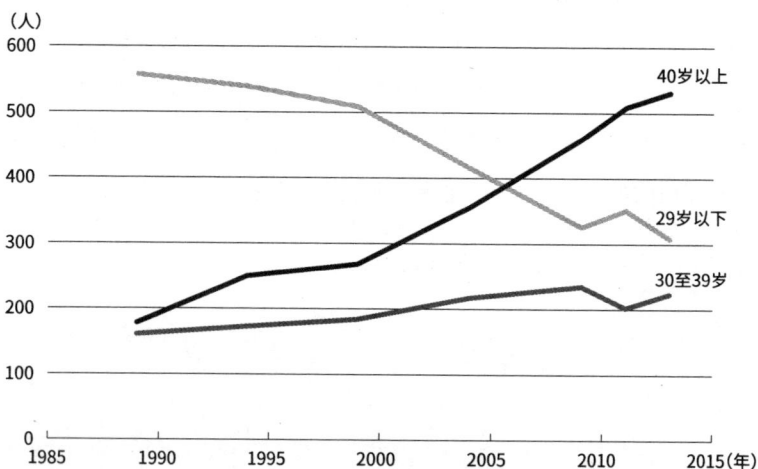

（人）

- 40岁以上
- 29岁以下
- 30至39岁

出处：作者根据《7＆I 控股事业概要 2014》制作而成。

3-2 未来与人口预测

以趋势的眼光观察数据时，使用的数据几乎都以过去的数据为中心。之所以这样说，是因为预测未来的数据多半会令人遗憾地落空。不过其中有一个例外，那就是人口预测。针对人口的未来预测通常比其他预测更可靠。因此，各位在讨论不久的将来时，应该要先以人口的预测数据作为起跑点。

表 3.6 亚洲各国高龄化比率的演变和预测（1950 至 2100 年，中位估计）

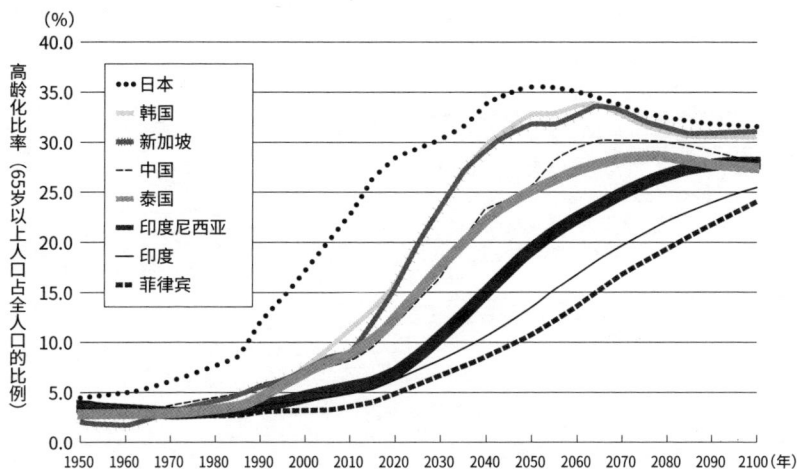

出处：作者根据 World Population Prospects 2010 revision 制作而成。

表3.6是亚洲各国实际的老龄化比率（65岁以上人士占人口的比率）和2001年为止的预测。老龄化比率是表示国家高龄化程度的指标，大致来说超过7%是高龄化社会，超过14%是高龄社会，超过21%则是超高龄社会。

从表3.6的趋势可知，就如媒体经常报道的那样，日本在亚洲当中抢先进入高龄化，到21世纪中期为止以急速之势持续高龄化，高峰时几乎每3人中就有1人是65岁以上。然而据估计，其实亚洲各国不只是日本，任何一个国家在21世纪都会急速高龄化，可见高龄化是亚洲共通的课题。

像是中国，步入高龄化的时间比日本晚了约20年。网络刚开始发展时，有一种率先在国外成功的商业模式称为"时光机器经营"，这种管理方法马上就被日本所采用。从趋势的比较当中可以看出，日本超高龄社会的状况和经验，就是亚洲各国眼中未来的"时光机"。

4　异质性（分布）

　　观察异质性时要比较和掌握结构，衡量整体构成要素的异质性程度，也就是各个要素是否明显偏向（集中）在特定的地方，或者是否均匀分布到整体上。图2.4提问的模式中介绍过解决问题的框架（What → Where → Why → How），在遵循这个原则时，尤其在 Where 这一环节，观察要素是否集中相当重要。

　　其实世上许多事情分配不均，局部往往大幅影响整体。自古以来人们便懂得这项法则，即先前介绍的"帕累托法则"（80/20法则）这一形式的经验法则。一般来说，"排名前20% 的顾客贡献了80% 销售收入"。类似这样的偏向在商务当中比比皆是。

　　商务当中能用的资源和时间有限，所以事情要从重要的地方开始处理，或是针对敏感度大的地方着手，这是非常重要的。着重偏向，对排定优先级会有很大的帮助。只要在解决问题时遵循"帕累托法则"，处理排名前20% 的问题，就可以解决80% 的课题。

　　超市运用销售时点情报系统（POS）分析畅销货和滞销货，就是着眼于商品销路的异质性和偏向上。超市注定要以有限的卖场面积将利润最大化，不得不对丰富的商品缩小范围。因此，所采取的方法就是找出卖不掉的商品，也就是滞销货，从店里撤下后，再借由商品陈列法（merchandising）替换成新商品。

　　而商务上不只会运用异质性安排优先级，还会反过来着重致力于如何消除异质性，进行均质化和标准化。像二战之后支撑着日本式经营的质量管理，就是以缩小异质性作为至高无上的命题。另外，许多领域当中的需求会随时间变动，该如何确保设备和人力的充足供给，比方说需要能否顺利标准化，就会是重要的课题。

表 3.7 人口众多的日本都市（2010 年人口普查）

排名	都市名	人口	排名	都市名	人口
1	东京 23 区	8945695	11	广岛市	1173843
2	滨市	3688773	12	仙台市	1045986
3	大阪市	2665314	13	北九州市	976846
4	名古屋市	2263894	14	千叶市	961749
5	札幌市	1913545	15	堺市	841966
6	神户市	1544200	16	新潟市	811901
7	京都市	1474015	17	滨松市	800866
8	福冈市	1463743	18	熊本市	734474
9	川崎市	1425512	19	相模原市	717544
10	埼玉市	1222434	20	静冈市	716197

【齐夫定律】

世上许多现象都有"偏向"，目前已知有几个定律说明了会怎样偏向。

举例来说，各位听过齐夫定律吗？它由哈佛大学语言学家乔治·金斯利·齐夫（George Kingsley Zipf）发现，这是个与英文单词的出现频率有关的模式（如果将单词按出现的频率排序，出现频率排在 k 的单词，其出现频率是排名第一的单词的 $1/k$）。

目前已知在英文单词之外，还可以在商品和服务的市场占有率、都市人口的规模，以及其他各种领域当中看到同样符合齐夫定律的现象。另外，网络世界里也经常可以看见这种偏向的分配，最典型的就是内容的点击率等。

比方说，2014年度第一季的全球市场占有率[1]，第一名的三星（SAMSUNG）是30.2%，第二名的苹果（Apple）是15.5%，第三名的华为（HUAWEI）是4.9%，第四名的联想（Lenovo）是4.6%，第五名的 LG

---

[1]　Inter-vision 21（2014），《2015年度版图解业界地图一目了然》（『2015年度版图解业界地图が一目で分かる本』），三笠书房。

电器（LG Electronics）是4.4%。尽管不精确，却能以第一名和第二名为中心，清楚掌握排名和市场占有率大小关系的趋向（市场占有率偏向高排名，第二名是第一名的一半）。

表3.7是依照人口多寡的日本都市排行。另外表3.8则根据人口百强都市排名绘制而成。从表中也可看出，人口的分布集中在极少数的大都市，另外还有许多人口在10万人以下的规模较小的都市，几乎可以印证齐夫定律。

这种以社会现象为中心指出"世间偏颇不公"的知名法则，除了齐夫定律之外，还有前面谈到的"帕累托法则"和"幂律"（power law），但其实我们知道这三个指的是同样的现象[1]。以排名呈现帕累托法则就会变成齐夫定律，而将用来表示累积分配的帕累托法则改成概率分配后，就会变成幂律。

表 3.8 日本的都市人口（100 名，2010 年）

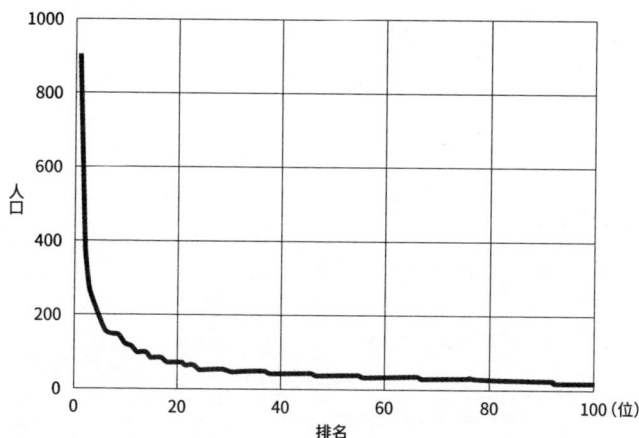

---

[1] "Zipf, Power-laws, and Pareto: A Ranking Tutorial", http://www.hpl.hp.com/research/idl/papers/ranking/ranking.html.

为什么会形成这种具有偏向的分布？尽管众说纷纭，不过许多分布具有"偏向"的事实在商务中被广泛应用是极为重要的观点。我们要先在分布具有"偏向"的前提之下，来思考它在商务中的体现。

5　模式（原理）

通过比较分析对象之间的关联性之后，就会发现潜藏的"模式"、脱离模式的"异常值"，以及趋向大幅变化的"反曲点"，这就是模式的视点。

下面我们就分别看看上述要点吧。

5-1　找出模式

所谓找到"法则"，就是要找出"有了特性 A 之后就会变成如何""A 愈多就愈会变成这样"的趋向和规律。第四章将会说明的"相关"，就是"法则"的最佳代表。

在表3.9中，我们试着比较日本超市的规模和利润率的关系。从中可以看出一个模式（法则），那就是规模愈大，获利也愈好。这个法则通常被称为"规模经济"，规模愈大就愈有议价能力，商品进货时愈能以有利的价格进货，或是使系统开发费用等与规模无关的固定费用分摊变得更有利。

发现商务上的规律之后会有什么好处呢？借由发现规律，就能提升预测的精确度和对策的重现度。以超市的例子来说，就是会明白"扩大规模是有效提高获利的选项之一"。

另外，发现定律将会奠定找出异常值和反曲点的基础。异常值是用来表示与倾向相异的特征，反曲点指的则是以往观察到的倾向改变的分界处。正因为以"照理说通常多半应该变成这样"的定律为基础，才会晓得它们的存在。为了找出异常值和反曲点，请各位也务必鼓起勇气试着寻找通则。

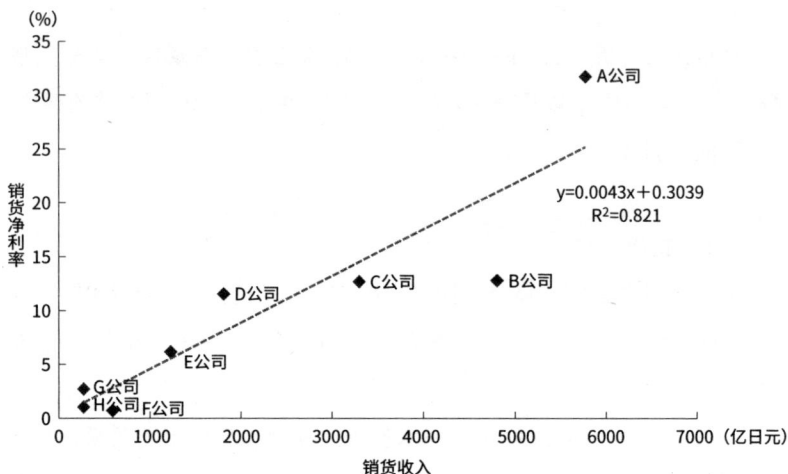

表 3.9 日本各家超市的销售规模和获利性（2011 年度）

出处：作者根据各家公司决算资料制作而成。

5-2　找出异常值

所谓找出异常值，就是要"找出那些呈现出不同于规则或模式特征的要素"。

着眼于异常值的好处就在于，因为异常值本身中潜藏着事前无法预测的商机，只要阐明异常值发生的机制，就可以获得意想不到的商业启发。

前面超市的例子也是如此。正如上面所述，销售额愈高，销货净利率就愈高，可以当作规模经济发生作用的模式。尽管如此，假如撇开 A 公司不提，销售额超过2000亿日元之后，B 公司、C 公司和 D 公司的净利率也会像撞到天花板一样涨到极限。由此可见，销售额在一定程度以上时规模经济会难以实现，这种见解也有可能成立。

如果上述分析成立，或许把 A 公司显示出的净利率当作异常值毋宁说是一种合理的做法，因为它远远高于 B、C、D 公司的同类数值，与规律不合。A 公司是否用了独门绝技，跟其他连锁店不同？这家公司下了什么样的工夫呢？将 A 公司的措施与其他公司比较之后，应该就可以获得启发，提高获利。

5-3　找出反曲点（拐点）

所谓找出反曲点，是要"找出急剧变化的那一点，从中可以看到与以往观察的通则不同的规律"。在这里，将其当作跟一般被称为临界量（critical mass）和临界点（critical point）的含义大致相同的概念就好了。

比方说，我们知道气温和其他天气因素会影响各种商品的销售。许多季节性商品在超过或低于一定的气温后会突然大卖，所以零售业不得不对气温变化敏感。举例来说，商家知道从春天到夏天气温上升之际，超过20℃就要开始卖啤酒，超过26℃则要开始卖冰激凌。这样的关键气温就是影响商品销路的反曲点。

还有借由马尔科姆·格拉德威尔（Malcolm Gladwell）的著作打响知名度的所谓"1万小时法则"，也可以当作成果对于练习量和经验量的反曲点。从作曲家、西洋棋棋手，再到披头士乐团和比尔·盖茨等各个领域的成功人士在那个领域中成功之前，都要累积练习1万个小时。用努力硬干来累积1万小时的经验量，会让成果飞跃提升，是迈向成功的必要条件。这种情况之下，1万小时的练习量是能否在那个领域成功的分界，可以当作是练习量和经验量的反曲点。

类似这种量的累积会产生大的质变的观念，田坂广志的著作[①] 里就介绍过辩证法当中的"质量互变规律"（law of mutual change of quality and quantity，量变增加到超过一定水平后，就会引发质的变化）。

表 3.10 最高气温与最大电力的关系（东京电力，2014 年全年 / 平日）

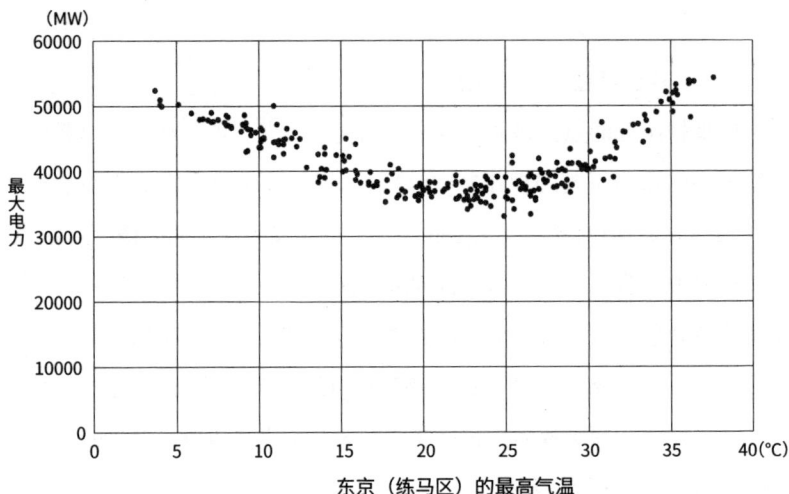

例如水超过100℃的沸点之后，就会从性质上改变形貌，从液体变为气体。这就是所谓的相转移（phase transfer）。同样的，商务领域当中也因网络发达而骤然降低沟通成本，冒出消费者间商务（C to C）这种新的商业模式，如网络拍卖。另外，大数据正式成为商务上的话题，自从数据的搜集和分析成本骤然下降，此前一直被视为稀缺资源的数据，其活用方

---

① 田坂广志（2005），《用得着的辩证法：懂黑格尔就能看出 IT 社会的未来》（『使える弁証法—ヘーゲルが分かれば IT 社会の未来が見える』），东洋经济新报社。

式的大幅改变就不再是奢求。

现在我们就根据实际的数据来看看反曲点。

表3.10呈现的是东京电力（Tokyo Electric Power）一天的最大电力和东京（练马区）最高气温的关系。

表 3.11 不同季节最高气温与最大电力的关系（东京电力，2014 年全年 / 平日）

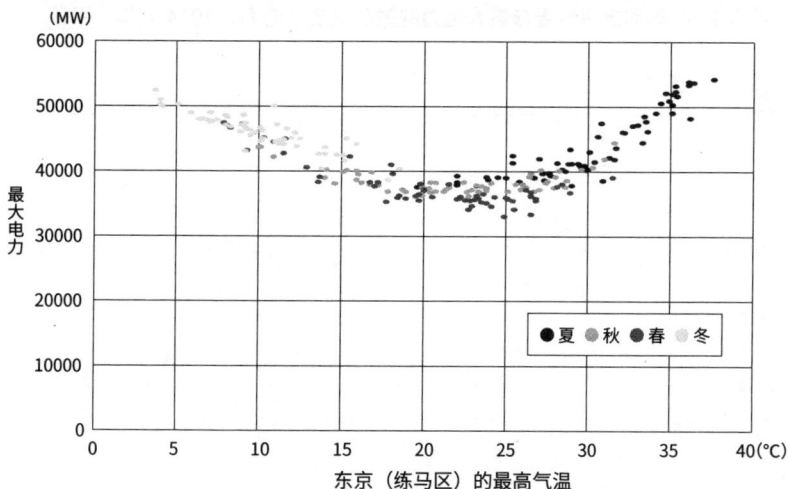

从表中能够发现一个模式，那就是最高气温几乎可以决定一天的最大电力。因为电力公司有必要在考虑可能发生的最大需求的基础上确保发电设备能够满足，查明决定最大电力的是什么，这是极为重要的。说到最大电力，夏日炎炎时期的最大电力往往会成为话题，但若从一整年来看，冬天的高峰期也跟夏天的用电量不相上下。

从图表中能够明显看出20℃和25℃一带是反曲点，倾斜度变化很大。由此可以划分出三个区域：那就是20℃至25℃的中央区域，即使气温改变，最大电力也变化不大；以及20℃以下和25℃以上的区域。这个反曲点意味着什么呢？决定最大电力的法则是否有什么不同呢？

尝试将同样一张表再按照季节重新划分就变成了表3.11。

从气温中也可以发现，右边的区域大部分是夏季，正中央平坦的区域是春秋两季，左边的区域则对应冬季。为了更进一步具体呈现电力运用的方式，而将最大电力出现的时段画成表（请参考表3.12）。

表 3.12 时段别最高气温与最大电力的关系（东京电力，2014 全年／平日）

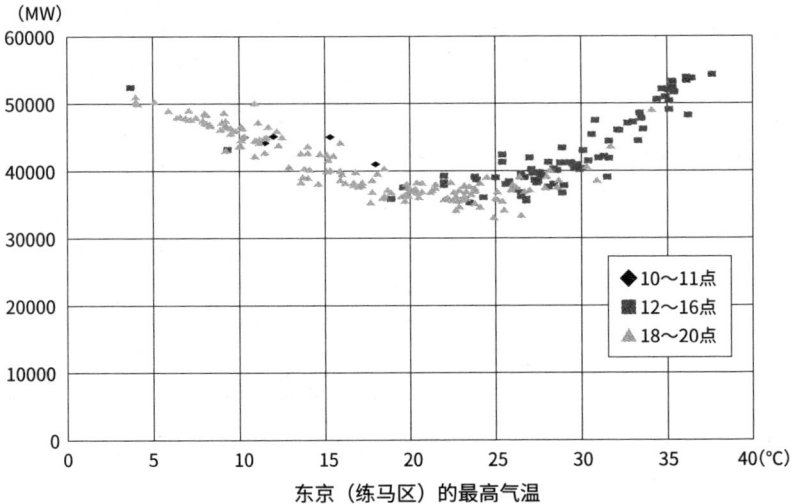

从这两张表能够看出，在夏季区域，随着白天气温上升，被空调和其他制冷设备的需求所牵引，最高气温出现的下午会产生最大需求；反观冬季区域，由于日落后气温降低，出现暖气需求和照明需求，于是就产生了最大电力。由此可知，尽管要应付夏季的最大电力需求，以日照为关键的太阳能发电极为有效，但冬季高峰期的高峰发生在日落之后，就不见得适合这样处理。

5-4　通过大数据和机器学习提取模式

最近，企业大量搜集顾客信息，除了使用信用卡或积分卡的购买记录、网站浏览记录之外，还会搜集其他数据。在20世纪以前，大量获取用于分析的数据要花费庞大的成本。因此，分析的重点在于，如何将获得的为数不多的样本数据活用到极限，推测撷取到的样本所属的母群体（"population"，其本身无法直接测定）属性是什么。

电视收视率调查就是一个好例子。在日本关东地区，约有1500万户家庭，实际调查所有家庭是否观看某个节目几乎是不可能的。因此，实施收视率调查时要从1500万户家庭当中抽取600户家庭。或许各位会怀疑，仅凭区区600户家庭真能了解收视率吗？正是为了回答这种问题，推论统计学（inferential statistics）这一学科才会应运而生。

过去，关东地区连续剧中创下最高收视率的，是1983年的《积木崩塌：亲子的两百日战争》的最后一集（45.3%）[1]。究竟1500万户家庭整体的收视率是多少？只要运用推论统计，就可以估算实际上有多少收视率。

$$收视率的误差 = \pm 1.96 \sqrt{\frac{收视率\ (1-收视率)}{标本数}}$$

使用这个算式，即可知道误差在95%的置信区间〔（confidence intervals）95%的概率下真实值会包含在误差区间内，姑且这样解释[2]〕之下为4.0%。换句话说，就是可以推测真正的收视率在41.3%至49.3%的范围内。

附带一提，估算误差时就算没记住这则公式，也可以取样本规模（这

---

[1]　节录自 Video Research 公司的网站。

[2]　正确的解释仍有讨论空间，比如 Norm Malloff (2009), *From Algorithms to Z-scores: Probabilistic and Statistical Modeling in Computer Science*.

里指作为调查对象的家庭数）的平方根大致预估。用这个方法计算很方便，请务必背下来。刚才的例子，600的平方根约等于24，误差大约为24。既然要求出收视率的误差，那么算式就是24÷600＝0.04，也就是可以轻松算出误差率为4%。

然而，由于互联网技术的进步，状况正在改变。现在花在取得数据上的成本大幅降低，数据从稀有资源变成丰富的资源。

诸多企业正在尝试分析庞大的数据（俗称大数据"big data"），从中看出模式加以预测，进而活用数据，掌握特定消费者的嗜好和消费行动以促销商品和服务。

图 3.1 机器"学习"的机制

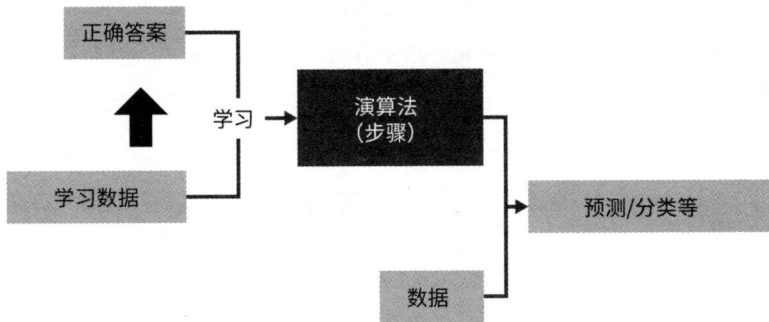

有一种被称为"机器学习"（machine learning）的系列分析方法（如图3.1所示），能在此类活用中发挥重大的力量。也许可以说，大数据的本质就是在机器学习中提取潜藏在数据下的模式。这样说的理由在于，假如没有机器学习，数据就只不过是堆积如山的信息。机器学习是人工智能的一个分类，另外还有个分类叫作数据探勘（data mining），将两者视为几乎同义也没关系。

如图3.2所示，机器学习擅长从数据中撷取模式，大致可以分为"预测"和"发现"这两种。

"预测"时要用软件从过去庞大的数据中厘清过去产出和投入的关系，提取模式，根据算法（步骤）针对新的投入进行预测。这也可以说是从过去的知识推估未来。第四章将会谈到复回归分析（multiple regression analysis）的因变量（"criterion variable"，相当于产出"output"）与自变量（"explanatory variable"，相当于投入"input"）之间的回归式，这正是预测式机器学习之一。从商品推荐、预测新的乐曲是否会红，以至于计算机象棋和围棋，其运用范围十分广泛。

图 3.2 机器学习的擅长范围

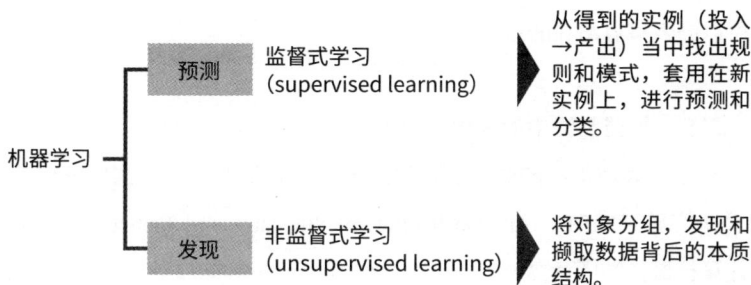

机器学习 —— 预测 —— 监督式学习（supervised learning） ▶ 从得到的实例（投入→产出）当中找出规则和模式，套用在新实例上，进行预测和分类。

—— 发现 —— 非监督式学习（unsupervised learning） ▶ 将对象分组，发现和撷取数据背后的本质结构。

实际上可以认为，人类的头脑在认识模式的活动中，具有高度的相似性。比方说，从见过面的人的身体特征回想其名字，或是从面部表情推测对方的情绪，例如是否生气或开心等，这些也算是高级的模式辨识。

相对的，"发现"则是将研究对象划分成相似的数据群组，发现和提取数据背后的本质结构。比如依照属性和购买行动等特征将顾客划分为类似的顾客群，这样的聚类分析（cluster analysis）就可以纳入"发现"这个范畴。

以下要介绍的故事来自美国零售业塔吉特百货公司（Target Corporation），这是一个从大量数据分析看穿模式的预测实例。

"有一次，一名愤怒的父亲走进明尼苏达州的塔吉特百货公司咆哮：'没事送孕妇装优惠券给我的高中生女儿干吗！'百货的经理当场赔罪，但事后他给女孩的父亲打电话时，得到的却是来自对方的道歉：'其实我跟女儿好好谈过了，她预计会在8月生产。'"

为什么连家人都不知道女儿怀孕，塔吉特却能预测得到？其中的秘密就在于购物模式。从过去生了孩子的顾客购物记录当中，提取共通的购物模式，架构出与怀孕相关的预测模型。比方说，假如有人购买大量的无香料化妆水、维生素与锌片等营养剂，以及大量的无香料肥皂，就代表预定生产的日子快到了。生了孩子的家庭往往会大量集中购买各式各样的东西，对超级市场来说会变成很大的商机，只要看穿生产时的购物"模式"，就可以高效接近潜在的目标。

5-5 机器翻译中的大数据应用

显示"大数据"的威力的事件之一，就是2005年由美国国家标准暨技术研究院（NIST, National Institute of Standards and Technology）主办的计算机操作翻译竞赛。

机器翻译（运用软件自动翻译就叫作机器翻译）竞赛原本始于2001年美国国防高等研究计划署（DAPPA, Defense Advanced Research Projects Agency）计划中的一环。究竟为什么国防跟机器翻译会扯上关系呢？

其实在2001年9月11日发生恐怖袭击的前一天，也就是9月10日，美国国家安全局（NSA, National Security Agency）就窃听到"战争要开始了""明天开始作战"的通讯[1]。然而，通讯内容是阿拉伯文，到了次日即9月11日才开始翻译，导致这项重要的情报没能防患于未然。由于这个惨痛的教训，因此才产生了开发翻译技术的需求，以便将战场等地搜集到的

---

[1] NIST 的网站 "Translation Technology: Breaking the Language Barrier"。

信息迅速翻译成英文。

竞赛给参加者的任务是将一百篇新闻报道从阿拉伯文或中文翻译成英文。这一年 Google 队首次参加比赛，就如表3.13所示，以优异的表现获得优胜。虽然是阿拉伯文的翻译竞赛，但据说其实 Google 队的成员没有一个人懂阿拉伯文。既然如此，为什么 Google 会赢呢？

表 3.13 翻译竞赛的结果

队伍	BLEU分数		分数说明
Google		0.5131	人类编辑得出的水准（0.5～0.6）
ISI		0.4657	
IBM		0.4646	了解题旨的水准（0.4～0.5）
UDM		0.4497	
JHU-GU		0.4348	
EDINBURGH		0.397	
SYSTRA		0.1079	不堪使用的水准（0～0.4）
MITRE		0.0772	
FSC		0.0037	

其实以往的机器翻译软件是以文法为基础解析句法结构，相形之下 Google 则采用大量的对译数据，以统计式机器翻译（SMT，Statistical Machine Translation）面对这场竞赛。

统计式机器翻译的方法大致可划分如下：

①根据不同语言间的对译数据，将阿拉伯文的文章转换成（不合语法的）英文文章（翻译模型）。

②根据大量的英文文章数据，将不合语法的英文转换成流畅的英文（语言模型）。

数据方面，Google 使用高达两亿个单词的联合国（UN, United Nations）文章对译数据（阿拉伯文、英文），以及高达一兆个单词的英文数据。附带一提，联合国的官方语言为阿拉伯文、中文、英文、法文、俄文、西班牙文，会议和其他官方记录会翻译成这些语言留存，Google 使用的就是这些数据。

英文应有的流畅度，要实际从庞大的文章量中学习英文单词毗邻出现的概率，选择出现概率最高的文章。这时会衡量要往前推算几个单词，不过数量就算太大，精确度也提高不了那么多，所以通常会是2至3个单词。

比方说我们来想一想以下的例子：英文的文章当中，"I think"和"think I"的语序哪个才是自然的英文？这个问题就在于世上的文章中哪一方的出现概率大。实际用 Google 搜寻"I think"时，检索结果是8.7亿次，反观"think I"则是2.8亿次，由此可知"I think"的排列比较自然（看到的机会很多）。

以往的翻译软件都是以规则为基础的演绎法，而 Google 的方法或许可以当作是以大数据为根本的归纳法，翻译前会从大量的数据中提取频繁出现的模式（这里指的是支持阿拉伯文→英文，再修饰出英文应有的自然感）。

在第三章中，我们依序考察过了进行分析之际重要的五个观点。在本章的最后，在各个观点之下，我们再次试着将叩问的具体问题和可视化时的图表案例归纳为图3.3。

图 3.3 数据分析的五大观点

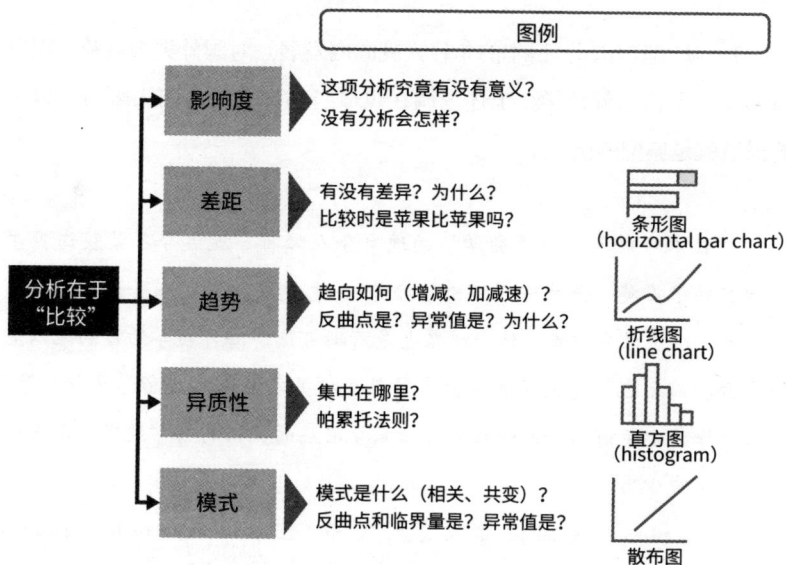

	图例

影响度 ▶ 这项分析究竟有没有意义？
没有分析会怎样？

差距 ▶ 有没有差异？为什么？
比较时是苹果比苹果吗？

分析在于
"比较" → 趋势 ▶ 趋向如何（增减、加减速）？
反曲点是？异常值是？为什么？

异质性 ▶ 集中在哪里？
帕累托法则？

模式 ▶ 模式是什么（相关、共变）？
反曲点和临界量是？异常值是？

条形图
（horizontal bar chart）

折线图
（line chart）

直方图
（histogram）

散布图

章末问题

1. 从2010年起，日本的年轻人就向内发展，对国外失去兴趣，跟以前不同，不去国外留学。上述论调在媒体当中也愈来愈引人瞩目。以下的报道就是典型的例子：

"日本年轻人'叛离留学'的现象令人瞩目。就连今年荣获诺贝尔化学奖的根岸英一先生呼吁'出行海外'，也是因为确实在美国感受到了这一点。从统计当中看，这个现象也是清晰可见。海外留学的目的地以美国为最，前年在该地大学和其他高等教育机关学习的日本留学生仅止于3万人，降为13年前高峰期的六成。依照费用层面优待的留学规定申请出国的人也在减少当中。

与此相对，美国国际教育研究所（IIE, Institute of International Education）则指出，前年留学生总数为历年最多。第一名的印度为10.3万人，其后依次为中国、韩国和加拿大。日本则名列第五，还比前一年减少约14%。

尽管根岸先生不无讽刺地说'那是因为日本住起来舒适'，然而原因应该还不只是如此吧。毋宁说，想去也难以成行的情况严重才是真正的原因吧？

比如说'就业'，目前是从大学三年级的秋天正式起跑，待在国外就会落后于人。一旦留学时间拖长，就会在年龄方面处于下风。企业不一定会看重留学经验……诸如此类的影响似乎是存在的。

虽然也想叫大家抛开那种风险，不过向内发展的志向带来的负面效应将会成为隐忧。至少企业该展现度量，就算政府没说，也该放宽就业的范围，让年轻人能够寄托梦想在留学上吧？"

（《京都新闻》2010年10月16日）

究竟日本的年轻人是否像这篇报道所说的那样向内发展呢？有什么样的数据才可以证实这一点呢？

2. 2002年，美国的香烟公司菲利普·莫里斯（Philip Morris）为了对抗捷克卫生署的主张"香烟造成的费用会超过财政上的利益"，于是委托顾问公司分析香烟产生的费用，以及税收和其他社会利益。下表就是调查结果。从分析中可知，吸烟者一旦吸烟就会短命早死，省却花在高龄人士身上的年金、住宅和医疗成本负担额，实质上为国家一年增加约58亿1500万捷克克朗（以当时汇率换算为日币，约为158亿日元）的收入。你能接受这项分析吗？假如分析当中有不妥之处，那会在什么地方呢？

表 3.14 香烟费用和利益

收入与费用	金额 （百万捷克克朗）
收入的正面效应	21463
节省支出不必安排高龄人士的住所	28
寿命缩短所节省的年金	196
寿命缩短所节省的医疗成本	968
关税收入	354
公司税	747
增值税	3521
物品税	15648
抽烟相关的公共费用	15647
火灾造成的成本	49
死亡率提高后丧失的所得税	1367
无法工作而增加的公共费用	1667
二手烟产生的医疗成本	1142
一手烟产生的医疗成本	11422
实质的利益	5815

第二部
比较的技术

前已述及，所谓分析就是"比较"，但是数字的数据没办法随便照搬过来比较。想要比较，就需要将数据巧妙概括为图表、数字或算式，这样就会容易进行"比较"。数据概括的技巧（分析方法）大致可分为三种：

①尝试用肉眼观看来"比较"（图表）。
②尝试概括成数字来"比较"（数字）。
③尝试概括成算式来"比较"（算式）。

在第二部，将会依序考察这三种方法。

我们在这之前要稍微绕个圈子，概观定量数据究竟有哪些种类。之所以这样做，是因为数据的种类和分析方法（能用与否）有着密切的关联。

就如下图所示，量性数据当中的等比数据（ratio data）和等距数据（interval data），都可以计算平均值和标准差（SD, standard deviation），就算在分析时没有太留心它们之间的差异也没关系。

数据的种类和分类

		概要	能用的计算法	范例
定量数据	比率数据	长度和重量这些会有绝对的零点，比率上有意义的数据。	四则运算（+、－、×、÷）皆能用。	金额、长度、重量、绝对温度。
	区间数据	等距上有意义，比率上没有意义。	只有加减（+、－）能用。	温度（摄氏、华氏）、测验分数。
定量数据	顺序数据	顺序上有意义，不能视为等距。	大小比较（<、>）能用。	顾客满意度（5非常满意、4满意……）
	分类数据	为了区别属性和其他要素的数据（为求方便也可以数值化）	为求区别而数值化（比方男是0，女是1），次数计算能用。	性别、职业、血型。

另外，满分为5的满意度评分（5为非常满意、4为满意、3为一般、2为不满意、1为非常不满意）的问卷结果，严格来说是顺序数据（ordinal data），不过实际上人们往往会当成区间数据来用，对些微的问题视而不见，以顾客平均满意度的方式取平均值。

单从"数据的种类与分类"这张表格来看，分类数据（categorical data）仅仅是频率计数，无法直接用于计算，或许大家对它抱持的印象就是难以活用在定量分析上。然而，实务中却常常借由类别做比较分析，其中以交叉分析（cross tabulation）为代表。因为类别数据能够用来拆解和鉴别顾客和其他调查对象（相当于问题解决的步骤当中的 Where）。

另外，就如后面第六章回归分析（regression analysis）一节中所言，类别造成的原因差异可以嵌入在算式中，例如会影响结果的男女性别差异就可以这样做。而结果本身（像通过测验与否）也可以嵌入在算式中。

第四章 试着用肉眼观察"比较"

　　假如要用分析来比较数据，就必须先囊括数据再比较。三个囊括数据的方法当中，我们首先要考察的是用肉眼观看的方法，也就是通过图表来分析。

　　据说人类从外界获得的信息中约有80%是仰赖肉眼的视觉信息。人类是"用肉眼观看"的动物。

　　其实根据研究人员的计算[1]，从人类的视网膜传送到脑部的信息量为每秒10M比特，这几乎相当于50面报纸的信息量[2]。眼睛每时每刻都在处理着数量庞大的信息。有一种用在办公室和家庭的计算机网络叫作LAN，每秒10M比特的速度足以与这种速度（从眼到脑的信息传递）匹敌。

　　我们的肉眼和脑部擅长处理大量的视觉信息，不用在分析上简直可以说是"暴殄天物"。

　　我在快30岁的时候，有机会在芝加哥大学商学院度过两年时光（按：1993年获得该校 MBA 学位）。我修的统计课是由统计学家哈利·罗

---

　　[1]　"Penn Researchers Calculate How Much the Eye Tells the Brain," Public Release, 26 Jul., 2006, University of Pennsylvania School of Medicine.

　　[2]　1兆位＝100万÷16位／字＝6.25万字，报纸为12870字／面，1000万位相当于不到50面的报纸。

伯茨（Harry Roberts）教授 ^① 负责教学，当时他已年近70岁高龄，是该校的"名师"。

在我异常喜欢的他的授课中，我学到了很多分析技巧和宝贵的知识自不待言，至今仍萦绕在我脑际的，却不是艰涩的分析方法。他每次上课时都会反复强调一点，那就是要"先眼见为凭"（eyeball test）。照理说他是精通各种方法的统计权威，却再三强调要"使用肉眼"，让当时的我受到很大的冲击。

其实，"肉眼才是最佳的分析工具"。

---

① 2013年芝加哥大学的尤金·法马（Eugene Francis Fama，1939—）教授荣获诺贝尔经济学奖。他在美国《财富》（*Fortune*）杂志《我所收到的最佳建议》特辑当中，提到别人给他最好的建议是从罗伯茨教授的统计课上学到的数据应对法。关键不在于单纯将数据用在假说检定上，而是能够从数据当中学到什么。

1　肉眼是最佳的分析工具

南丁格尔（Florence Nightingale，1820—1910）的名字，想必诸位此前也在哪里听说过吧。她是活跃于维多利亚时代的女性，据说当时她的影响力仅次于统治国家的维多利亚女王。

尽管日本称呼南丁格尔为"白衣天使"，然而她在祖国英国却以"提灯天使"（Lady with the Lamp）著称，该称号起因于她在克里米亚战争期间不分昼夜地投入护理工作。

南丁格尔也是开创"近代护理教育之母"。1860年她开设了世界上第一家专业护士培育机构，撰写了两百册以上的护理相关书籍和报告。而鲜为人知的是，南丁格尔不只在统计上拥有极为深厚的素养，还强烈意识到运用图表将数据可视化的重要性。

使南丁格尔一举成名的克里米亚战争，从1853年打到1856年，发生地点在克里米亚半岛。这场战争是当时采取南下政策俄罗斯，与奥斯曼土耳其帝国以及支持该国的英法之间发生的一场战争。附带一提，当时日本正逢幕末，战争开始的1853年，美国海军准将培里（Matthew Calbraith Perry）率领黑船驶入浦贺①。

1854年，英国的舆论大哗。因为报道指出，克里米亚战争的伤病兵被放在极为恶劣的环境下，连医疗用品都持续没有补给。南丁格尔在陆军部的请托之下，率领38名护士前往设在土耳其的陆军医院，尽力改善医院的卫生状况。当时她奋不顾身的活跃表现，就浓缩在"提灯天使"这个词当中。

南丁格尔在克里米亚战争结束回国后，就以南丁格尔基金募集到的高额捐款为本钱，强烈呼吁医院的卫生状态和其他医疗改革的必要性，以

---

① 这一事件被称为"黑船来航"，它导致了日本的开国。——译者注

免克里米亚战争中的疏失再度重演。当时她活用自身的数据分析能力，将实际现象图表化。

表4.1是南丁格尔于1858年分析的克里米亚战争的死因构成。这张图是饼状图的一种，称为极区图（polar area diagram），由于南丁格尔用过而知名。虽然从图表的形状看不大出来，但基本上是以从克里米亚战争开打时算起的时间顺序列图，死亡人数按死因用面积表示。

表 4.1 南丁格尔的极区图：克里米亚战争的死因结构

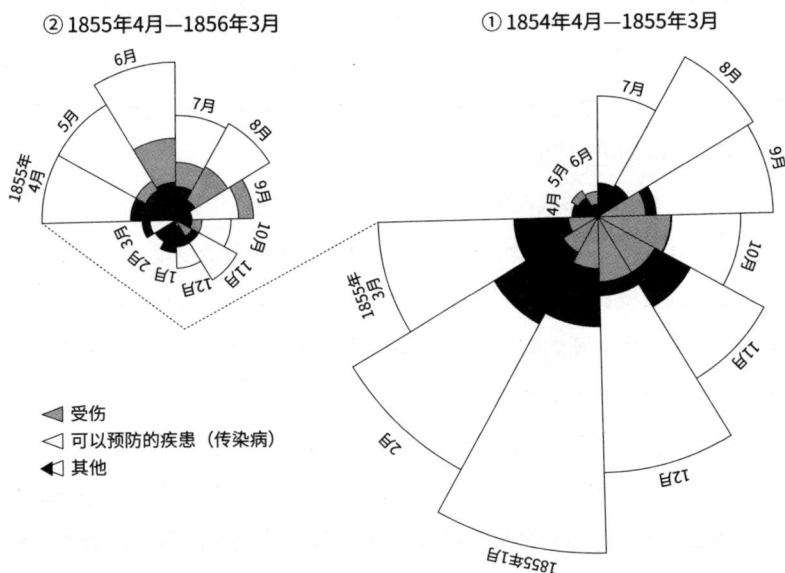

出处：作者根据 Florence Nightingale（1858）Notes on Matters Affcting the Health, Effiency and Hospital Administration on the British Army 制作而成。

从表中可以清楚看出这一事实，那就是死者多半不是由于战斗负伤身亡，反而是由于医院的卫生状态差，死于霍乱或其他传染病。

南丁格尔想要借此表明医院的卫生状态至关重大，而且为了生动地传达给不熟悉统计的国会议员和官僚，还下功夫通过图表来呈现。后来这样的行动让陆军内部改善良多，最终拯救了许多条人命。

南丁格尔的这项行动获得认可，1859年以女性身份首次当选为皇家统计协会（RSS，Royal Statistical Society）的会员，1907年获颁英国最荣耀的功绩勋章（Order of Merit）。

不仅是南丁格尔精心绘制的极区图，任何图表都会在数据分析和沟通时发挥巨大的威力。因为人类是"用肉眼观看的动物"。人类的头脑会使用肉眼，从见过面的人身上的特征想起其名字，以视觉方式对模式进行高度辨识。如果上述论断成立，不将高超的模式辨识能力用在分析上就是不折不扣的"暴殄天物"，所以才会有图表这种工具。从这个意义来看，"肉眼是最佳的分析工具"。

2　图表会说话

　　数字不能随便直接拿来"比较"。做简单比较时最强的工具是图表。肉眼的信息处理能力极为高超，用图表将数据可视化之后，理解数据的各种关联性就容易多了。所以我们要大规模活用图表。

图 4.1 将假说"翻译"为图表

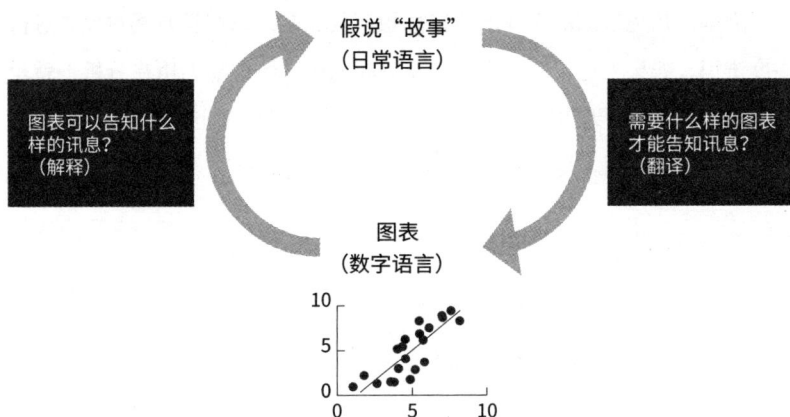

　　图4.1是建构假说能力的步骤，从"通过分析验证假说"的观点来看，该怎么把假说（故事）翻译成图表的重要性，超过了能够从图表解读出什么（解释）的重要性。然而，从商学院的课程和企业的研修经验可知，事实上许多社会人士不擅长用图表呈现想说的话。以下主要考察该如何用图表描述想表达的事情。只要能够用图表呈现假说，解释图表时也会容易起来。

2-1　制作图表的三个步骤

　　制作图表由三个步骤构成。首先要确定假说是什么，思考这个假说当中有什么样的比较要素（请参考图4.2）。就如先前所言，因为分析就是"比较"，明确意识到该拿什么跟什么比较是非常重要的。一旦明确比较对象，几乎就可以决定要用什么样的图表因应比较对象了。

图 4.2 制作图表的三个步骤

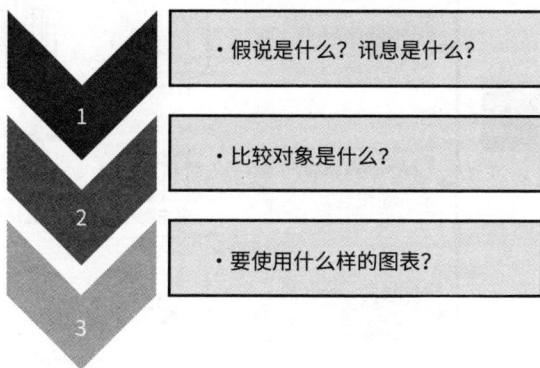

我们试着将比较对象与常用图表的对应关系归纳到图4.3当中。其实常用的图表模式并不多，以各位熟悉的饼状图、直方图（bar chart）和折线图为代表。附带一提，与其记住种类新颖的图表，还不如明确意识到该拿什么来比较，再活用众所周知的图表。

以图表进行一般的比较（差距）时，推荐使用直方图。就视觉上来说，与饼状图的角度和面积相比，直方图长度的长短，较为容易比较。另外，直方图当中最好优先选择条形图（也被称为带形图），而非柱形图。理由在于假如遇到"A4横式尺寸"，即一般常用的横式数据，就要考虑到记录数据的项目名称时是否方便，用条形图就可以看起来比较漂亮。

趋势是要比较时间性的数据，一般来说很少用纵轴，多半是以从左到右的横轴把握时间的流逝和变化，所以大部分都会用折线图和柱形图，以横轴代表时间变化。

图 4.3 依比较对象区分的图表典型

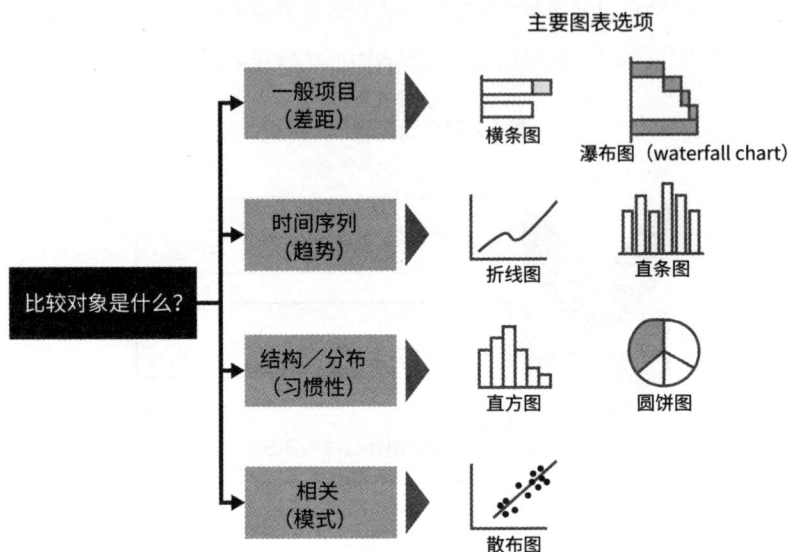

主要图表选项

一般项目
（差距）　→　横条图　瀑布图（waterfall chart）

时间序列
（趋势）　→　折线图　直条图

比较对象是什么？

结构／分布
（习惯性）　→　直方图　圆饼图

相关
（模式）　→　散布图

　　观察构成比和分配（异质性）之际，通常会采用直方图〔也可用帕累托图（Pareto chart）〕或饼状图。不过，构成比的时间变化，在国际比较或其他横面进行相互比较的时候，一般会使用条形图，而非饼状图。条形图在时间变化之下就变成以横轴为时间轴的柱形图，另外，将横断面相互比较时，更多以横向条形图形式，不同的横断面上下排列，呈现构成比的变化。

　　第四种则是观察相关性时所用的散布图。散布图是人类为了观察两变量之间的关系而进行的伟大发明，所以要将两个变量的关系画成图形时，就可以毫不犹豫地使用散布图。

　　下面我们就来看看实际上如何使用图表来确认假说。

2-2　以图表验证假说：假说一"日本公务员过多"

报纸和其他媒体频繁报道日本肩负的国债余额和国家欠款的问题。另外我们也经常连带听到日本是公务员的天堂、公务员制度没有效率的相关报道和主张。

我们就靠分析来实际验证"日本公务员过多"的假说吧。

遵循之前的三个步骤的话，接下来就需要明确知道该比较什么。日文常常省略主语，同样文章当中的比较对象也有不清楚的地方。假如说公务员真的"过多"的话，是跟什么比较才"过多"？因为这里是以国家为单位谈论日本，所以我们可以暂时认为，假说的潜在含义是，进行国际比较，也就是跟各外国进行比较时，日本公务员"过多"。

国家的规模各有不同，因此要比较的是公务员占劳动人口的比率，而不是公务员本身的数量。比较对象适当与否，在进行分析之时极为重要。假如直接拿人数来比，而不考虑到国家的大小，就会沦为"苹果比橘子"。

我们要依照以上说明，郑重写下想要验证的假说。以这里来说就是"日本公务员占劳动人口的比率较各国为高"。

比较对象为"一般项目"，要从刚才的图表选择一览表当中采用横向条形图。由于是国际比较，所以从经济合作暨发展组织的出版物中搜集了资料。

就如表4.2所示，尝试制作图表之后，大小关系就一目了然了。2008年的时候，调查对象有30个国家，其中日本公务员占劳动人口的比率为7.9%[1]，由此可知不仅不能说"日本公务员过多"，其实反而应该说"从比例上看数量是最少的"[2]。

---

① 在各国中比例最低。——译者注

② 公务员的定义会依是否包含独立行政法人而异，因此也有人对结论提出不同意见。

2-3 以图表验证假说：假说二"富豪会长寿"

我们就用图表来试着思考一下经济的富足与寿命的关系。经济的富足和寿命两者之间似乎存在着某种关系，那是一种什么样的关系呢？富裕之后卫生状态和营养状态就会改善和长寿吗，还是会变得奢侈浪费，寿命反而缩短呢？

表4.2 2008年日本公务员（一般政府机关＋公共企业体）占劳动人口的比率

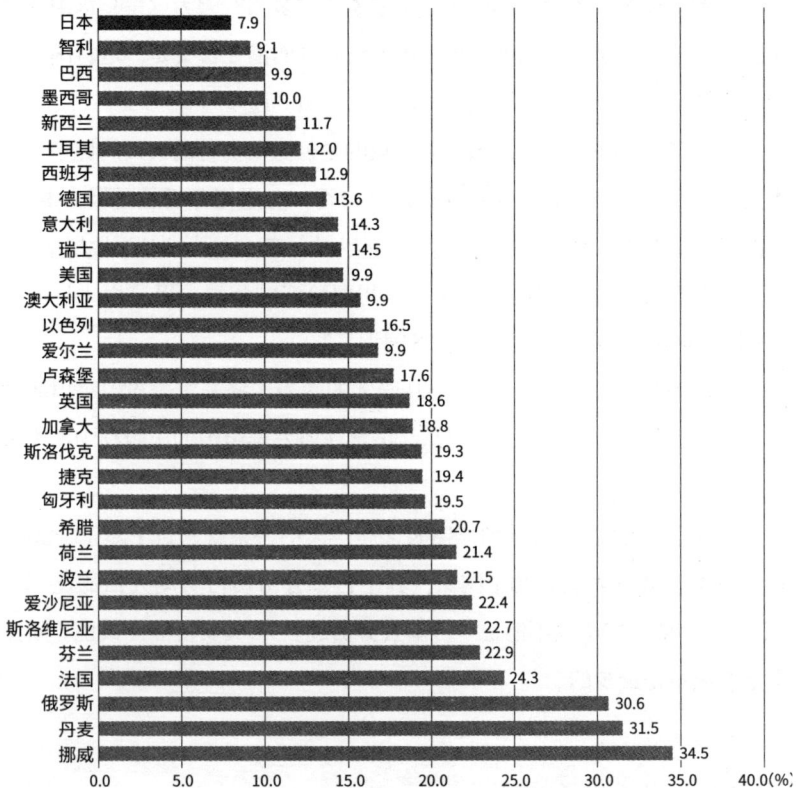

国家	比率
日本	7.9
智利	9.1
巴西	9.9
墨西哥	10.0
新西兰	11.7
土耳其	12.0
西班牙	12.9
德国	13.6
意大利	14.3
瑞士	14.5
美国	9.9
澳大利亚	9.9
以色列	16.5
爱尔兰	9.9
卢森堡	17.6
英国	18.6
加拿大	18.8
斯洛伐克	19.3
捷克	19.4
匈牙利	19.5
希腊	20.7
荷兰	21.4
波兰	21.5
爱沙尼亚	22.4
斯洛维尼亚	22.7
芬兰	22.9
法国	24.3
俄罗斯	30.6
丹麦	31.5
挪威	34.5

出处：Government at a Glance 2011, OECD.
按：公共企业体是以经营公共事业为目的，由国家出资设立的法人机构。

这里就以"经济愈富足就愈长寿"为假说，实际用数据来验证。究竟该比较什么才好呢？"愈怎样就愈怎样"这一表达方式，其实就是要比较两个变量，相当于先前的图表选择一览当中写到的"相关"（关于相关，后面会在囊括成"算式"的回归分析部分详述）。接着要从一览表当中选择"散布图"。

表 4.3 平均每人国内生产毛额与平均寿命的关系（2012 年）

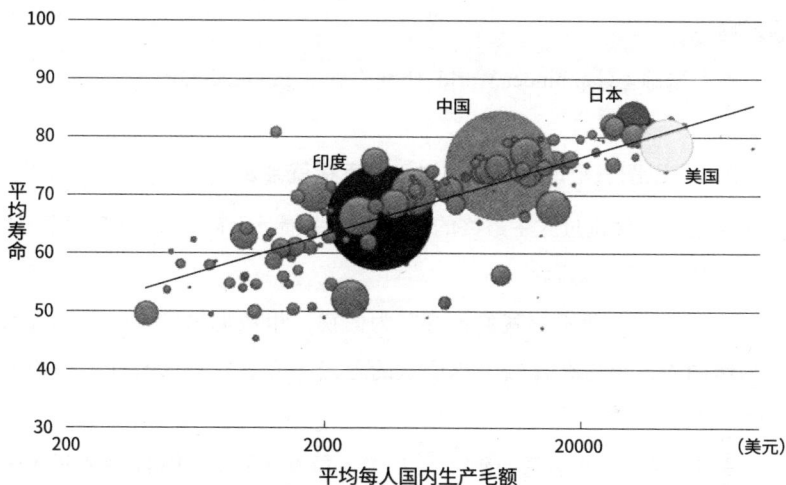

出处：作者根据 Gapminder World 的数据制作而成。

那么我们就实际比较一下富裕和寿命这两个要素的关系。选择比较的单位时，下至个人、上至国家各种层级都可以挑，这里则要以数据取得的容易度，看看以国家为单位时经济的富足和寿命的关系。

表4.3是将人均国内生产总值（最重要的经济指标之一，这里不要往难处思考，先把它视为人均国民收入就好了）当成国家富足的指针，再将平均寿命（出生后平均预期能活几年，从0岁起算的平均余命）当成寿命指针，制成图。图表的圆圈大小代表各国的人口规模。

从图表中可以清楚看出，大多数国家在经济变得富足之后，平均寿命就会延长，呈往右直线上升的关系（统计领域上称为相关或共变）。图表似乎是在透露"富裕的国家就能长寿"。

这项数据，其实是将以下网站的数据用 Excel 画成图表的结果。网站当中其实可以追溯到过去两百多年富足与平均寿命的关联性。麻烦各位从以下的网址进入网站，再点击画面下方的"Play"按钮。这样就可以从图表的变化中清楚发现，工业革命之后经济发展对各国平均寿命带来的影响。

资料来源：Gapminder World（http://www.gapminder.org/）

2-4　以图表验证假说：假说三"幸福就会长寿"

亚里士多德说过人生最终的目标在于幸福。幸福有什么好处呢？比方说，幸福就会长寿吗？

这里就以"愈幸福就愈长寿"为假说，用数据来验证一下。假如要制作图表，该怎么比较幸福层次的差异将会导致寿命有什么样的不同呢？

关于这点，有个有趣的研究[1]。研究人员查阅了美国180名修女进入修道院时撰写的（平均年龄22岁）自传内容，依照自传使用了多少正面用词划分为四组，再调查她们往后的人生。从1930年起，进入这所修道院的女性，院方都会要求她们必须将以往的自传归纳成一页。

从表4.4的结果可知，经常用正面词汇形容自己一生的人，显然比其他小组还要长寿。

---

① Danner, D. D. et al.(2001), "Positive Emotions in Early Life and Longevity: Findings from the Nun Study," *Journal of Personality and Social Psychology* 80: 804-813.

表 4.4 修女自传的正面用词数量和调查时（80 岁左右）的死亡率

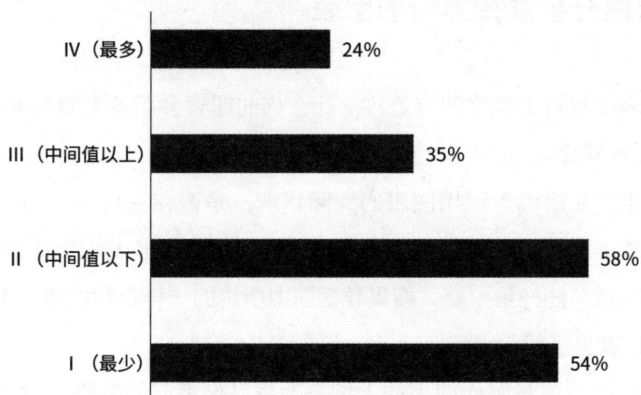

分组	死亡率
IV（最多）	24%
III（中间值以上）	35%
II（中间值以下）	58%
I（最少）	54%

3 借由分析发挥力量的图表

图表以雄辩的数字语言著称，什么样的图表会以多大的频率用在实际的商务中呢？

关于商业语境下运用图表的实际状况，是否存在可以"指点迷津"的相关数据呢？试着进行搜寻一番，却最终没能顺利发现优质的数据。

这时就只能像第二章"搜集数据"中所讲的一样自行搜集。说穿了，没有的话就自己找。

假如能有擅长制作图表的人编纂数据（像顾问的报告），搜集起来再分析就好了，不过充满客户秘密的报告照理说很难取得。衡量过替代方案之后，就决定调查顾问公司针对外界发表的论文如何运用图表。尽管论文不是顾问报告本身，但是我们可以认为，顾问本人想要传达的事情会用怎样的图表呈现，这其中应该会有和顾问报告本身相似的模式。

麦肯锡公司（McKinsey & Company）每季发行一种叫《麦肯锡季刊》（*McKinsey Quarterly*）的刊物。我搜集齐了该刊物两年半共10期（2012年第4期至2015年第1期）中刊登的论文里使用的图表，尝试分析其使用目的（观点）和图表的模式。使用的图表总共有151张，分布就如表4.5所示。

图表的类型以直方图以压倒性的优势居于首位，柱形图和条形图加起来总共占62%。假如犹豫要选什么样的图表，首先该考虑的就是直方图。实际上，将柱形图和条形图合并使用之后，模式以外的观点几乎都能涵盖。从这个意义上来说，或许称得上是万用图表。另外我们也知道直方图当中还有条形图和柱形图，条形图使用的机会比柱形图多了五成多。

另一方面，从每个观点思考时，什么样的图表使用机会才多呢？

从数据中可知，假如有差距就用条形图，假如有异质性就用柱形图，趋势是折线图，而若有模式的话则为散布图。

表 4.5《麦肯锡季刊》使用的图表种类

观点	横条	直条	圆	线	点	其他	合计
差距	47	13	1	4		3	68
异质性	8	16	9	4		2	39
趋势		9		14		1	24
模式					17	3	20
合计	55	38	10	22	17	9	151

包含WF4　　包含WF1　　　　　　　　WF→瀑布图

刚才以图示介绍的图表当中，除了各位常见的柱形图、条形图和饼状图之外，还有几种图表能够增进各位的图表表达能力（直方图、帕累托图、瀑布图、散布图），让我们再一起看看吧。

3-1　直方图

直方图（次数分配表）属于直方图，横轴为想要观察分布的变量，纵轴则是频率（数据的个数）。绘制时长条的面积会与次数为正比，能以更为视觉化的方式了解数据整体的"异质性程度"。

假如数据的分配呈吊钟型左右对称，还有代表整体的平均值，以及表示离散（dispersion）的标准差，就可以大致掌握分布的状况。我们往往会在无意识间设想成左右对称的分布，改都改不掉，但其实世上的分布就如表5.4金融资产的分布，或是地震规模的分布一样具有偏向，而不是左右对称，甚至峰值不止一个。

另外，平均数和标准差是相当好用的数值，但另一方面，简化原始数据的过程中会舍弃信息，这也是事实。因此，关键在于实际用肉眼观看，确认分布的偏向、异常值的存在，以及其他数据离散的状况。

表4.6是140年来美国股票的逐年报酬率分布，由此可知分布大致上呈

左右对称，以平均值8%为中心。从这张报酬率的直方图可以发现，2008年雷曼兄弟（Lehman Brothers）事件时的报酬率－38.7%在分布上位于最下限，也就是说从分配来看，这种现象140年才出现一两次。

表 4.6 从 1871 至 2010 年 140 年来美国股票的逐年报酬率

（次数）

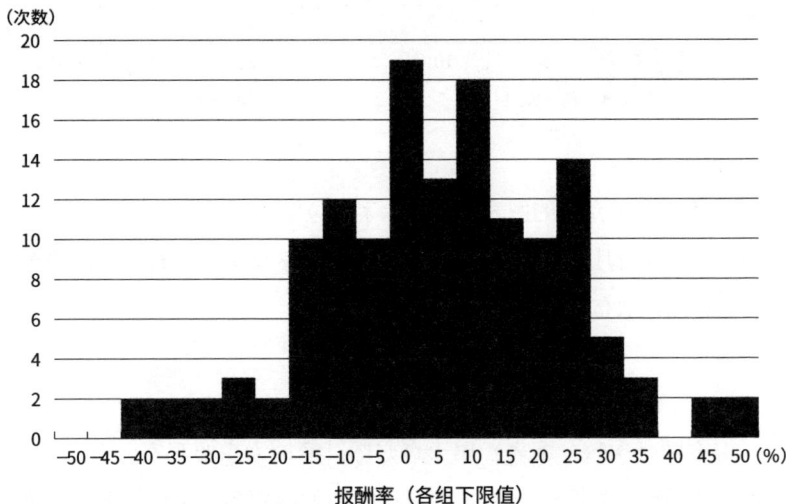

报酬率（各组下限值）

出处：作者根据耶鲁大学（Yale University）罗勃·席勒（Robert Shiller，1946 — ）博士的数据制作而成。

直方图将数据的分布可视化，告诉我们分配的偏向和异常值的存在，但分布的形态本身也可以运用，就像用指纹识别对象一样。这是如何做到的呢？

其实在文学作品的领域当中，谁是真正的作者经常成为争议的箭靶。比方说，相信大家不会怀疑《罗密欧与朱丽叶》和《李尔王》是莎士比亚的作品吧？然而，从18世纪以来，就不断有人主张莎士比亚的名作一定是其他人写的。

其中一个原因在于莎士比亚的人生历程不见得有足够的相关历史证据，从莎士比亚的作品中看到的地理、外文和政治的高度知识水平和丰富的词汇，跟人们认为莎士比亚受过的教育水平不"般配"。

比方说，我们要以定量方式验证以下的主张："莎士比亚的作品一定是同时期活跃的弗朗西斯·培根，以莎士比亚这个假名创作的。"这时该怎么做才好呢？

其实众所周知，作家用英文撰写作品之际，每个作品使用的单词长度分配，会依作家而有不同的倾向。比方说，有的人往往会使用较长的单词，反观有的人则喜欢尽量缩短单词。因此，只要查验作品单词长度的分布，就可以运用分布的形态将其展示出来，像是那名作家固有的指纹一样。

表 4.7 莎士比亚与培根的单词长度分配比较（直方图或折线图）

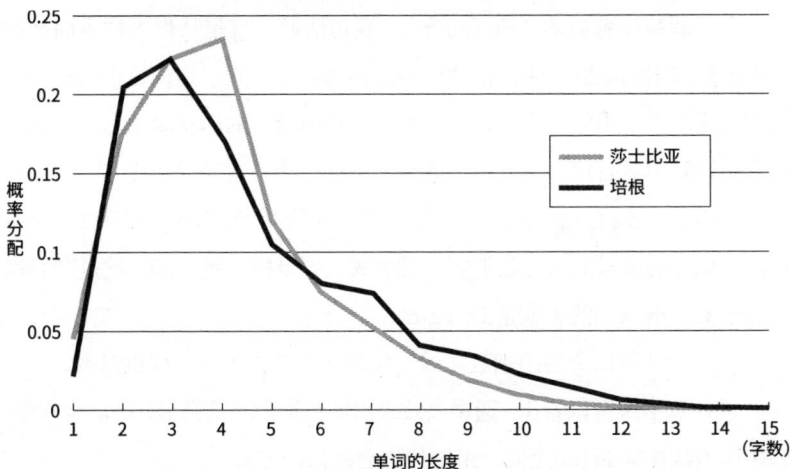

出处：Oleg Seletsky et al.（2007）"The Shakespeare Authorship Question," Dartmouth College, Dec. 12.

表4.7是实际比较培根和莎士比亚作品的单词长度分布。通常直方图多半会画成柱形图的样子，不过为了方便比较分布，于是就绘制成折线图了。

从直方图的高峰处不同可知，显然莎士比亚常用四个字母的单词，而培根则经常用三个字母的单词。实际上这样的差异是偶然发生，不常出现的吗？尽管在统计学上需要追究其概率，但从结论而言，通过分析可以看出这不常出现。因此我们就会明白，至少培根似乎没有写过莎士比亚的著作。

刚才看了直方图的使用方法，接下来也先来看看使用这种图表时的难点。

我们要知道，假如直方图所取的组距不同，即使以同样的数据绘制，形状也会改变。该怎么取组别数和组距，就成了绘制上的难题。

如果要谈究竟借由绘制直方图做什么，那就是从样本数据的分布当中，来了解数据背后的"真正分布"。换句话说，就是从作为样本而被抽出的数量有限的数据当中，推估原始分布的形状。为了达成这个目标，就要有公式能够求出建议组别数，以便借由"适当"的形状观察近似于真实的分布。其中具有代表性的例子就是"斯特杰斯经验公式"[1]。

假设样本数为 n，要求"适当"的组别数 k，那么 k 要取使2的次方达到 n 以上的值时的次方数加1[2]。比方说，要是样本数为30，就是2的5次方等于32，要求出的 k 就是5＋1＝6。

以下所计算出来的组别数能够对应到典型的样本数，仅供参考。

从计算中也可以看出，通过公式求出的组别数不会急遽增加。比方说，假如样本数在50到100之间，组别数也会在7或8左右。

---

① "Sturges' rule"，由美国学者斯特杰斯在1926年提出。——译者注

② 更正确的公式是 $k = 1 + \log_2 n$。Excel 的函数会计算成 $\log(n, 2) + 1$。假如有尾数就进位到个位数，这样就可以计算组别数。

在这里，"适当"的组别数究竟指的是什么呢？举例来说，假设我们想知道日本各个年龄的人口分布（人口金字塔）。虽然只要像人口普查一样，调查全体国民就可以知道正确的人口分布，但我们想要随机抽出100人的年龄数据作为样本，借此将日本整体的人口分布掌握到某种程度。

假如所取的组距狭窄，像是绘制分布图时以一岁为单位，分布就会因为样本稀少而凹凸不平，形状看起来不平滑。反之要是组距极为宽阔，取20岁为单位，团块世代人口分布上的高峰就会遭到埋没（按：团块世代指日本出生于二战之后的婴儿潮一代，横跨期间少于20年，所以组距太大会被掩盖）。

组距的设定方式会大幅改变结论，那么组距该取多大，直方图的形状才会看起来很平滑，接近"真正的分布"？（这里要麻烦各位把样本数相当多的分布作为思考前提）这就是所谓的"适当"。

斯特杰斯经验法则[1]会提供建议组别数，以平滑的形状让人看到近似于真实的分布，请各位这样理解就行了。最好是把这当作大致的标准，实际改变组别数（约在5至10左右的范围）绘制图表，再检视分配的凹凸如何呈现。

样本数	用斯特杰斯法则求得的组别数
10	5
50	7
100	8
200	9
500	10

---

[1] 除此之外还有其他公式，例如斯各特（Scott）的公式：

组距＝3.5×（样本标准偏差）×样本大小的1/3

只不过，这里的标准偏差是用样本数−1来除。

3-2　瀑布图

所谓瀑布图[1]是由多个结构要素组成的图表，各要素明细就像瀑布一样呈阶梯状。通过这种排列和呈现，结构要素当中哪个部分所占的比例大，时间变化的因素当中哪个比较大，这类问题的答案就能表达得简单易懂。单单比较结构时也可以用饼状图，但当负面因子蕴含在要素当中，或是随时间有所变化，用饼状图就难以呈现，这时候就轮到瀑布图出场了。

在分解变化和结构并使之可视化方面，瀑布图是"深谙此道"的图表。这种图表在顾问的报告上较为常见，不过通常却"罕露真容"。

表4.8是丰田汽车2013年度合并营业净利与上年度的比较。从表中可以看出，尽管丰田的"看家本领"改善成本对营业净利也有贡献，但日元贬值的影响很大，增加的9713亿日元营业净利当中，几乎有9000亿日元都是日元贬值汇率变动的影响，便足以说明这一点。附带一提，2013年度的期初日元对美元汇率为1美元兑换93.89日元，到了年度末则波动为102.85日元，贬值幅度约为10%。

---

① 关于这种图表的重要性，伊森·雷索（Ethan M. Rasiel）（2000）曾在《专业主义：麦肯锡的成功之道》（*The McKinsey Way; using the techniques of the world'top strategic consultants to help you and your business*）当中描述如下："假如要问前麦肯锡员工在图表方面学到了什么东西，每个人都会谈到瀑布图。"

表 4.8 丰田汽车合并营业净利的变化原因

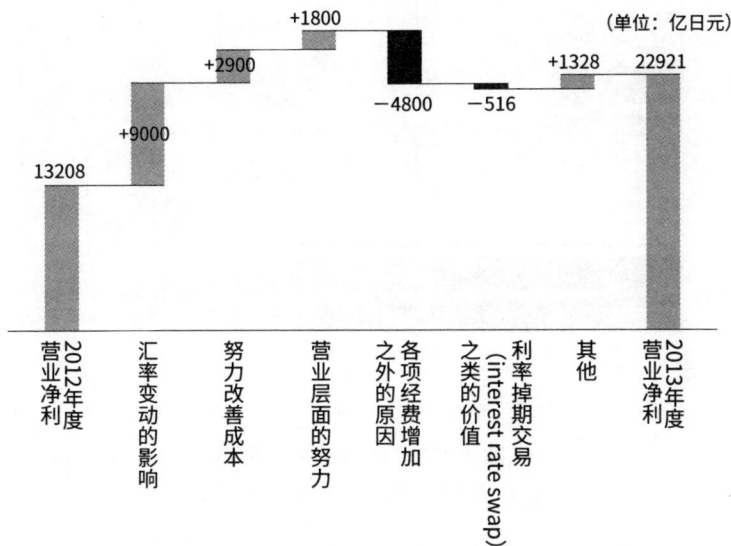

(单位：亿日元)

```
                              +1800
                   +2900    ┌──────┐
          ┌──────┐          │      │                    +1328    22921
          │      │          │      └──────┐     ┌──────┐
 +9000    │      │          │      -4800  │ -516│
┌──────┐  │      │          │             │     │
│      │  │      │          │             │     │
13208    │      │
│      │  │      │
│      │  │      │
│      │  │      │
```

2012年度营业净利	汇率变动的影响	努力改善成本	营业层面的努力	各项经费增加之外的原因	利率掉期交易（interest rate swap）之类的价值	其他	2013年度营业净利

出处：此表根据丰田汽车 IR 资料制作而成。

3-3 帕累托图

帕累托图是为了活用宣称"世间偏颇不公"的"帕累托法则"而生，各位可以把它当成将因素依照次数由多到少排列的直方图。为了把偏向的状况呈现得更明确，通常在常规的直方图上，以折线图一并标上累积构成比。

19世纪意大利的经济学家帕累托发现，80% 意大利的土地由20% 的人口持有。就如多次说明过的那样，帕累托法则又称为二八法则，讲的是"在很多现象当中，约有80% 的结果是从20% 的原因中产生的"。用一句话来形容，那就是"世间偏颇不公"。

表 4.9 日本家庭纯金融资产的分配（2013）

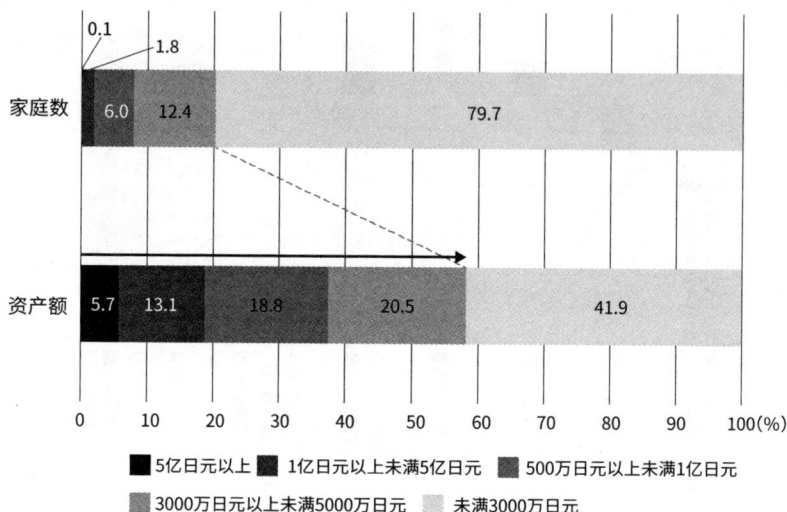

家庭数：0.1 1.8 6.0 12.4 79.7

资产额：5.7 13.1 18.8 20.5 41.9

0 10 20 30 40 50 60 70 80 90 100(%)

- ■ 5亿日元以上
- ■ 1亿日元以上未满5亿日元
- ■ 500万日元以上未满1亿日元
- ■ 3000万日元以上未满5000万日元
- □ 未满3000万日元

出处：根据野村综合研究所的新闻稿制作而成。

实际上情景如何呢？会偏颇到什么程度呢？表4.9展示了日本金融资产依家庭归类的分配情况，可以发现排名前20%的家庭持有几乎占全体六成的资产。

表4.10展示的则非资产，而是美日两国过去125年来排行前1%的人所得比率的演变。二战之前，美日两国排行前1%的人会获得整体收入的15%至20%，差距极为庞大。不过我们可以发现，这一比例战后在美日两国几乎都减到一半。然而，最近美日两国内部的收入差距又同时再度扩大，尤其是美国，可以看出它正在回到近似于战前的状态。

只要活用这种偏颇，聚焦在最集中的地方，高效拿出成果即可。自古以来，帕累托法则本身就被视为经验法则活用在多方面，单凭这项法则就足以独立成书。

表 4.10 美日两国所得排行前 1% 的人所占据的比率（资本利得除外）

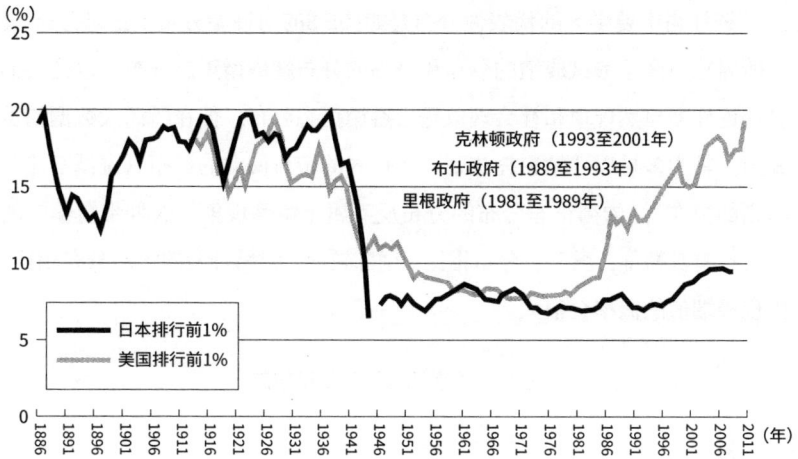

注：美国的数据只有 1913 年以后。

出处：作者根据 The World Top Incomes Database 制作而成。

商业管理领域也会遇到经营资源受限的状况，为了能够聚焦在集中的因素，进而拿出最好程度的结果，就要活用诸如零售之中的锁定畅销货和质量管理。就如具有代表性的超市销售时点情报系统分析，为了将有限的店铺面积活用到极致，就要使用帕累托图进行分析，裁撤滞销货，锁定畅销货。

另一方面，没有物理（空间）限制的网络商店，即使撇开最畅销排名的前 20%（顶头）的剩余商品（末尾）的销售额与利润也比顶头的商品来得大，这里会称之为长尾效应（请参考图 4.4）。也就是我们所谓的"聚沙成塔"吧。

帕累托图会依数量大小罗列要素，借由一览的方式呈现占整体的重要性、各个项目的排行和累计值。比方说，表 4.11 的质量管理案例，就可以传达出以下的信息："焊接不良和配件损坏占了不良产品出现原因的八成，该优先从这里下手。"

　　统计当中要学习的代表性分布是如图5.3的吊钟型分布：正态分布 [①]。众所周知，像是考试成绩的分布和身高的分布就依循正态分布。以往人们会谈论许多自然现象和社会现象是否遵循正态分布，但在所谓大数据的世界里，其实多是以"帕累托法则"为代表的带有偏向的分布（遵循幂律等法则的分布），依循正态分布的分布反而属于特殊现象。这种带有偏向的分布也有其特征，跟正态分布相比，尾部较厚，跟吊钟型的正态分布相比，出现极端值的概率会很大。

图 4.4 帕累托法则与长尾效应

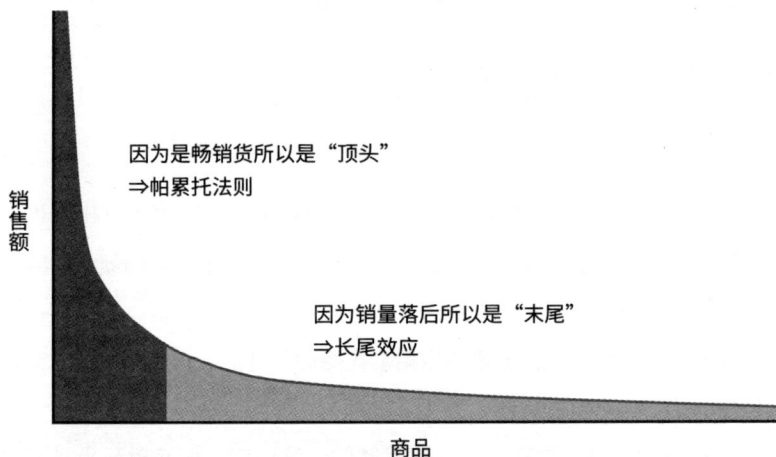

销
售
额

因为是畅销货所以是"顶头"
⇒帕累托法则

因为销量落后所以是"末尾"
⇒长尾效应

商品

---

　　① "normal distribution"，也称为"常态分布"或"高斯分布"。——译者注

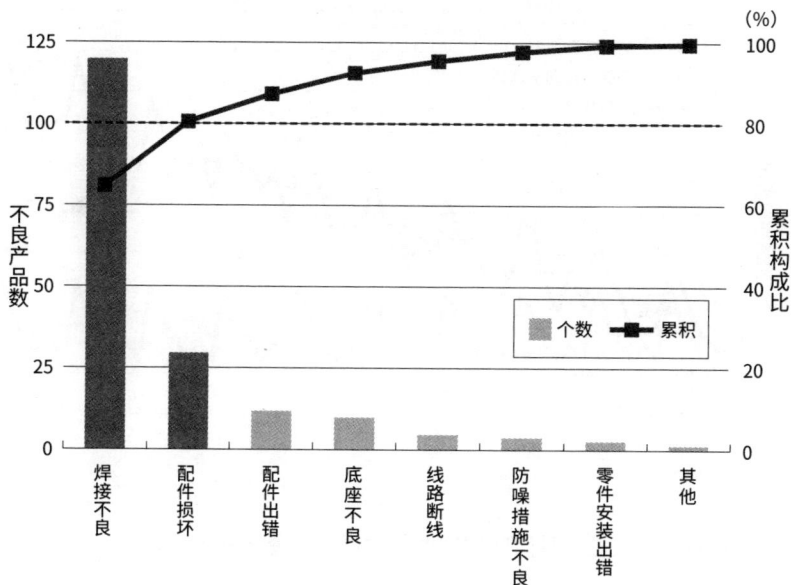

图 4.11 依出现原因区分的不良产品数

3-4　时间序列图

时间序列图是将数据的时间序列变化绘制成图表的产物。以销售额的变化为首，这在商务中也是常用的图表之一。要观察所持有的数据时，横轴就代表时间，纵轴则是销售额的变化（请参考表4.12）。

虽然通常会以柱形图或折线图来呈现，但在罗列和比较多个数据时，一般而言会用折线图表示，而非柱形图。另外，折线图不用做记号，用实线而不以虚线呈现，对视觉的负担较小，看起来比较整洁。

究竟分析时间序列数据是为了什么？一言以蔽之，主要目的就只是想通过分析过去的数据来预测未来吧。因此，无论如何，刚开始该做的都是将时间序列数据画成图表，进行视觉化工作。

在此基础上，这时该注意图表的哪一点呢？

表 4.12 时间序列数据的要素（模式图）

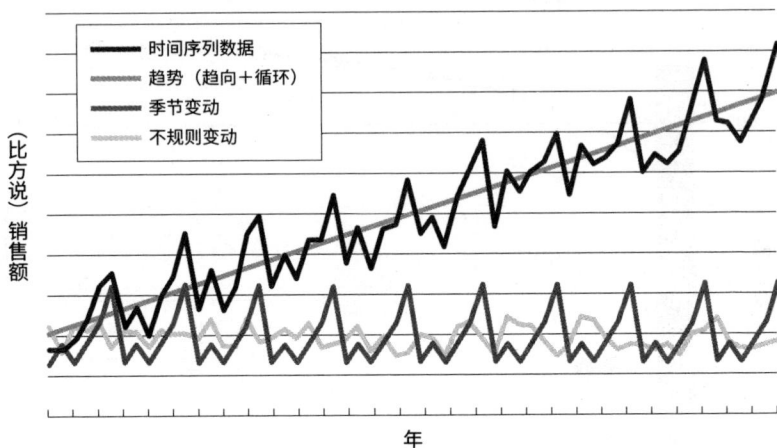

其实一般来说，时间序列数据包含以下四个要素：

趋势变动：用来表示长期来看需求是否有成长的趋势。

循环变动：指的是如景气循环一样，以几年到几十年为单位的不规则周期下的重复变动。

季节变动：指的是一年当中在气候或制度等层面的影响下具有周期，会呈现高峰的变动。

不规则变动：无法用以上三种变动来说明的随机变动。

其中，趋势变动和循环变动有时会以趋势循环变动的名义归纳和处理。这里也要当成广义的趋势归纳与处理。

这些变动分别具备不同的意义，关键在于分析时要尽量分开来考虑。特别是从预测的观点来看，趋势会变得很重要。首先，要着眼于趋势进行预测，假如有必要就在衡量时增添季节变动或其他变动。

表 4.13 世界整体平均气温的演变（1891 至 2011 年）

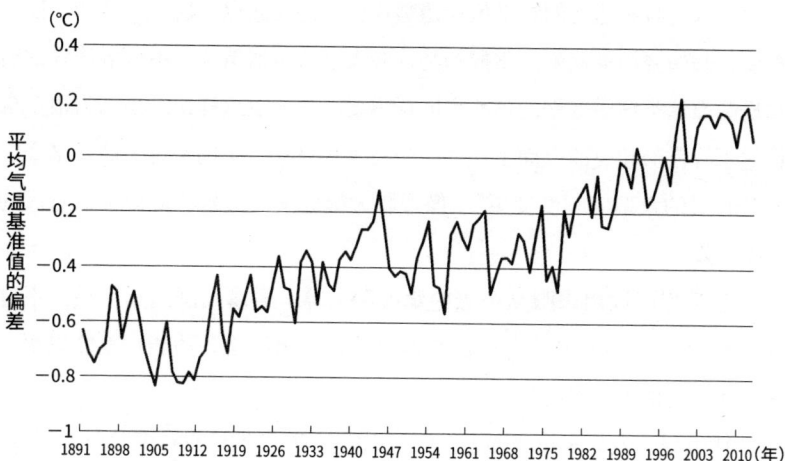

注：基准为 1981 至 2010 年这 30 年的平均值。
出处：作者根据日本气象厅《世界年平均气温偏差（℃）》的数据制作而成。

表 4.14 世界整体平均气温的演变（1891 至 2011 年）

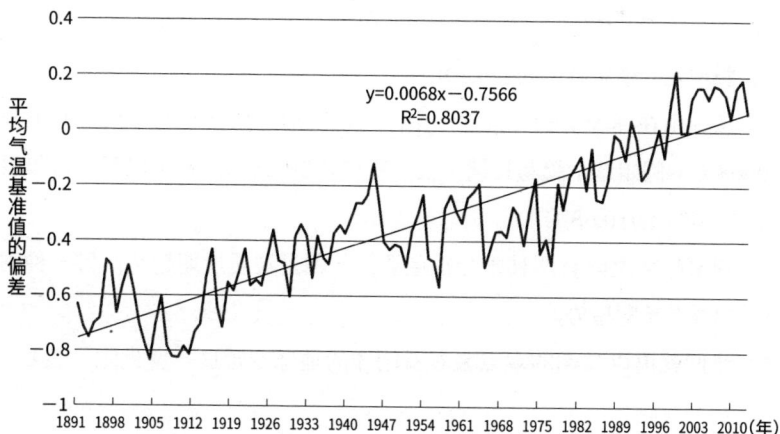

注：基准为 1981 至 2010 年这 30 年的平均值。
出处：作者根据日本气象厅《世界年平均气温偏差（℃）》的数据制作而成。

除了趋势之外，从在时间序列图中撷取有用的脉络加以解释的观点来看，远远脱离趋势的异常值和趋势在变化的反曲点（拐点）这两个都很重要。假如要精准预测，掌握趋势这股大潮流也很重要，不过解读异常值和反曲点这类细微变化的预兆也同样重要。之所以这样说，是因为很多事情对于异常值和反曲点而言往往会带有某种意义，举例来说，像是某个跟商务有关的大型"制度变更"（像限制大幅放宽）或是"进行了划时代的技术开发"。

趋势也可以用肉眼从图表中掌握和估算，再拿尺画出延长线，不过使用回归分析〔Excel 当中的趋势线（将倾向单纯化）功能〕就能以更为简单和客观的方式掌握趋势。

比方说，我们来想想要怎么回答以下问题："地球正在变暖吗？""假如再这样变暖下去，百年后气温会上升到多少？"

首先要画出类似表4.13的时间序列图，用肉眼看都会发现到上升的倾向。那么，上升幅度会有多大呢？用鼠标右键点选 Excel 上的数据，再点选"＞加上趋势线＞线性"。这时也要点选"图表上显示公式"和"图表上显示 R 的平方值"。

照理说，结果就会如表4.14所示。

从标示在图表上的算式斜率中，可以知道趋势是平均每年气温上升0.0068℃。假如这个趋势持续下去，变成100倍之后，就可以预估百年后平均气温约上升0.68℃[①]。

观察趋势之际有两种眼光很重要，一种是观看近期趋势，另一种则是尽量观看长期趋势。

我们就再以长期的观点来看看刚才的地球变暖这一变化吧。表4.15

---

① 类似这种将气温代入应变量，将年份代入自变量的情况，就叫作简单回归分析（simple regression analysis）。关于简单回归分析，将会在第六章重新详述。

是从南极冰川的数据呈现南极历时45万年的气温变化。从表中可以看出，几乎以10万年为一个循环，地球会反复遇到大幅度的气温变暖和变冷。尽管从刚才的图表中能解读出最近有变暖的倾向，不过把这一倾向放在更为长期的循环来看，或许可以解读为目前正处在长期变冷的开端。

比较几个时间序列数据的趋势之后也能有所发现。表4.16是将成年男性平均身高依出生年代归类，横跨近两百年时光的全球性比较。单从身高的成长趋势来看，这百年来美国、西欧和日本的斜率比其他地区来得陡急，而且形成近似于平行的形态。我们可以推测，这或许是经济成长以及随之而来的营养摄取状况变化的影响所致。最近50年来，几乎所有地区的人们的身高都在增长，然而我们也发现撒哈拉沙漠以南一带，与其他地区相反，该地域的人身高反而在降低之中。

从趋势以外的比较当中，会发现一件有意思的事情。明治时代（1868—1912）初期，日本人的身高远低于世界各国，平均身高未满160厘米。大多数时期，日本人与美国人的平均身高相差了十几厘米。这段差距究竟有多大呢？现在日本人的身高标准差为6厘米上下，只要使用第五章第二节讲解的二倍标准差原则，就可以估算出平均美国人的身高在日本人当中约只有2.5%左右，属于身材极为高大的那一型。与此相对，因为同样是东方人而往往被拿来与日本人相提并论的中国人，在日本幕末时期[1]的身高反而超过欧洲人，这一点也让人吃惊。

---

① 指日本明治维新前的德川幕府末期，一般认为其上限为黑船来航发生的1853年，其下限为明治改元的1868年。——译者注

表 4.15 过去 45 万年南极的气温变化

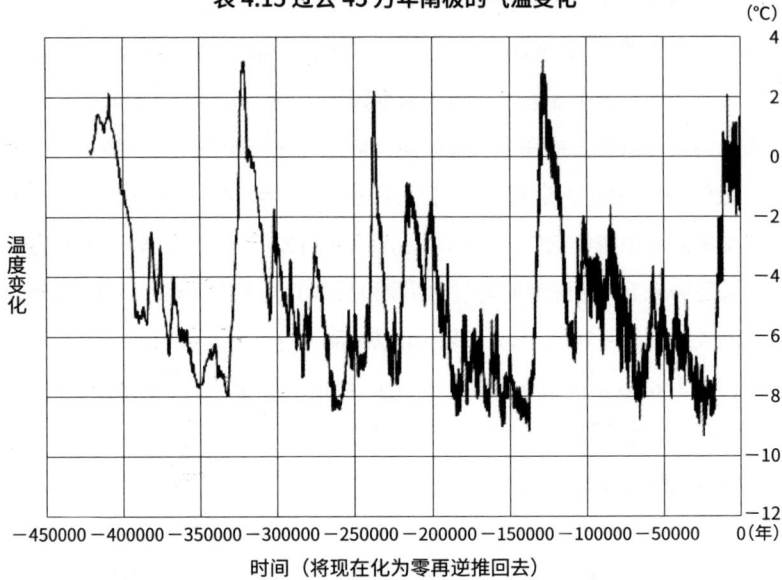

(°C)

时间（将现在化为零再逆推回去）

出处：J. R. Petit et al., "Historical Isotopic Temparature Record from the Vostok Ice Core," in *Trends: A Compendium of Data on Global Change*, Carbon Dixide Information Analysis Center, Oak Ridge National Laboratory, U.S. Department of Energy.

表 4.16 以出生年代划分的平均身高演变（男性）

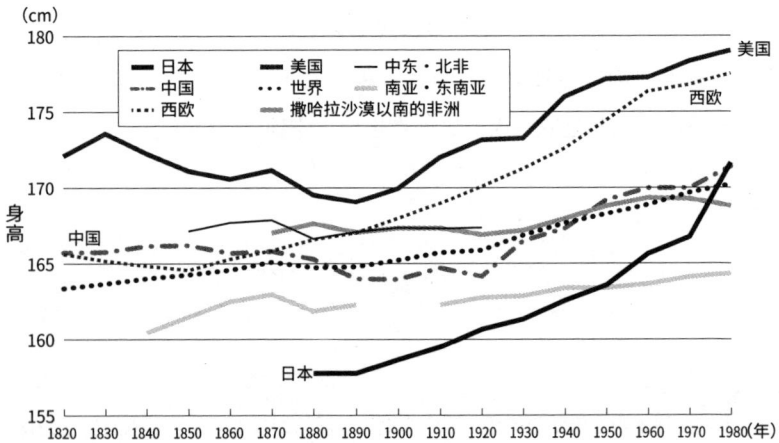

出处：OECD（2014）*How was Life?: Global Well-being since 1820*, OECD Publishing.

3-5 散布图

散布图是横轴和纵轴取不同变量，将数据标示在图上，以观察两个变量关联性的一种图表。尽管图表的历史悠久，但在很长时期里都只能呈现单一变量。比较两个变量的散布图的构想，据说是约翰·赫歇尔（John Herschel）于1833年在一篇论文中首次提出的[1]。不过，散布图这个词是从进入20世纪90年代以后才开始在统计领域里被使用。

根据统计学家爱德华·塔夫特（Edward Tufte，1942— ）的说法，科学领域中的图表有70%至80%使用的是散布图，其实散布图在为数众多的图表当中相当重要，我个人有点随意地称散布图为"图表之王"。从以科学领域为中心的使用频率以及带给图表的冲击来看，在图表中，散布图是重要性最高的图表之一。

在商业管理领域，《哈佛商业评论》（HBR，*Harvard Business Review*）是哈佛商学院著名的商业管理杂志，全球有许多企业家订阅。《哈佛商业评论》的编辑在2011年的12月号中，从众多商业管理领域的图表当中，选出了五个[2]改变战略性的世界观的图表。这五个图表中的两个分别是经验曲线（experience curve）和成长／市场占有率矩阵（growth-share matrix），竟然都是"散布图"（详情参见第六章第二节的专栏）。

散布图与其他图表有什么不同？目前这一章谈到的图表除了时间序列图之外，基本上都是与一个变量有关联的图表，散布图却能将两个变量间的关系可视化，这一点是很大的特征。

通过散布图，可以做到以下的事情：

---

[1]　Michael Friendly and Daniel Denis(2005), "The Early Origins and Development of The Scatterplot," *Journal of the History of the Behavioral Sciences* 41(2): 103–130, Spring.

[2]　依序为成长／市场占有率矩阵、破坏性创新（disruptive innovation）、经验曲线、五力、市场金字塔（market pyramid）。

●从倾向了解两个变量之间的相关关系，推测两个变量间的原因和结果的关系和其他关联性（比如，通过推论结果和原因间的机制能够预测未来）。

●对整体数据分组。在这种情况下，要确实从数据的分布中进行有创意的分组；或是依照某个规则，将散布图上的数据视为2×2的矩阵再分类。

【从相关关系推估因果关系】

经济富裕会对汽车和其他交通工具带来什么样的影响？我们就用散布图来看一下。表4.17是以散布图呈现人均GDP和汽车普及状况的关系。横轴代表作为经济富裕指标的人均GDP，纵轴代表小轿车、巴士、卡车以及其他四轮车平均每千人的持有辆数。只要使用前面提到的Gapminder就能轻松描绘。

从表中可知，随着经济变得富足，小轿车也会逐渐普及。这项数据是2007年的一个断面，究竟能否借由这层关系，解释日本从过去以来的变化呢？

表4.18是在同一张表中叠加上日本将近40年来的变化，可以发现日本40年间的变化几乎都沿着图表上的趋势线。由此似乎就能以经济富裕为基础，大略说明小轿车持有数的变动，同时预测未来。

表 4.17 平均每人国内生产毛额与汽车持有辆数

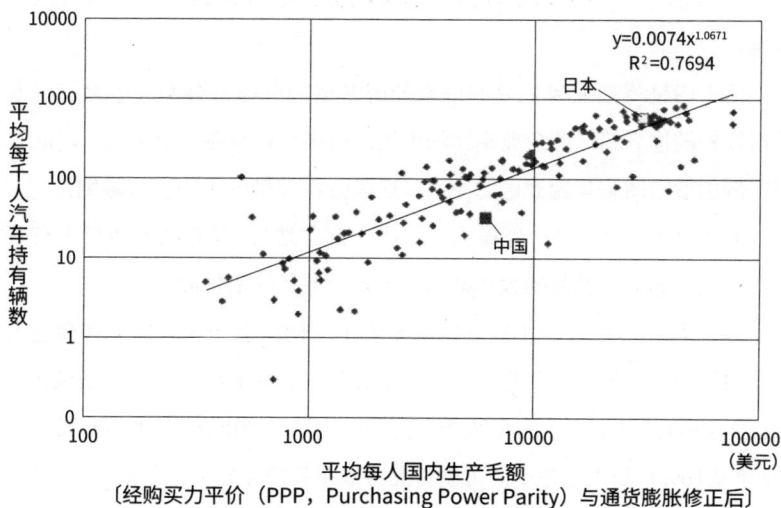

y=0.0074x^1.0671
R²=0.7694

日本

中国

平均每千人汽车持有辆数

平均每人国内生产毛额
〔经购买力平价（PPP，Purchasing Power Parity）与通货膨胀修正后〕

表 4.18 平均每人国内生产毛额与汽车持有辆数的关系
(2007 年，追加日本 1966 年至 2009 年的变化)

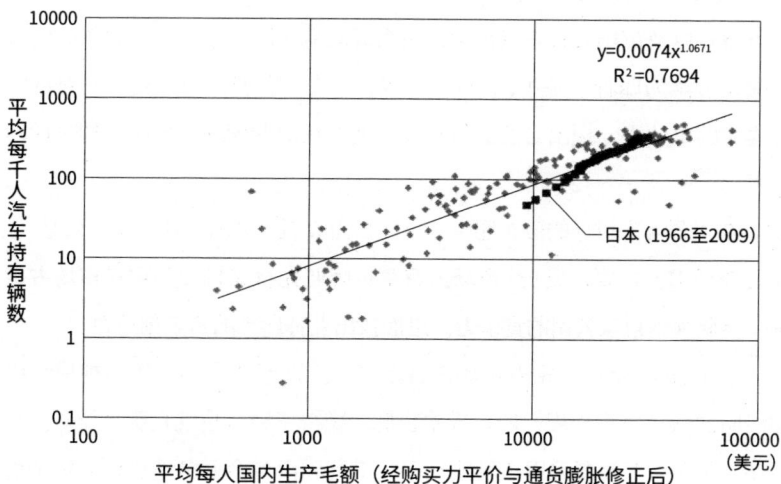

y=0.0074x^1.0671
R²=0.7694

平均每千人汽车持有辆数

日本 (1966至2009)

平均每人国内生产毛额（经购买力平价与通货膨胀修正后）

【使用散布图分组或归类】

散布图不只要看两个数据间的关联性，还可以通过其分布为数据分类。

表4.19是将按业务划分的每家公司的相对市场占有率（与除了自家公司以外的排名第一的企业相比的市场占有率）以及各个业务的市场成长率，借由散布图来呈现业务的模式（这里会将 X 轴的大小左右颠倒）。

相对市场占有率比1还要大（正中央的左边），就意味着市场占有率是第一名。另外，圆圈的大小则相当于各个业务的销售额。

每个数据点以大小不同的圆圈来表示，使用散布图之后，在视觉上就不只是有通常的两个变量，连第三个变量（圆的面积）都可以呈现在图表上。根据相对市场占有率大于1还是小于1、市场成长率比预期成长率（这里是10%）是大还是小，可以将业务依照其特征分类为四组。

这张图表的矩阵是由波士顿顾问公司（BCG, Boston Consulting Group）于1968年首次开发的，因而被称为波士顿顾问公司的"产品组合管理"（PPM, Product Portfolio Management）或成长 / 市场占有率矩阵。

成长 / 市场占有率矩阵是由与竞争对手比较的相对市场占有率（相对竞争力）以及市场成长率（预期）所组成的散布图。业务不仅要依照图上的配置分类为四种（金牛、明星、问题儿童、瘦狗），而且还要针对这四种模式的事业逐一提出必要的行动处方笺，在商业管理领域中是划时代的图表。

在以分类为目标的散布图中，拿什么当 X 轴、Y 轴，其中有什么意义，就会变得相当重要。成长 / 市场占有率矩阵要先将 X 轴设为相对市场占有率，借此观察自家公司的竞争力，进而找出业务所需的资金创造力。

就如图4.5所示，相对市场占有率高，生产量也会多，因为规模经济和经验曲线会发挥作用，所以成本也低，赚得了钱，也就是资金能筹措得更多。另外，Y 轴要采用市场成长率，借此看出各个业务所必要的资金需求大小。成长率高的市场销售额也会成长，不过为了持续成长，投资和其他所需的资金也会变大。比方说"金牛"业务的市场成长率低，所以没什么必要投资新设备，因此资金需求也小。另一方面，因为该业务市场占有率高且有竞争力所以相当赚钱，结果就成为日常能筹措出大量资金的业务。

这张图会像这样针对资金创造力和资金需求不同的四种业务，暗示各个业务的方向性。现金流充裕的"金牛"在维持高市场占有率和低成长率的同时，抽出资金。这份资金要投注在下一头金牛候选者，也就是资金需求高的明星产品上，同时让"瘦狗"业务撤退和卖出，因为它既无成长性也无竞争力。至于"问题儿童"业务，则需要进一步投资，但在此之前，需要看穿它是否能成为拥有明星产品的业务，在甄别的基础上，再进行投资。

表 4.19 事业投资组合

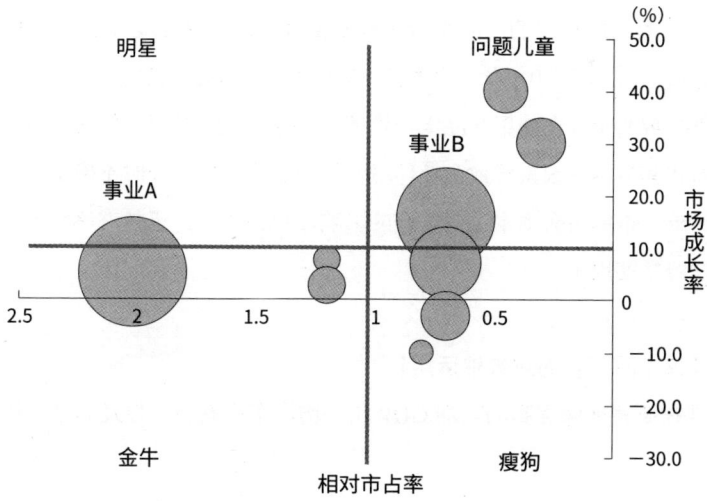

图 4.5 成长／市占率矩阵和其含义

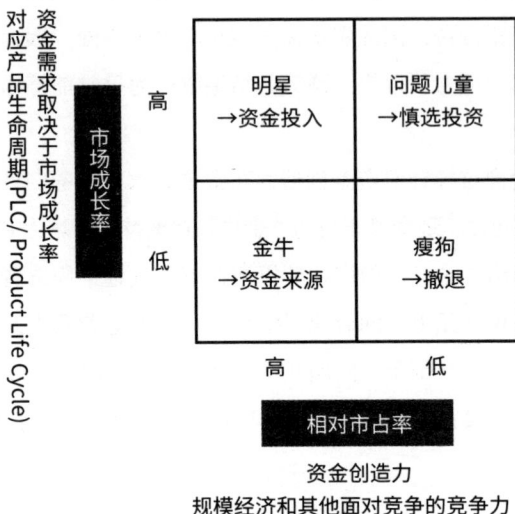

波士顿顾问公司的产品组合管理对商业管理带来的影响很大。据说在20世纪70年代和80年代，《财富》500强（*Fortune* 500）排行榜当中，就有近半数的企业在使用产品组合管理[1]。但是，20世纪90年代以后，技术革新和其他相关因素导致企业环境变化的速度加快，同时不确定性也提高。另外，市场占有率本身对获利的影响度也在减少，于是就逐渐不像以前一样经常使用了。

【散布图当中的对数轴运用】

现在要将前面提到的人均 GDP 和人均汽车保有量，以及其他几张散

---

[1] "BCG Classics Revisited:The Growth Share Matrix," *BCG Perspectives,* June 04, 2014.

布图的 X 轴（进而是 Y 轴）改为"对数"。单单听到对数，或许有人就会浑身起鸡皮疙瘩。

首先要稍微复习一下"指数"的概念。2的3次方等于8，就是将2乘以3次的概念。这时的3就叫作指数。对于结果的8和相乘的2来说，3这个指数该怎么说呢？就会看得像是免费赠品一样，不过让指数负责当主角的就是对数。对数通常以 log 的符号和函数来表示，这时就会以3＝ $\log_2 8$ 的形式呈现，意思就是"2的几次方会等于8？"既然是3次方，答案就是3。平常公式会以 $N = \log_a b$ 的形式呈现，意思可以解释成："a 的几次方会等于 b？N 次方。"特别是 a 等于10的时候，我们称之为常用对数。

不知各位稍微回想起来了吗？那么，究竟为什么需要对数这一注目于指数的观念呢？其实在使用对数之后，就能够处理图表中位数相异、范围极其广大的数字了。

那么，使用对数的图表会有什么样的特征呢？

普通的图表会在图表上标明固定距离和固定量，刻度也是固定间隔。这一点无论往图表的哪里去都不会改变。另一方面，就如表4.20所示，对数的图表当中从10到100和从100到1000的间隔相等，变化量为90和900则不固定，差异甚大。

其实，对数的图表会以固定距离表示相同百分比的变化。换句话说，就是不要把从10到100当成增加90，而要看作是增加到原来的10倍。从100到1000也一样是增加到原来的10倍。因此，就如这张图表所示，X 轴成了对数，图表当中的数据直线上升，代表 x 和 y 有关联。假如 x 有相同百分比的变化，y 就会出现定量变化。

各位用来绘制图表的 Excel，只要对着坐标轴点选鼠标右键，选择对数刻度，就能够画出坐标轴为对数的图表，不必对数据做任何直接加工。另外，类似 Gapminder 的网站，也可以轻松以对数轴标示散布图，需要靠对数呈现图表时，这会极为管用，相当重要。

表 4.20 尝试在散布图中将 X 轴设定为对数

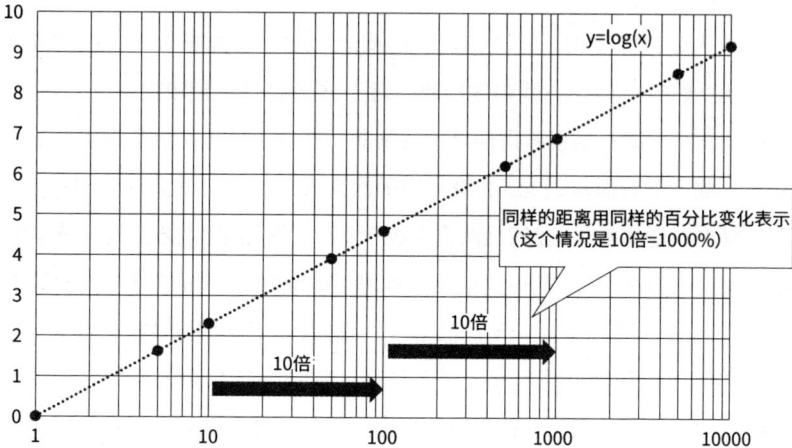

那么，既然知道将图表改成对数的意义，为什么需要着眼于 x 百分比的变化，而不是其固定量的变化？

这里要做个实验。假设年收入增加100万日元，从年收入变多获得的满足感会增加到什么程度？100万日元年收入增加100万日元时，跟2000万日元年收入增加100万日元相比，同样是增加100万日元年收入，但满足感增加的方式会一样吗？从100万日元年收入增加100万日元年收入的满足感会远远大于另一方吧？这时令人开心的不是100万日元的变化量，而是以原有年收入为基准衡量的百分比变化，这样想才比较自然。增加100万日元的年收入时，假如起初的年收入是100万日元，就等于增加了100%，但另一方，年收入增加是从2000万日元起，就只增加了5%。

同样的道理用在喝大杯啤酒的感受上也说得通。炎炎夏日，工作结束之后，饮用的第一杯或第二杯啤酒口感那是没得说，当然是相当可口。反观喝了第五杯啤酒后，感受到的美味程度跟第一杯比起来，就不是那么可口了〔经济学上称为边际递减效应（the law of diminishing marginal return）〕。

众所周知，其实人类的感觉量通常不跟刺激强度成正比，而是跟刺激强度的对数成正比，也就是跟百分比的变化成正比〔韦伯－费希纳定律（Weber-Fechner law）〕。这里所说的感觉量，就相当于以声音、滋味、气味、亮度等为代表的五感，还有金钱和时间等物。

附带一提，日本放送协会的报时声（哔、哔、哔、蹦），是如此构成的：在发出3次440赫兹（Hz）的声响之后，再在整点发出一次高八度的880赫兹的声音。用在声音高低上的八度音会将频率变化为2倍。

从商业的语境来看，将感觉量替换成消费量或许也不错。另外，刺激强度也要当成商业语境下年收入和资产之类的经济富裕度来把握。实际尝试描绘图表之后，就会发现商务上重要的经济活动多半以对数为轴，能够整理出线性关系。

在前面的图表中，是用对数来表示人均 GDP。那么，以与金钱相关的指标制作散布图时，如果用对数 ① 是不是比较好呢？是不是正确反映了百分比的变化了呢？这个假说似乎值得一试。

【时间感和杰奈法则（Janet's law）】

明明才经历了新年的锣鼓喧天，转眼间就已夏日炎炎。抑或又一眨眼，年关又至。总觉得时光飞逝，日月如梭。

各位是否也有抱持这种感觉的经验呢？心里感受到的时光流逝的确不一致，无聊时就会感觉时间很漫长，而在做喜欢或开心的事情时就感觉时间相当短暂，相信任何人都有类似的经验。

同样的，有个假说认为年龄会改变时间流逝速度的体感值，这就是

---

① 相对于直接用数字而言。——译者注

"杰奈法则"，被认为由19世纪法国哲学家保罗·杰奈（Paul Janet）首次提出。

这项理论阐述的是，"时间感和实际时间的百分比变化量成正比"。用别的话来形容，就是"心理上感受到的时间速度跟年龄的倒数成正比"。这里也可以发现韦伯－费希纳定律。根据"杰奈法则"，5岁孩童的一年为五分之一（20%），与此相对，50岁大人的一年则为五十分之一（2%），因此，50岁时一年的速度相当于五岁孩童速度感的10倍。也有类似的定律认为，时间感并非单纯的倒数，而是年龄平方根的倒数。照此定律，则50岁所感受到的时间速度约为5岁孩童的3.2倍。

那么，各位认为时间的感觉值是仅仅为年龄的倒数还是相当于年龄平方根的倒数呢？哪个法则符合各位的感觉值呢？

章末问题

1. 假设你参加一个游戏节目，能够拿到汽车当奖品。眼前有三道门可以选，必须选择其中一道。三道门当中的一道会有奖品汽车，剩下的两道门后面则会有山羊等着你（也就是没中奖）。你选了一道门之后，知道门后面有什么的主持人，当着你的面从你没选的两道门（至少其中一道门没中奖）中打开没中奖的那道门，从门中走出必定会有的山羊。这时剩下的门有两道，主持人问你："放弃刚开始选的那道门换另一道也行哦，怎么样？"你应该改选别的门吗？

2. 让我们翻到下一页，再看一次表4.21中所见的人均 GDP 与平均寿命的关系。多数国家位于往右上升的趋势线周围，不过也有大幅脱离趋势的国家。比方说箭头所指的国家是非洲某国，人口约有5078万人，尽管人均 GDP（以购买力平价为基准）为将近1万美元的9657美元，但是平均寿命仅为56岁，远远背离了从趋向预测到的72岁寿命[①]。

那么，这个背离趋向的国家是非洲哪个区域的国家呢？另外，从经济上来说，人均 GDP 将近1万美元，马上就要迈进所谓的1万美元俱乐部（即将进入先进国家之林，消费行动大幅变化的国家）的门槛，为什么评均寿命会远远短于从趋向预测到的寿命？麻烦各位思考一下自己的假说。

3. 表4.22呈现的是东京23区初中二年级学生的学力调查（关于读解能力的调查）中，数学正确回答率与各区公立中小学生就学补助率的关

---

① 趋势线为 $y = 5.7538 \times \ln(x) + 19.536$，因此将9657代入 x 之后可以算出答案为72.3岁。

系。从图表中可以看出就学补助率 [1] 愈高，正确回答率就愈有下降之势。为什么会展现出这样的倾向呢？请各位思考一下能想到的假说原因。

表 4.21 平均每人国内生产毛额与平均寿命的关系

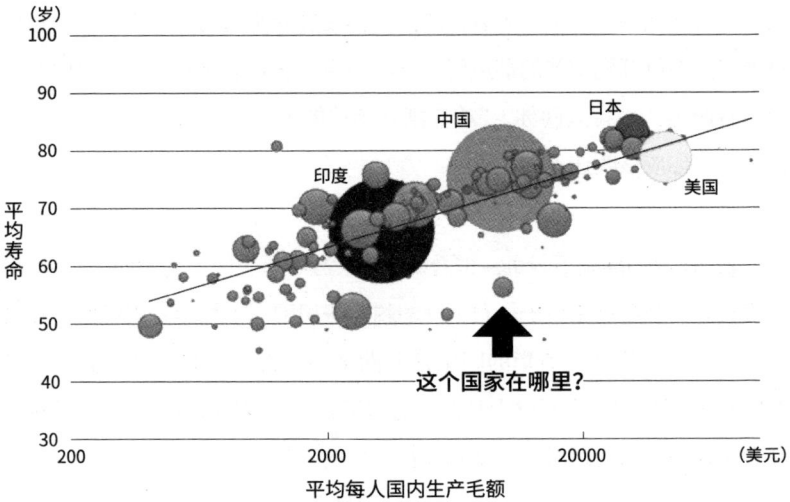

出处：作者根据 Gapminder 的数据制作而成。

---

① 就学补助是指，基于《学校教育法》第19条"市町村对于因经济理由判定为就学困难的学龄儿童学生保护者，应给予必要的援助"，由国家和地方政府补助伙食费。

表 4.22 东京 23 区就学补助率与数学平均正确回答率（初中二年级学生）

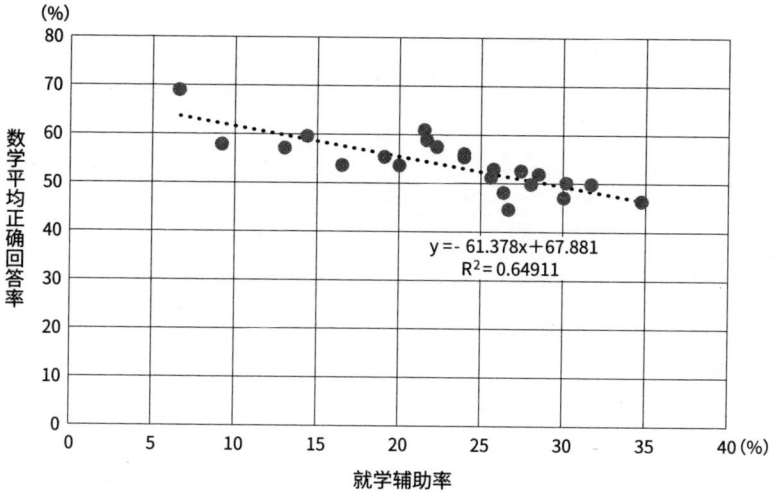

注：学力是初中生的数据，不过就学补助率是各区中小学生整体的比率。另外调查年份也有差异。
出处：根据东京都教育委员会《促进儿童学生学力提升的调查报告书》（『児童生徒の学力向上を図るための调查报告书』）、文部科学省《要保护和准要保护儿童学生数相关信息（2009 年度）》（『要保护及び准要保护児童生徒数について』）制作而成。

第五章　以数字概括进行"比较"：
掌握分析的原则与方法

在第四章当中，我们尝试用图表进行了可视化的比较。概括数据的第二个方法，是在比较前将许多数据的特征简单地概括为一个数字。

概括成数字的观点大致可分为以下两种，假如能先掌握这些概念，就可以想象大部分数据的整体样貌。

①数据的中心在哪里？（代表值）
②数据如何分布？（离散）

其中的代表值顾名思义，就是数据里具有代表性且堪称楷模的数值是什么。日语直呼其名，称其为代表值；英文则不同，更具说明性地称其为 measure of central tendency（集中趋势量数）或 measure of central location（中心位置量数），也就是衡量数据中心值的指标。

代表数以平均最为常用，但除了平均以外还有中位数（median）和众数（mode）。假如用 Google 搜索实际使用程度，则平均为4亿个结果（以平均值搜寻为900万个），中位数为42万个，众数10万个。既然平均的出现次数遥遥领先，为什么还需要附带中位和众数呢？第五章也会看到这些代表数的差异和特征。

代表数会透露数据的中心位置，却完全不会提供其他关于数据范围的信息。数据在平均值的周围扩展和离散的程度，要靠变异数（variance）或标准差提供这方面的信息。

变异数、标准差或其他涉及离散的统计量，英文称为 measure of dispersion（离散量数）。其中以标准差特别重要。附带一提，用 Google 搜索"标准差"会出现68万个结果，虽然不像平均值那么常用，却比中位数和众数还要多。

从重要性来看，高中、大学必定会学到标准差的相关知识，或许平常使用的机会也没那么少。只要使用 Excel 和其他电子表格软件，就可以轻松计算标准差，还能思考离散的意义和蕴含的信息，背后的原因难以靠直觉解释。以下除了标准差的内容之外，还会看到解释其意义的方法。

1 数据的中心在哪里？（代表值）

问数据的中心在哪里，也就是在问代表数据的值是什么？

代表值当中使用出现最多的是平均值。

平均当中除了常用的算术平均（arithematic mean）和加权平均（weighted arithmetic mean）这两种之外，还有经常拿来计算年均成长率（CAGR，Compound Annual Growth Rate）的几何平均（geometric mean）。

1-1 简单平均、加权平均

所谓简单平均，就是将数据的数值当成要平均的对象简单相加，再除以数据的数量，所以又被称为算术平均或者相加平均。写成算式就如下所述，基本上就是将数据统统相加再除以数据的个数。通常大家谈到平均的时候，通常理解为指的是简单平均也无大碍。

$$算术平均 = \frac{x_1 + x_2 + \cdots + x_n}{n} \quad ※ n 为数据个数$$

虽然有简单平均、算术平均和相加平均三个称呼，但若从 Google 搜索的次数搜集数据，调查社会上实际使用的情况之后，就会发现搜索简单平均的次数最多，频率为算术平均的约16倍，相加平均的约50倍。这本书接下来会用简单平均[1]这个词。

所谓加权平均，与简单平均不同，要将数据的数值乘以某些权数（weight），之后合计，除以加总的权数。

---

[1] 算术平均是将各个数据的距离（与平均数之差的偏差绝对值）平方加总后最小化的数值（另一方面，则如后面所言，将各个数据的距离缩到最小后即为中位数）。以算式来表示，算术平均就是使 $\sum_{i=1}^{n}(x_i - a)^2$ 最小的 a（n 是样本大小）。

$$加权平均 = \frac{w_1 w_1 + w_2 x_2 + \cdots + w_n w_n}{w_1 + w_2 + \cdots + w_n} \quad ※w_i \text{ 是各个数据的权数}$$

$$= \frac{w_1}{w_1 + w_2 + \cdots + w_n} x_1 + \frac{w_2}{w_1 + w_2 + \cdots + w_n} x_2 + \cdots$$

$$+ \frac{w_n}{w_1 + w_2 + \cdots + w_n} x_n$$

比方说，假设 A 公司的员工有5万人，加薪额为1000日元；B 公司的员工有5000人，平均加薪额为5000日元。

这时若以简单平均的观念计算 A 公司和 B 公司的平均加薪额，答案为：

$$\frac{(1000 + 5000)}{2} = 3000 \text{（日元）}$$

反观以员工人数为权数的加权平均则为：

$$1000 \times \frac{50000}{50000 + 5000} + 5000 \times \frac{5000}{50000 + 5000} = 1364 \text{（日元）}$$

在上面的算式中，分数部分为两家公司员工数之和与每家公司的员工人数的比率，这里的员工人数比率即是权数。

虽然一般常用的是简单平均，但若判断每个数据的值对平均值的影响程度是否不同时，也会采用加权平均。日常生活和商务活动中经常出现的加权平均，有东京证券交易所股价指数（用发行股数除以各家上市公司的股价加上权数）、消费者物价指数〔(CPI, Consumer Price Index) 用消费支出额除以各品类的价格加上权数〕以及加权平均资本成本〔(WACC,

Weighted Average Cost of Capital）用金额的多寡除以有息负债和股东资本的成本加上权数〕等。

1-2 几何平均（年平均成长率）

除了简单平均和加权平均之外，商务当中经常使用的"平均"还有"年均成长率"，或称"年均报酬率"。这不像简单平均一样要将历年的成长率（报酬率）相加再除以年数，而是以几何平均的概念，取方根进行以下的计算。用 Excel 计算乘方部分时，只要使用 ^ 符号，设定为（^1/ 年数）就行了。

$$\text{CAGR} = \left(\frac{\text{最后一年的}}{\text{第一年度的值}} \right)^{\frac{1}{\text{年数}}} - 1$$

比方说，日本超市的门店数在1991年度为19107间店，2013年度则增加到52902间店。

1991 年度	2013 年度	22 年期间＝ 2013 年－ 1991 年
19107间店	52902间店	增加33795间店

这时的年均成长率为：

$$\text{CAGR} = \left(\frac{52302}{19107} \right)^{\frac{1}{22}} - 1 = 0.0474$$

计算之后可知这22年来的年平均成长率约为4.7%。这代表假如1991年的19107间店每年持续成长4.7%，22年后就会变成52902间店。

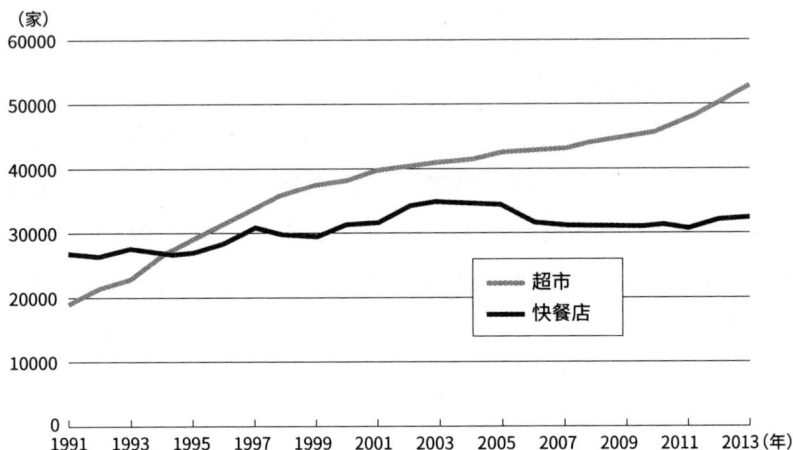

表 5.1 超市与快餐店的店数演变

出处：作者根据 JFA 加盟连锁统计调查制作而成。

现在就实际运用一下年均成长率吧。表5.1是将1991年到2013年超市与快餐店的间数演变绘制成图表的结果。从图表的倾斜度也可看出，这20年来超市大幅成长，跟没有大的增长的快餐店恰成对比。只不过单凭图表呈现，不一定能轻易看出成长率如何随着时代变迁而变化。

表5.2是拿同样的时间序列数据，计算每5年（只不过最近只有3年）的年均成长率，以便解读其成长性。从图表中可以明确看出，超市与快餐店的成长性差异和时代造成的变迁。

超市在20世纪90年代高速成长，虽然进入21世纪头十年时一度停滞，但在2011年之后又再度加速成长。反观快餐店的成长率，则可以明显看出整体上不如超市，21世纪00年代后半期的分店数量本身就在减少。

表 5.2 超市与快餐店的店铺数量年平均成长率

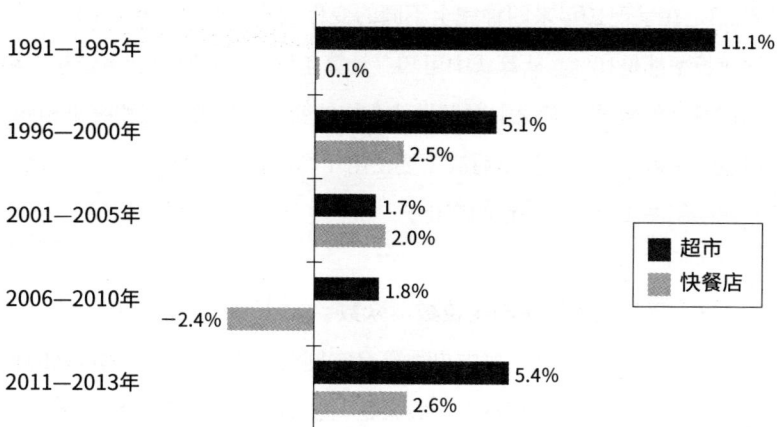

时间	
1991—1995年	11.1% / 0.1%
1996—2000年	5.1% / 2.5%
2001—2005年	1.7% / 2.0%
2006—2010年	1.8% / −2.4%
2011—2013年	5.4% / 2.6%

图例：■ 超市　▨ 快餐店

出处：作者根据 JFA 加盟连锁统计调查制作而成。

表 5.3 10 年来所有的年平均成长率为 100%

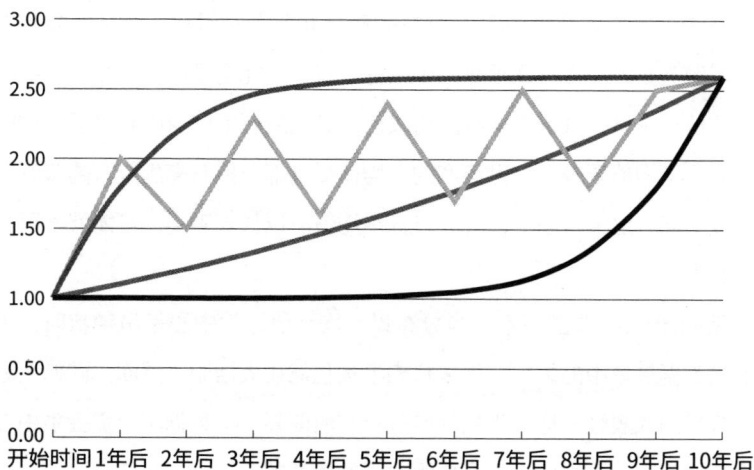

横轴：开始时间　1年后　2年后　3年后　4年后　5年后　6年后　7年后　8年后　9年后　10年后

虽然年均成长率的概念很方便，但在使用时需要注意其盲点所在。像表5.3是在呈现10年来四种完全不同的变化模式，但每个模式10年来的年均成长率都是10%。从算式中可知，计算年均成长率时只会用到起点和终点这两处的数据，无论中途发生什么样的变化，只要起点和终点相同，数值也会变得一样。就算最后决定要使用年均成长率，为稳妥起见，建议还是在绘制图表时呈现中途的变化。

1-3 平均值的陷阱与中位数、众数

从2013年日本金融广报中央委员会实施的《关于家庭金融行动的民意调查》结果可知，2013年日本一般家庭（两人以上）持有的金融资产（储蓄存款、股票和保险等）均值为每户1101万日元。

各位听到这个数字感觉怎么样呢？是不是有许多人感到惊讶，觉得"咦，没持有那么多吧"。表5.4可以看到依实际持有额归类的家庭分配情况。

从表中可知实际情况是，分布的形状并非左右对称，而是大幅偏向没有金融资产的左方，几乎每三个家庭就有一户完全没有金融资产。折线代表从持有少量金融资产累积的构成比，其实所有家庭当中有将近七成的持有额比平均值要少。金融资产的平均值受到部分持有高额资产的家庭影响而被抬高。这种状态下，就算宣称平均值可以代表事实，可能就不再具有说服力。

就如图5.1的左图所示，当分布以平均（值）为中心呈吊钟状时，平均值是数据最集中的数字，用来代表事实也能让人信服。然而，就如金融资产分布的代表性一样，当数据的分布有所偏颇时，数据不一定会集中在平均值的周围，平均值未必是说服力强的代表数。

在这种情况下，就需要采取与取平均值不同的方法来求取能代表全

体的数值了，这便是求取中位数和众数。中位数 ① 指的是样本数值依序排列时，位于样本数量值 ② 一半顺序的样本数值（样本数量值为偶数时，就取夹在中间的两个样本数值的平均值）。比方说有100个样本时，第50个和第51个数值取平均值后即为中位数。

表 5.4 金融资产的分配（两人以上的家庭）

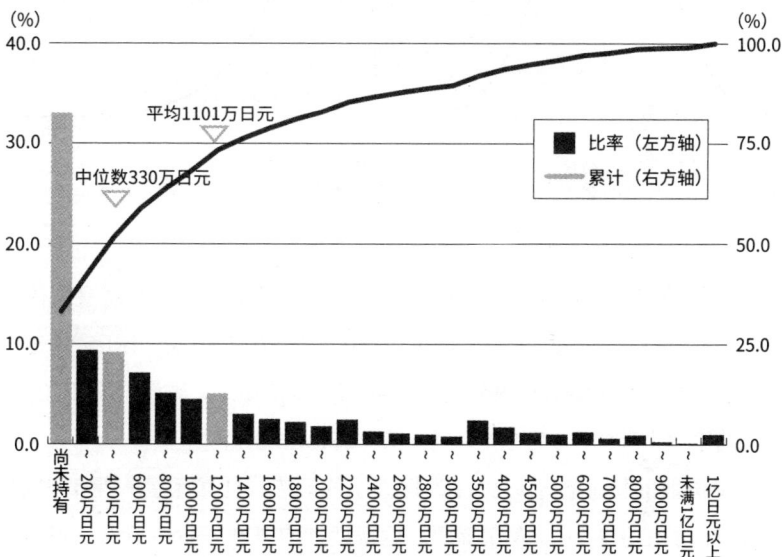

出处：作者根据《关于家计金融行动的民意调查（两人以上家庭调查，2013 年）》制作而成。

---

① 其实中位数是将各个数据的距离加总后最小化的数值。换句话说，中位数就是最靠近各个数据的代表数值。以算式来表示，中位数就是使 $\sum_{i=1}^{n}|x_i - a|$ 最小的 a（n 是样本大小）。

② 原文直译为"样本规模"，为便于理解，译为"样本数量值"，下同。——译者注

图 5.1 分配的不同

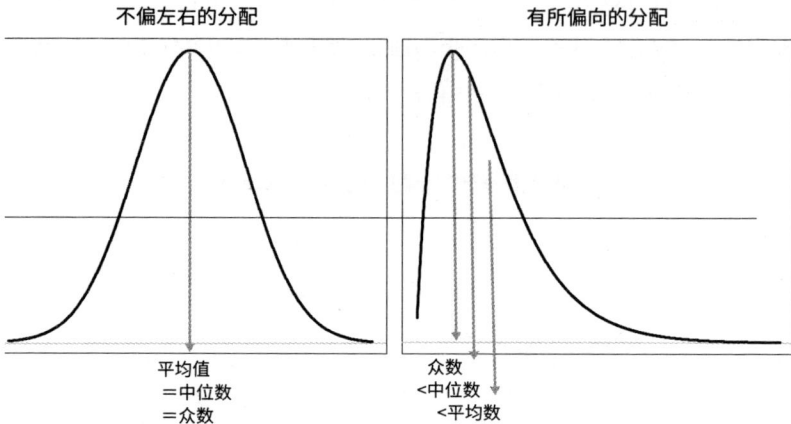

不偏左右的分配　　　　　　　　　　有所偏向的分配

平均值
＝中位数
＝众数

众数
＜中位数
＜平均数

中位数的意思正如其名，就是位于中央的数值，所以在观察整体数据时，就可以将中位数当成分水岭，大于它的数据占50%，小于它的也占50%。在刚才的金融资产案例当中，我们可以得知，金融资产多于330万日元的家庭占50%，少于330万日元的家庭也占50%。

中位数的特征在于只关注数据大小的顺序，比较不受异常值影响。比方说，酒吧里有10个人在喝酒，这帮酒友的资产异质性不大，假定其平均值和中位数都为400万日元。然后不知怎的访问日本的比尔·盖茨突然闯进酒吧。根据2015年《福布斯》（Forbes）富豪排行榜，盖茨的资产为792亿美元（约折合为9.5兆日元）。酒吧里那帮饮酒客的平均资产会被盖茨拉高，转眼间飞涨到将近8600亿日元。

平均值像案例中描述的那样如此容易便受到异常值的巨大影响，正是其所具有的特征。即使宣称8600亿日元是酒友资产的代表数，也完全无法令人信服。另一方面，资产的中位数则变动不大，照理说无论盖茨是否在场，都会维持在400万日元左右。

假如我们从群体的特性上预判，大多数样本没有分布在简单平均的周围（绘制分布的柱形图和直方图时，并未以简单平均值为轴心呈左右对称），在此情况下，就会暂时把中位数当成代表数代替平均值。像家庭金融资产的案例中，这个数值[1]为330万日元，跟平均值相比更接近家庭的实际状态，作为代表值更为恰当。

另一方面，所谓众数则是指出现频率最高的数值。当绘制直方图时形成两座以上的"山"[2]，或是计算简单平均时为部分"异常值"（例外的数值）所影响，就会采用这个代表值。在家庭的金融资产案例中，"不持有"的家庭最多，所以"不持有"便是众数。

关于众数，有以下两个问题需要注意。第一个是众数未必只有一个（比方假定均匀分布或分布当中有好几个同样的高峰），第二个则是撷取数据幅度的方法有时会改变众数本身。在前面的金融资产分配案例当中，如果撷取资产幅度的方法是分割成"不持有""不满330万日元"和"330万日元以上"这三种，则"330万日元以上"的比率就会占50%，那"330万日元以上"就会成为这三种划分下的众数，而非一开始的"不持有"。

在网络世界里，用户通常会为商品和服务评分，再分享结果，作为新进使用者购买和使用时的参考。常见的评分方法让使用者以五等级（满意程度由低到高以一颗星到五颗星表示）评分，以平均值或其他代表数来表示评分。

假如各位在网络上做生意，将用户评分以代表数汇总成数字来表示时，该从平均值（简单平均、加权平均）、中位数和众数当中选择哪种代表数呢？

比方说，当使用者心怀恶意给了极低的分数，或是亲戚给了极高的

---

① 指中位数。——译者注

② 指峰值。——译者注

评价时，似乎就必须考虑这些异常值的影响。假如要排除上述异常值的影响，或许采用中位数作为代表值会比平均值效果更佳。再不然，也可以通过某种形式评估发送评价的使用者本身的素质，定出权数，计算加权平均。

实际上，国内外的网络服务是用以下的方法计算代表数的[①]：

●亚马孙（Amazon）和 @cosme 是以简单平均表示用户所给的评分。

●美食网站 Tabelog 是将发送评价的使用者信赖度（以评价的次数来推测）作为美食家的档次换算成权数，再计算分数[②]。

●电影数据库 IMDB（Internet Movie Database）是以加权平均来表示，而非简单平均。这是为了避免有人蓄意扰动评分结果，以及同一个使用者多次投票造成影响。当然，为了避免舞弊行为，采取的权重标准是不公开的。

最后将简单平均、中位数和众数的特征归纳为表5.5。

表 5.5 主要代表数

代表数	说明	优点	缺点	数据范例	结果
算数平均	这是将数据的总和除以数据数量，会成为数据的重心。离各个数据的差值平方和 Σ（$x-\mu$）2 是最小的数值。	所有数据都要用来计算。	易受异常值影响。就像比尔·盖茨要是突然来到酒吧，平均资产就会飞涨一样	{1,1,2,3,4,4,4,100}	17
中位数	将数据升序或降序排列时刚好位在中央的数据。离各个数据的距离总和 Σ|$x-\mu$| 是最小的数值。数据数量为偶数时要将正中央的两个数据平均。	不怕异常值影响。几乎无须计算。	不能用到所有数据。	{1,1,2,3,4,4,4,100}	3.5
众数	数据当中出现最频繁的数值。	不怕异常值影响。几乎无须计算。	结果有可能是复数或是一个都没有。另外，要是直方图撷取数据幅度的方式改变，众数本身就会改变。	{1,1,2,3,4,4,4,100}	4

---

① 节录自各家公司网站的信息。

② 实际上是一种加权平均。——译者注

72法则（rule of 72)

在考量资产的运用时，我们会在乎要以几个百分比的复利年息运用资产，花上几年才会变成2倍。这时复利的利率就相当于复合年均成长率（CAGR，Compound Annual Growth Rate。套用别的话来说，就是要在几个百分比的年平均成长率下运用资产）。

其实众所周知，只要用72这个数字来计算，就可以轻松算出近似的结果。

72÷利率＝变成 2 倍所需的年数

比方说，假如以10%的利率运用资产，就需要7.2年，也就是说运用8年就会变成2倍。现将使用72这个数字的简易计算和严密计算的结果以比较的方式明列出来，仅供参考。

年息	严密的计算	用72这个数字的简易计算
1.0%	69.7	72.0
2.0%	35.0	36.0
3.0%	23.4	24.0
4.0%	17.7	18.0
5.0%	14.2	14.4
6.0%	11.9	12.0
7.0%	10.2	10.3
8.0%	9.0	9.0
9.0%	8.0	8.0
10.0%	7.3	7.2
11.0%	6.6	6.5
12.0%	6.1	6.0
13.0%	5.7	5.5
14.0%	5.3	5.1
15.0%	5.0	4.8
16.0%	4.7	4.5
17.0%	4.4	4.2
18.0%	4.2	4.0
19.0%	4.0	3.8
20.0%	3.8	3.6

物价与加权平均

表5.6是根据世界银行的数据，将从1961到2014年长达54年来的消费者物价指数对前一年的变化率画成的图表。

假如以二战后漫长的时间轴来看，就会发现日本和美国都经历了上涨率超过10%的高物价时期，再朝着慢慢平稳的趋势迈进。

然而，要是把目光局限在日本，则会看到2000年以后，物价上涨率就掉进负数区，长期维持在通货紧缩的状态。为了消除长期持续的通货紧缩状态，日本银行于2013年1月将稳定物价的目标定为消费者物价与前一年相比上升2%，并保证会提前实现这个目标，扩大货币宽松。

究竟为什么稳定物价对经济活动如此重要呢？其实个人和企业会根据价格的信息判断是否进行消费或投资，在物价大幅变动的状态下，人们就很难就是否消费或投资做决策。

那么，该如何测量会这样大幅影响政策的消费者物价指数（CPI）呢？[1] 这里要使用的方法是"加权平均"。

2010年的消费者物价指数基准，就是以该年的家庭调查（根据约9000户家庭的记账本所做的调查）为根底，实际为重要商品（总共588个品类）的支出金额占整体家计消费支出的比例计算权数，将各个品类的价格变化"加权平均"，求出消费者物价指数。

假设构成消费者物价指数的只有巧克力和冰激凌这两款商品，而且

---

[1] 《消费者物价指数的结构和观点：2010年度消费者物价指数》，日本总务省统计局。

支出金额的比例为巧克力60%，冰激凌40%。现在，跟基准时间的100相比，巧克力涨价20%，冰激凌跌价20%，所以计算物价指数时要将两种商品的价格变化加权平均，答案为104。

表 5.6 美日德三国消费者物价指数的变化率演变（1961 年至 2014 年）之比较

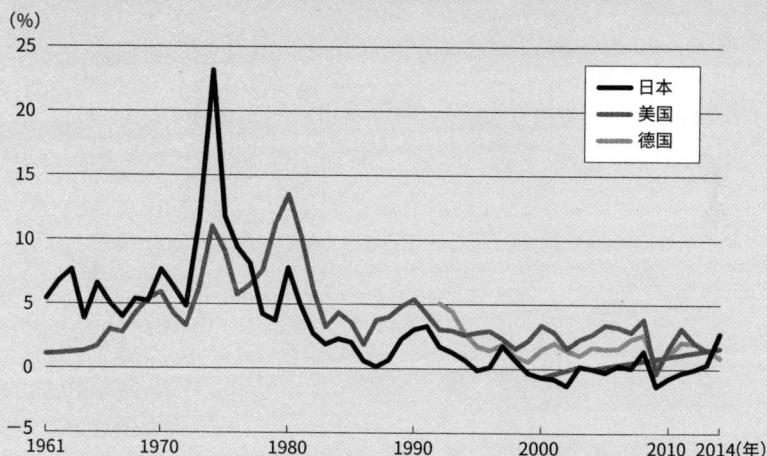

$$120 \times \frac{60\%}{100\%} + 80 \times \frac{40\%}{100\%} = 104$$

由此可以算出，跟基准时间的100相比，整体物价上升了4%。

那么，到底何种品类的商品有着怎样的权数呢？实际的消费者物价指数（2015年6月这一时间点）当中的权数，巧克力为0.2%，冰激凌为0.3%。

还有，该怎么查出每个品类的价格变化呢？每个品类的价格会通过按月实施的零售物价统计调查实际在店面（约2.7万家店）进行调查。这时会规定每个品类要调查哪些商品的品牌。比方说，巧克力有"片状巧克力"（50克），指定调查品牌为"明治牛奶巧克力""乐天加纳牛奶巧克力"和"森永牛奶巧克力"。冰激凌则有"杯装香草冰激凌"（110 mL），指定调查品牌为"哈根达斯香草冰激凌"及诸如此类的其他品牌。

2 数据如何分布？（离散）

2-1 变异数与标准差

以平均值为大量数据的代表数相当方便，却不会告诉我们，从整体来看数据如何在代表值的周围分布以及是否有离散现象。能够告诉我们离散程度的是"变异数"和"标准差"，而不是平均数。

海浪的起伏无非是海水水位的离散。当此之际，以渔船讨生活的渔夫和以冒险为乐的冲浪者关心的不是潮位这种平均海平面高度，而是显示其离散程度的波浪。开渔船出海的渔夫希望海面波涛不兴（水位离散度小），而等待海浪的冲浪者则期盼大浪来临（水位离散度大）。

变异数与标准差就是用来观察数据离散程度的。

图5.2是要通过呈现数据在平均周边分布的状态来观察"数据如何离散在平均值的周围"。只不过，作为分布的题中之义，其中当然既会有大于平均值的数据，也会有小于平均值的数据。因此，就算求出数据和平均值的差值，得出具体的正数和负数，再将"每个数据与平均值的差值"（偏差）进行算术平均，正负也会相抵化为0。所以要把偏差取平方后再求平均值，进而算出变异数（SD^2）[①]。

$$SD^2 = \frac{(x_1 - \overline{x})^2 + (x_2 - \overline{x}) + \cdots + (x_n - \overline{x})^2}{n}$$

※ x 为平均值，n 为样本数。假如观察对象为样本而非母群体时，要以 $n-1$ 为分母计算，而不是 n（参阅专栏）。

"变异数"开平方根（也就是对先前平方过的部分进行还原处理）

---

① SD 是标准差的简称，多半以 σ 表示。

之后则会变成"标准差"（以 SD 或 σ 表示）。要表示平均离散度，表明数据偏离平均数的情况时，不妨考虑一下标准差。由于标准差是将原本的数字平方后再开平方根，因此单位也跟原本的数字一样，简单明了，比变异数更常用来当作离散量数。

图 5.2 平均值周围的离散度示意图

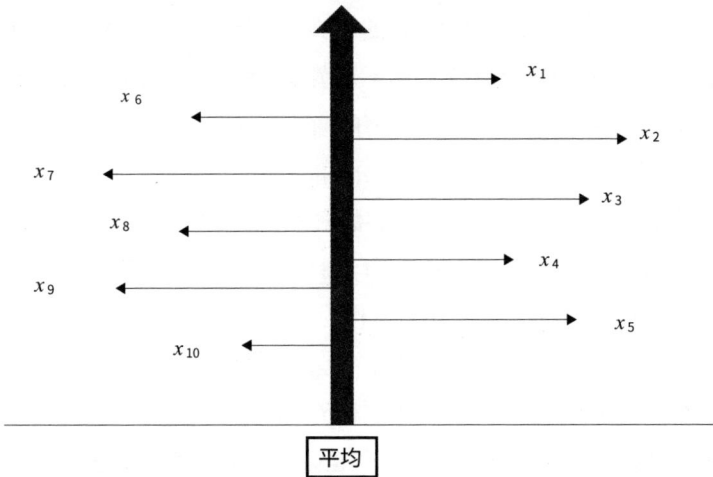

$$SD = \sqrt{\frac{(x_1 - \overline{x})^2 + (x_2 - \overline{x}) + \cdots + (x_n - \overline{x})^2}{n}}$$

※ x 为平均值，n 为样本数。假如观察对象为样本而非母群体时，要以 $n-1$ 为分母计算，而不是 n（参阅专栏）。

变异数与标准差要除以 n 还是 $n-1$?

变异数与标准差的用途广泛，但一说到计算的公式也意外地混乱，甚至见解会"因书而异"。

传统上最常用的"堪称模型"的解释，大概就是遇到样本要除以数据的数量—1，也就是 $n-1$，遇到母群体则除以 n。然而，实际上在工作等场合看到的数据，最好要当成样本数据而不是母群体本身，因此大多数情况下，实务中还是除以 $n-1$。

另一方面，最近出版的书籍当中，也可以看到样本和母群体都除以 n 的定义[①]。该选择哪一边的公式来运用和衡量呢?

商务当中一般会从目的出发衡量怎样做最好(是否具有目的合理性)，这里也要以同样的方式思考一下。

首先，众所周知，除以 $n-1$ 求出的变异数又称为不偏变异(unbiased variance)，如果反复撷取样本，计算变异数，求得平均，这样不偏变异数的平均就会不断接近母群体的变异数。不偏变异的估计数就是母群体的变异数。因此，为了从样本的变异数估计母体的变异数这一目的，最好采用除以 $n-1$ 之后的答案。

然而，在这种情况下使用变异数虽然没有问题，但比变异数更常用的标准差，不管是除以 $n-1$ 还是除以 n，都做不到"不偏"(即使拿许多

[①] 小岛宽之（2011），《图解不再嫌恶统计学》，易博士出版社（改版后易名为《图解统计学入门》）；Norm Matloff, *From Algorithms to Z-Scores*: *Probabilistic and Statistical Modeling in Computer Science*, University of California, Davis.

样本不断求平均，也不会变成母群体的标准差），无法贯彻"不偏性很重要"的主张真是恼人。

另一方面，假如想要知道眼前数据的平均离散度时，将数据和平均数的差值平方后加总（偏差平方和），单单除以样本数 n 取平均值，这样会比较浅显易懂。以上的思考方法聚焦于数据平均离平均值多远这一点。

只要在象征的意义上设想数据的数量为1时会怎么样，就比较容易明白了。一言以蔽之，当样本数为1时，$n-1$ 就会等于0，导致无法计算，还是采用 $n=1$ 时也可以计算的概念比较妥当。

所以我的建议是，在求变异数和标准差之际，要除以数据的数量 n。

实际上，一旦数据的数量增加，除以 n 或除以 $n-1$ 的答案就相差不大了，在许多实务场合中，无论用哪种方法计算，所产生的差异几乎都不成问题。

就与平均比较而言，标准差或许没那么熟悉。然而就如先前所说，经营时要意识到这个数值远比平均还重要。

比方说，二战后日本式经营的特征之一，就在于生产作业时优良的质量管理，可以说它正是将产品质量层面的离散度这个标准差本身缩小，务求均质化。另外，财务上涉及的风险概念，其关键正好就在于标准差。

众所周知，各种自然现象和社会现象的异质性，是依循吊钟型的"正态分布"。

在正态分布中，平均值 x 附近出现频度最高的数据，假设其标准差为 SD，则关系式如下（请参考图5.3）：

①整个分配的68.3%包含在 $\bar{x}-SD \leqslant x \leqslant \bar{x}+SD$ 的范围内。

②整个分配的95.4%包含在 $\bar{x}-2SD \leqslant x \leqslant \bar{x}+2SD$ 的范围内。

③整个分配的99.7%包含在 $\bar{x}-3SD \leqslant x \leqslant \bar{x}+3SD$ 的范围内。

其中尤以"所有数据约有95%包含在平均值 ±2SD 的范围内"这一关系性质格外重要，这项"二倍标准差原则"一定要记在脑子里。

像智商（IQ）就是将平均设定为100，标准差设定为15。因此，从二倍标准差原则可知95%的智商在70到130之间，超过130的十分罕见。

图 5.3 常态分配与二倍标准差原则

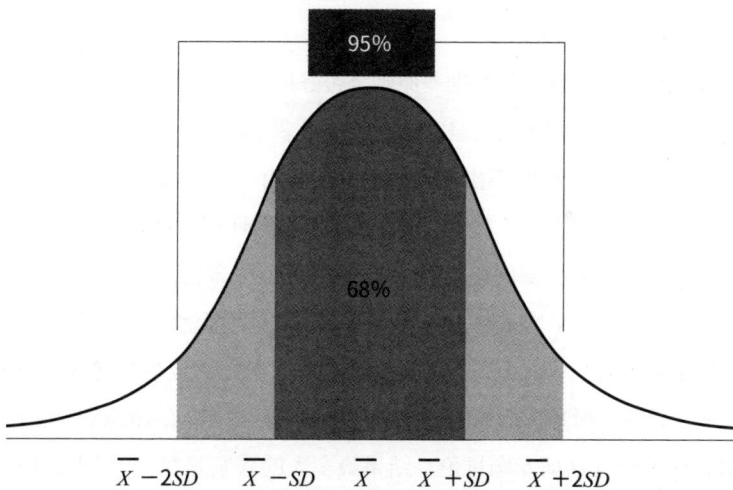

人类似乎往往以为不到10%的概率（像5%）是很难发生的。

举例来说，假设有人当面问你投掷硬币后是正面还是反面，结果不知怎的连续出现正面。连续掷出几次正面之后，你会不会觉得"好奇怪，这是不是动了什么手脚啊"？

以我授课的经验来说，大概掷个4到5次都是正面，就会有人觉得奇怪了。连续掷出4次正面的概率是0.5的4次方即6.25%，另外，连续掷出5次正面的概率是0.5的5次方即3.125%。由此可知主观感受到"难以发生的事情出现在眼前的概率"约为5%左右。

因此，既然觉得平常"数据大概囊括在这个范围内"的概率是100%，就算扣掉难以发生的概率5%，改成经常发生的概率为95%也没关系。这样一来，根据二倍标准差原则，数据的范围大约在平均±2SD之间。

没有比标准差更"怀才不遇"的数字。尽管大多数人在高中或者大学的某个阶段必定学过一次，但以后终生几乎都没有机会再用，它堪称这类数字的代表。其原因在于仅仅是记住了标准差的定义，也对平均值周围的离散毫无概念。从这个意义上来说，二倍标准差原则对于标准差在实务中的应用是相当重要的。

那就马上来试试二倍标准差原则是否好用吧。

大家认为日本成年男性身高的标准差是多少呢？

或许各位完全判断不出来吧。不过，采用二倍标准差原则之后，就可以大概估算该数值了。首先要知道日本成年男性平均身高有多高吧。环顾周遭的人，结果会发现在170厘米左右。在此基础上，我们来估算一下标准差。标准差与平均不同，其难点在于难以一目了然。

前面解释过，95%这个数值是让人觉得"数据大概囊括在这个范围"的概率。就各位所知，周遭的人身高大概被囊括在多广的范围呢？我在讲课和研修时做过这项专题讨论，结果最多人的答案是在160厘米到180厘米之间。二倍标准差原则会告诉你这段间隔是2SD+2SD=4SD，因此可以推测标准差是160厘米至180厘米的20厘米除以4，答案为5厘米。

实际的数据[1]是以35至39岁的男性来计算平均，平均身高为171.75厘

---

[1] 《2011年度运动能力调》成年男性35至39岁的数据。

米，标准差为5.55厘米。二倍标准差原则虽然是简单的推算，却可以估计出约略的数值。

【异质性与质量管理】

　　第二次世界大战以后，日本企业依靠其产品的质量，保持着强大的竞争力，而支撑质量的方法之一就是质量管理。这里的质量指的是产品的特性满足要求事项的程度。质量管理的目标是改良产品和服务的质量，同时缩小异质性，把质量维持在一个固定的水平上。这是因为假如质量掺杂异质性，就容易导致顾客的不满。不仅是产品，假如各位接受某些服务时，服务质量大幅背离事先的期待（像是理应马上会来的料理迟迟不来，诸如此类），也还是会感到不满吧。

　　日本企业会在现场进行小团体改善工作，探讨其措施能将质量的异质性缩小到什么程度，称为品控圈（QCC，Quality Control Circle）。谈到战后日本式经营的特征，"标准差"或许会比"平均"更贴切。也可以说日本企业就是在"异质性就是祸害"这一"心照不宣"的大前提下进行质量管理和经营活动的。

　　2-2　经营中的风险与高风险、高回报

　　大家对"风险"这个词有什么印象？恐怕平常用到这个词多半是在形容什么坏事，或是其发生的可能性的意义上来把握其含义吧？

　　在经营当中，会将结果未定、异质性和不确定性的事物视为风险。比方说，假设你手上有100万日元要投资，要比较银行的定期存款和股票哪个更赚钱。银行的定期存款可以预先知道一年后100万日元会拿回多少钱。相反的，进行投资股票时，股价难以预测，起伏不定。要是一年后股价上涨就会获利，但若股价下跌，则别说是赚钱了，还会亏本。由此可知投资股票的不确定性很大，风险比存款高。

假如风险是异质性和不确定性，现在刚学的标准差正好用来当作测量风险大小的指标。

表5.7和表5.8是东京证券交易所股价指数（以所有东京证券市场第一部上市的国内普通股为对象的股价指数）横跨5年的周次回报率（损益）演变及其分布。从图表中也能看出，其中有些星期赚钱，有些星期亏损，通过计算可知整体的平均为0.18%，标准差为2.67%。图表内有些星期的东京证券交易所股价指数大跌将近10%，这是2011年东日本大地震的影响所致。

那各位听过"高风险，高回报"这句话吗？要获得高回报（回报率），就必须有冒着巨大风险（标准差）的心理准备，但事实真的是这样吗？我们就来看看实际的数据。

表5.9是将股票、债券和其他各种金融商品的风险（标准差）和回报（回报率）的关系绘制成的散布图。从图表中也可知，风险和回报是典型的正相关，呈直线正比关系。也就是说，想要借由投资获得高于平均水平的回报（回报率），就必须有冒巨大风险的心理准备，结果掺杂了异质性，也就是偶尔会大幅亏损。

虽然数据是以金融商品为例，但在经营事业时为了获得高回报，也必须做好心理准备承担结果的风险和异质性。尽管从质量管理的观点来看，异质性就是祸害，不过想获得高回报，反而需要以"异质性是朋友"这个截然不同的观点，跟异质性打交道。

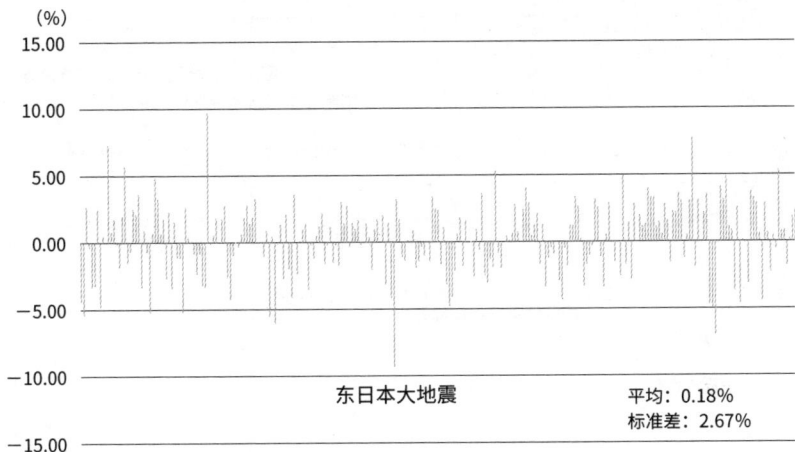

表 5.7 TOPIX（2009—2013）的周次报酬率演变

(%)

平均：0.18%
标准差：2.67%

东日本大地震

注：这里是将周次报酬率的算术平均换算成年利率。
出处：作者根据 SMT 指数基金基准价格数据制作而成。

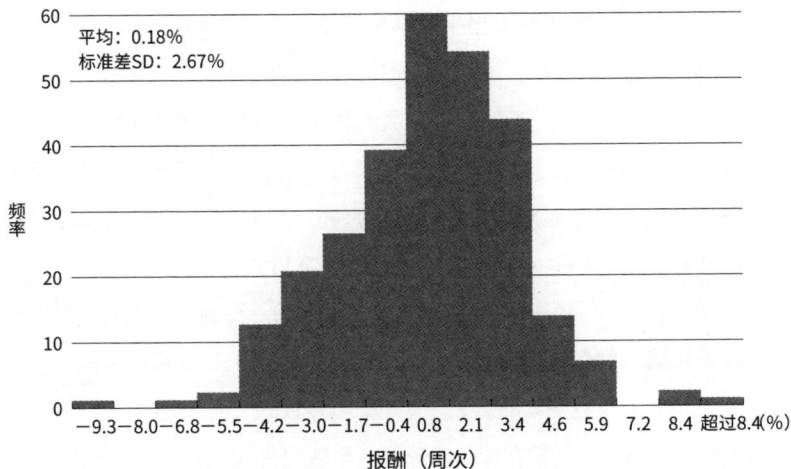

表 5.8 TOPIX 报酬率（周次）的分配（2009—2013）

平均：0.18%
标准差SD：2.67%

频率

报酬（周次）

出处：作者根据 SMT 指数基金基准价格数据制作而成。

表 5.9 各个资产等级的风险与平均报酬（2009—2013，换算成年利率）

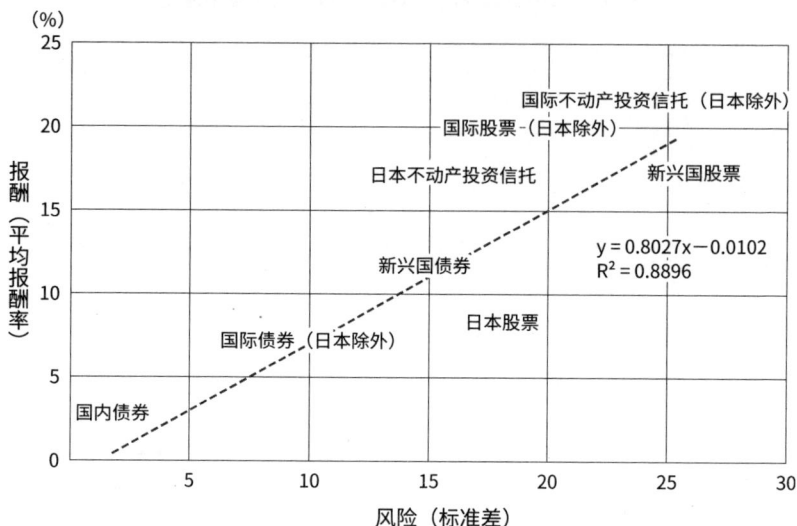

注：原本在修正时需要将分配金包含进去，但分配金很少，因此没有算在内。
出处：作者根据 SMT 指数基金基准价格数据制作而成。

2-3　当"大家的答案出乎意料地正确"发生作用时

1906年秋，近代统计学之父兼遗传学权威弗朗西斯·高尔顿（Francis Galton，1822—1911），参加了家畜展的体重竞猜有奖征答活动。参赛选手共计787人，除了农家和肉铺这些就某方面来说的家畜专家之外，还包含许多门外汉。高尔顿对优生学特别感兴趣，结果却出乎他的意料，787人预测的重量的平均值为1197磅，离正确答案1198磅只有1磅之差。

就算是门外汉，但只要搜集很多数据再平均，得到的答案就会出乎意料地接近正确。您会觉得真是不可思议吧。同样的，其实从许多例子中可以看见，与其听少数专家的意见，还不如将多数的"群众意见"平均起来，比较能够预测结果。无论在什么情况下，多数门外汉的意见平均后的精确度都会比较高吗？要求出接近正确的答案，需要什么样的条件呢？

现在假设真值（true value）为 D，个别单人的预测为 X_i，而其平均值为 A。这样的话，大家的平均意见 A 与正确答案 D 之间的群体误差为 $(A-D)^2$？从计算中可知，答案为个别单人的误差减掉全体人员答[1][2]。

群体误差＝个人误差－变异数

换句话说，"群众的答案出乎意料地正确"并非放诸四海而皆准，还是要有以下条件：

● 每个人的答案是相对接近真实的（个人误差小）
● 而且全体人员的答案具有多样性（变异数大）

个人的智慧自不待言，但若想集中个人的智慧，发挥群体应有的智慧，就要重视多样性（这里指的是变异数或其平方根标准差）。

---

[1] 西垣通（2013）《何谓集体智慧：网络时代"知识"的走向》（『集合知とは何か—ネット時代の「知」のゆくえ』），中公新书。

[2] 群体误差＝$(A-D)^2$

个人误差＝$\dfrac{1}{n}\sum_{i=1}^{n}(x_i-D)^2$

分散＝$\dfrac{1}{n}\sum_{i=1}^{n}(x_i-A)^2$

$(A-D)^2=\dfrac{1}{n}\sum_{i=1}^{n}(x_i-D)^2-\dfrac{1}{n}\sum_{i=1}^{n}(x_i-A)^2$

章末问题

1. 下图5.4是日本两人以上家庭各年龄层的金融资产持有额。别说是每个年龄层，即使从所有家庭数来看，平均值1182万日元也跟中位数400万日元差距悬殊。为什么金融资产的平均值会像这样远远大于中位数呢？另外，各年龄层之间有什么特征呢？

图5.4 日本各年龄层的金融资产（两人以上家庭）

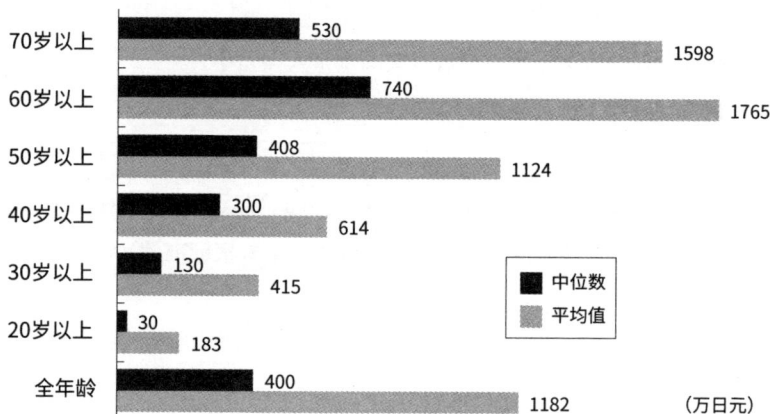

出处：金融广报中央委员会《关于家计金融行动的民意调查》（2014年）。

第六章　尝试囊括成算式来"比较"（回归分析和建模）

　　囊括成算式的方法大致可分为两种。一种是"回归分析"，以归纳的方法从数据中求出算式。另一种是"建模"，以演绎的方法求出算式。

　　其中的回归分析是世界上最常用的统计分析方法。尽管说回归分析就是"比较"，同时它也如第三章中所说，还是在大数据时代的世界中变得日益重要的机器学习的入口的分析方法。这里还是希望大家通过学习能够自己掌握使用回归分析的方法，至少要以能够达到解释计算结果的水平为目标。

　　另外，从散布图和相关的思考方法到回归分析，在探寻因果关系，思考"为什么"这个问题的答案时，是极其重要的分析方法。既然是从实际的数据撷取其背后的直线关系，所以可以称为归纳性的方法。因此，通过回归分析求出的算式，有时数据可以直接代入，有时则会偏离算式，便成为正常现象。

　　由于借由回归分析就能验证假说，所以软银（Soft Bank）的孙正义（Masayoshi SON）于2001年创办雅虎宽带（Yahoo! BB）的服务时，曾在公司内说过以下这段话："以后凡是没做回归分析的人讲什么都一概不听。"

　　而建模则是以"销售额＝顾客数 × 客单价"的形式，将关心的结果（产出）以算式的形式分解成要素（投入）。一旦分解成算式的形式，就能以系统化的途径，衡量对哪些要素要采取什么活动（要增加顾客数量还是提高客单价才能增加销售额，为此必须如何如何）才会得到结果。

建模与回归分析不同，求出的算式为恒等式（必定成立的公式）。要估算"日本电线杆的数量有几根"，以及其他难以判别的数字时会用到"费米推论"（Fermi estimate），这其实也是模型化的一种。借由分解成算式，就能集中思考大家所知的数字，推论无法一目了然的数值。

另外，建模用到的算式，像"销售额＝顾客数 × 客单价"，严格来说，顾客数和客单价不是销售额的原因，不过是将销售额分解后的产物。只不过，从"为得出结果而思考必要的行动"这一目的出发，即使没有特别意识到这个区别，商务上也不会出问题。

1 散布图与相关系数（correlation coefficient）

1-1 分析公寓投资

现在假设我们要在市中心的 A 车站附近（步行5分钟之内）购买公寓，将租金收入充当生活费。再假设公寓的大小为25平方米，则购买之后可望能获得多少租金收入？首先必须要思考单间公寓的租金行情取决于什么因素。

租金受公寓大小（专有面积①）、往返车站所需的单程时间（步行走几分钟）、建筑年数、方位（坐北朝南与否）和其他要素影响。这里要假设公寓大小的影响最大，再从不动产相关的信息网站中，搜集 A 车站附近42家公寓的租金和专有面积数据（请参考表6.1）。

接着要依照数据画出散布图，将租金与专有面积的关系可视化后再行观看。

尽管人类长期绘制各种图表，不过除了时间序列的图表之外，要处理的数据都是以一次元单一变量的变化为中心的。相形之下，散布图则是比较近期才想出的图表之一。散布图要将两个变量的关联性可视化，从这层意义来说，也堪称是图表史上划时代的"图表之王"。在统计这个世界里，开始使用散布图这个词，已经是进入20世纪之后的事了②。

散布图用 Excel 的图表功能即可轻松制作。制作时要在两个变数中，选择原因类的变量为 X 轴，结果类的变量为 Y 轴。

只要在选取工作表的数据范围之后，选择"插入"标签，"图表"中的"散布图"（带有数据标记的 XY 散布图），就会制作出类似表6.2的散布图。

---

① 专有面积指的是房屋当中不含公共设施或阳台的室内面积。——译者注

② Michael Friendly and Daniel Denis (2005) "The Early Origins and Development of the Scatterplot," *Journal of History of the Behavioral Sciences* 41(2): 103-130.

表 6.1 A 车站附近的单间公寓

徒步（分钟）	建筑年数	专有面积（m²）	坐北朝南	租金＋管理费（日元）
13	24	22.15	1	69000
6	33	17.83	0	70000
5	31	23.63	1	80000
9	28	27.76	1	84000
7	36	23.32	0	87000
12	2	31.03	0	116000
7	12	26.22	0	119000
4	6	22.16	0	129000
1	7	36.54	0	166000
4	6	40.04	0	170000
7	33	17.83	0	70000
8	35	23.1	0	76000
2	41	16.11	0	69000
13	18	17	0	72000
5	31	23.63	1	80000
8	35	25.8	0	82000
6	28	21.8	1	75000
4	34	22.33	0	79000
2	41	18.27	1	83000
5	29	27.06	0	85000
8	29	26.7	0	85000
6	28	29.06	0	98010
11	26	20.85	0	83000
11	35	21.31	0	84000
5	30	29.52	0	96000
7	30	34.41	0	94000
5	30	35.79	0	108000
4	34	30.82	1	105000
4	33	30.82	0	110000
9	23	33.78	1	115000
9	23	34.02	0	118000
9	9	32.76	0	125000
4	6	22.16	0	129000
10	27	44.89	0	130000
6	7	29.39	0	142000
6	7	47.97	0	149000
6	7	32.71	0	154000
6	9	36.82	0	154000
1	7	36.54	0	158000
4	6	40.04	0	170000
5	6	42.82	0	178000
4	6	30.20	1	169000

表 6.2 从 A 车站徒步范围的单房公寓宽敞度与租金之关系

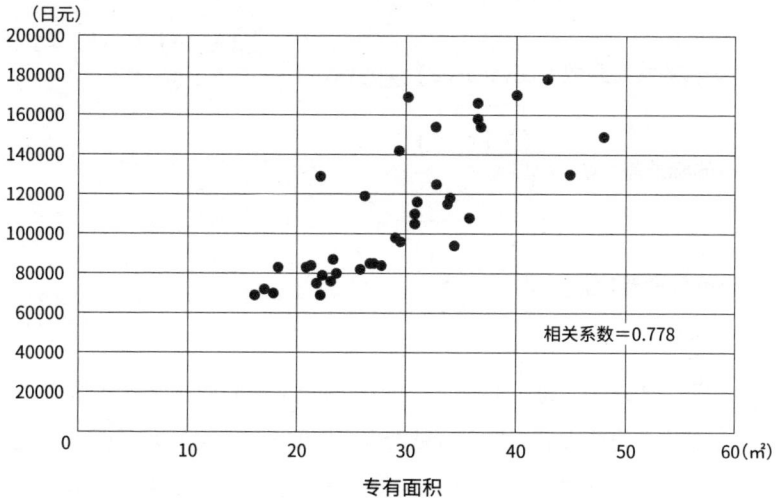

1-2 何谓相关

从图表中可知，套房面积愈大，租金也愈高，换句话说，就是租金和套房的大小呈往右直线上升的"正相关"。

所谓相关，指的是两个变量之间具有某种规则和共变性。比方说，假如气温上升的话，啤酒的销售额也会提升，气温低时啤酒的销售额也会下降，这种连带关系就叫作"气温"和"啤酒的销售额"呈相关。在相关性之中，有"正 / 负"和"强 / 弱"两个维度，表示这种关系的数值则称为相关系数。散布图上，用直线为数据画趋势线时，集中在直线周围的数据在何种程度上"像直线"，或许也可以当成相关的定义。

为求保险，这里会写出定义式给对算式感兴趣的人看。对算式过敏的人跳过去也无妨。

$$\text{相关系数 } r = \frac{\text{cov }(x, y)}{SD_x \cdot SD_y}$$

x 与 y 的共变异数（covariance）：$\text{cov}(x, y) = \dfrac{\sum\limits_{i=1}^{n}\left(x_i - \bar{x}\right)\left(y_i - \bar{y}\right)}{n}$

x 的标准差：$SD_x = \sqrt{\dfrac{\sum\limits_{i=1}^{n}\left(x_i - \bar{x}\right)^2}{n}}$

y 的标准差：$SD_y = \sqrt{\dfrac{\sum\limits_{i=1}^{n}\left(y_i - \bar{y}\right)^2}{n}}$

相关系数是在1到 −1的范围内变动的数字。假如相关系数接近于1，且是"其中一方变大后，另一方就会变大"的关系，就代表"强正相关"。另一方面，假如相关系数接近于 −1，且是"其中一方变大后，另一方就会变小"的关系，就代表"强负相关"。而若相关系数的绝对值近似于0，就代表"弱相关或不相关"。通常商务中称得上有意义的相关"强弱"等级，其绝对值往往在0.7以上。

相关系数平方后所得的值就是简单回归中要说明的决定系数（coefficient of determination）。凭直觉就知道相关系数很难直接用来解释相关的强弱，但后面的回归分析中将会谈到，经平方换算成决定系数之后，就可以解释 y 的变异数当中有几个百分比是由 x 的变异所造成的，换句话说，就是 x 对 y 的说明能力有多强。所以我们要养成习惯，一看到相关系数就平方。刚才说过，作为强相关的指标，相关系数要在0.7以上，它的平方为0.49。也就是说，相当于有约50% 的说明能力。

＊相关系数的解释范例（绝对值）

0～0.2：几乎不相关。

0.2～0.4：弱相关。

0.4～0.7：中度相关。

0.7～1.0：强相关。

只不过，对相关系数大小的解释会依领域而异。心理学和其他领域的解释范例[1]如下所示，仅供参考：

＊相关系数的解释范例（绝对值）

0.5：效果很大。

0.3：效果中等。

0.1：效果很小。

实际上各个相关系数如何呈现在散布图上，不妨通过图6.1见证一下。

看到相关时必须留意一件事：

相关关系≠因果关系

虽然相关，却不代表有因果关系。那要满足什么条件才算是有因果关系呢？常用的必要条件为以下三点：

①原因在时间上先于结果。

②要有相关（共变）关系。

③相关无法用其他变量（第三因子）说明。

---

① 水本笃、竹内理（2008），《研究论文当中的效果量之报告》（「研究论文における効果量の報告のために」），《英语教育研究》（『英語教育研究』）31: 57-66.

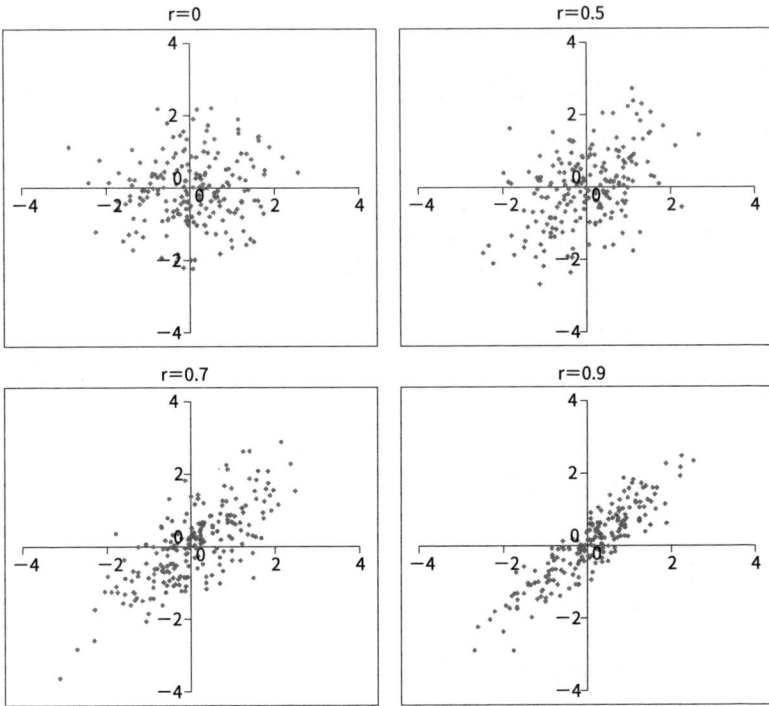

图 6.1 相关系数的大小与散布图示意

就如前面所言，有因果关系时也会有相关关系，但有相关关系却不一定有因果关系。观察上的第三点的第三因子容易成为漏网之鱼，需要小心辨别。

比方说，夏季冰激凌和啤酒在销售额上相关，但并没有直接的因果关系，也就是说无法证明消费者在喝了啤酒之后就想吃冰激凌。两者的共通原因（第三因子）都在于夏日炎炎，也就是气温。炎热时两者都畅销，凉爽时双方都滞销，表面上虽然相关，却并没有直接的因果关系。

表 6.3 马苏里拉奶酪就会增加土木工程的博士学位人数？虽然相关但……

（人／年）

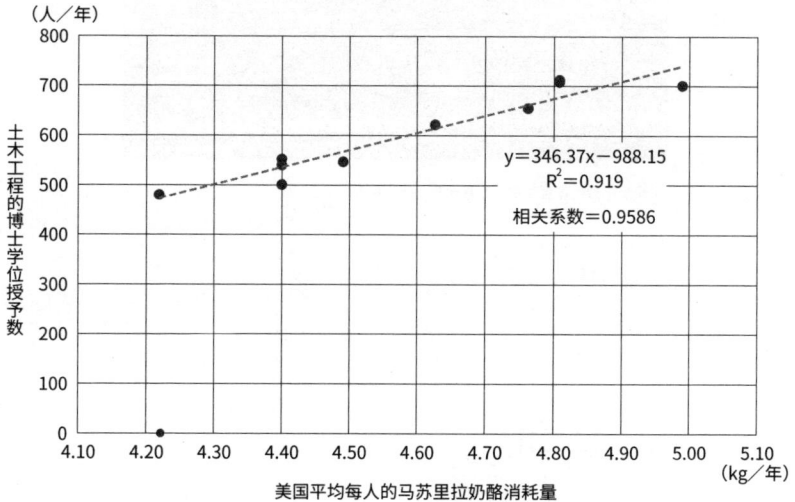

y＝346.37x－988.15
R^2＝0.919
相关系数＝0.9586

土木工程的博士学位授予数

美国平均每人的马苏里拉奶酪消耗量

（kg／年）

出处：根据 http://www.tylervigen.com/spurious-conrrelations 制作而成。

　　表6.3的散布图表示的是，2000至2009年美国人均每年的马苏里拉奶酪（Mozzarella）消耗量与土木工程博士学位授予数之间的关系。

　　两者的相关系数为0.9586，高得惊人。难道在食用马苏里拉奶酪之后，就活化了脑部功能，导致取得博士学位的人增加了吗？将奶酪消耗量与土木工程博士学位授予数连缀成故事，显然其中有荒谬的成分，两者之间完全没有因果关系。假如对照前面的三个条件，就会发现时间上无法辨清孰先孰后，并未满足因果关系的要件。

　　其实两组数据都只是在2000至2009年撷取数据时单纯增加而已。撷取正在增加或减少的成组数据之后，往往会碰巧看起来相关，需要小心辨别。

表 6.4 Excel 的分析工具

表 6.5 变数间的相关系数

	徒步（分钟）	建筑年数	专有面积（㎡）	坐北朝南	租金＋管理费（日元）
徒步（分钟）	1.00				
建筑年数	0.07	1.00			
专有面积（㎡）	−0.14	−0.53	1.00		
坐北朝南	−0.01	0.23	0.20	1.00	
租金＋管理费（日元）	−0.36	−0.14	0.78	−0.22	1.00

就算发现相关，如果你在"一旦这样（○○）就会发生那种事情（●●）"的因果故事的发展情节中，你自己觉得哪里不对劲，就很可能是没有因果关系。究竟是真的一旦这样（○○）就会发生那种事情（●●）吗？当此之际，都要以是否有第三因子（第三种因素）作祟，又或者是原因是否在时间上先于结果等观点来重新衡量，判断到底是哪里出了问题。

接下来要使用 Excel 分析工具的相关系数功能，求出公寓的两个变量的相关系数。打开 Excel 2016的画面，分析工具就在分析卷标当中的数据分析上（请参考表6.4）。

选取所有的变量执行相关系数之后，就会像表6.5一样获得相关矩阵（correlation matrix），归纳出变量间的相关系数。

从结果可知，租金和面积的相关系数为0.78，属于相关度极高的"强相关"。附带一提，将此相关系数平方后得到的决定系数值为0.60，可见专有面积对租金有60%的说明能力。

相关系数经常用来观察各个领域中的关联性的强度，让我们一起看看它大显身手的一鳞半爪吧。

【录用面试管用吗？】

相信各位的公司在录用新人之际，会用到形形色色的评估方式，像是面试或综合适性测验（SPI, Synthetic Personality Inventory）之类的笔试，方法可谓五花八门。聘用新人之际的评估究竟会有效运转到什么程度呢？"A 在录取时评价很高，分配职位后表现却实在不怎么样""B 在录取时表现不起眼，却做出好绩效"，尽管有类似的奇闻逸事，不过评估本身无法被善加评估的例子不是很多吗？到底为什么要在录用前费尽九牛二虎之力进行评估，而不是通过抽签[①] 呢？

---

① 隐含"以示公平同时节约人力物力"的意思。——译者注

只要想到招聘时的评估基本上是为了预测录用后的工作成果，就会让人好奇实际上这录用时的评价结果跟录用后的表现相关到什么程度。假如相关系数高，录用时的评估结果就能更精确地预测录用后的表现。观察录用时评价和录用后评价的相关系数之后，就可以衡量评估方法的预测能力。

实际上会相关到什么程度呢？

图6.2是以后设分析（meta-analysis）归纳过去85年来关于各种评估方法的研究成果[①]。从结果来看，预测能力最高的是针对管理职位的智力测验（IQ test）。只不过尽管如此，其相关系数也只有0.58，而复杂度中等的一般性工作则是0.51，所以平方换算成决定系数之后，就会求出说明能力在25%左右。

其实智力测验比其他方法（比方说实际要求对方做事或同僚的评价等）施行范围广，也可以用于没有经验的求职者，所以会成为录用时固定不变的评估方法。反观日本常用的普通面试（非体制化），相关系数为0.38，平方后有14%左右的说明能力。虽然比什么都不做要好些，但无法预测的部分会很多，对此要有充分的心理准备。

尽管以色列、法国和某些国家的做法是靠笔迹来评估，但不出所料，相关系数只有0.02，连平方都不用算，就知道完全没有说明能力。

---

① 对过去多个研究成果进行综合分析称为后设分析。

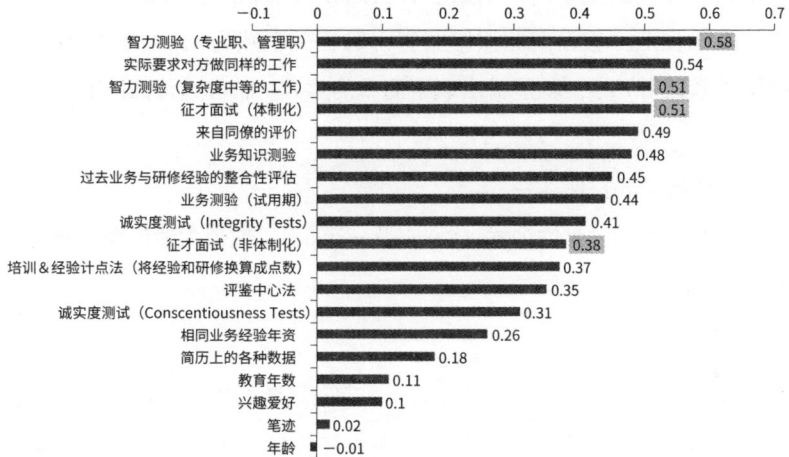

图 6.2 工作成效与录取时评估方法之关系（相关系数）

出处：作者根据 Frank L. Schmidt et al.（1998）. "The Validity and Utility of Selection Methods in Personnel Psychology: Practical and Theoretical Implications of 85 Years of Research Findings," *Psychological Bulletin* 124(2):262-274 制作而成。

【用相关系数阐明遗传的影响】

大家认为自己的智力受到遗传影响的百分比有多大？

智力也有各种形式，这里是以智力测验测出的结果为准。然后要简单假设智力取决于遗传和环境这两个因素，后者包括家庭和教育等。通常我在课堂中提出这个问题时，学生的意见可谓众说纷纭。有人觉得遗传的影响微乎其微，有人则觉得智力几乎取决于遗传，答案分布甚广。

那要用什么方法才能估算遗传对智力的影响？

既然分析就是比较，最浅显易懂的方法就是从遗传或环境两种因素之中只选取一种，进行智力比较。一般来说，人类的基因必然有所差异，但其实世界上存在着基因完全相同的特殊案例。

那就是同卵双胞胎。为了观察基因对智能和其他各种能力和行动的影响，专家针对同卵双胞胎和异卵双胞胎进行研究。其实异卵和同卵双胞胎只有环境因素不同，从双方各自的相关系数，就可以计算遗传因素的影响程度。假设同卵双胞胎智力的相关系数为$r_{同卵}$，异卵双胞胎的相关系数为$r_{异卵}$，就能借由以下简单的算式[1]估算遗传的影响：

遗传因素＝2（$r_{同卵}$－$r_{异卵}$）

→算式称为法柯纳公式（Falconer method），数值为遗传率（遗传的影响率）

比方说，智力当中有语言智力，同卵双胞胎的相关系数$r_{同卵}$为0.86，异卵双胞胎的相关系数$r_{异卵}$为0.6，所以能计算出遗传率为2×（0.86－0.60）＝52%。依照这种观念求出的遗传率就如图6.3所示，仅供参考。

我们知道，尽管计算结果因项目而异，不过遗传因素的影响程度横跨许多能力和人格项目，可以判定其影响率至少有50%左右。至于是表达为"竟然有一半"还是表达为"只有一半"，就要看各位的解读了。

【因为幸福所以会成功？】

第四章第二节当中，我们通过图表看到"幸福就会长寿吗"的相关数据。一般来说，以往人们相信"成功→幸福"，很多人至今依然"初衷不改"。虽然他们不是把幸福当成最高目标的亚里士多德，许多人却关心要怎么获得幸福，于是最近就出现许多关于幸福的研究。

---

[1] $r_{同卵}$＝100%×遗传因素＋共享环境因素

    $r_{异卵}$＝50%×遗传因素＋共享环境因素

    遗传因素＋共享环境因素＋非共享环境因素＝1

    异卵双胞胎的遗传因素系数为50%时，基因一致的比例期望值为50%。

图 6.3 遗传与环境对性格与认知能力的影响程度

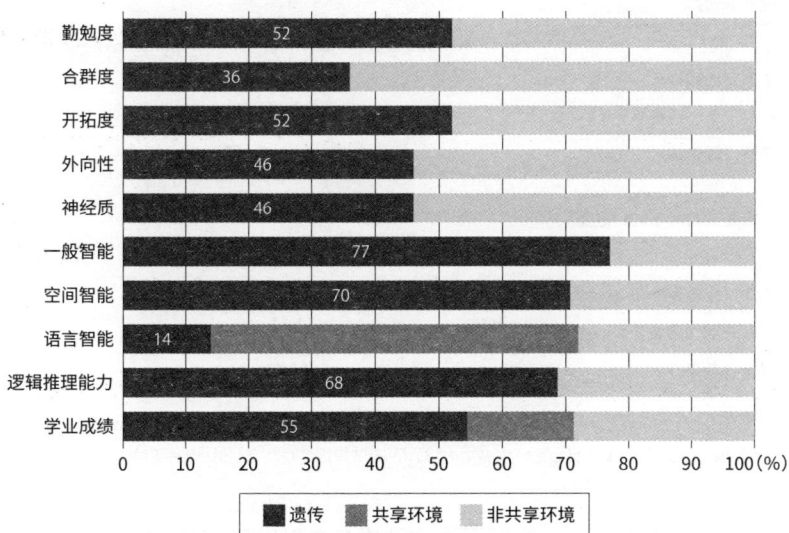

注：图表当中的遗传率计算并非简单的法柯纳公式，而是采用精确度更高的方法（SEM）。
出处：作者根据安藤寿康（2014）《遗传与环境的心理学》（『遺伝と環境の心理学』培風館）
制作而成。

表6.6介绍的是归纳过去许多研究的研究（后设分析），其中指出以前的人们把因果关系的方向弄反了，不是"成功→幸福"，而是"幸福→成功"。

虽然相关是因果关系的必要条件，不过单凭横断面呈相关关系，就分不出何者是原因，何者是结果，所以还要加上纵断面（时间序列）的分析，以表明幸福的状态是成功的先行条件。

表 6.6 因为幸福所以会成功？

横剖面数据

	相关系数	研究案例
工作（成效等）	0.27	19
社会关系（结婚等）	0.27	22
健康（寿命等）	0.32	19

纵断面（时间序列）数据

	相关系数	研究案例
工作（成效等）	0.24	11
社会关系（结婚等）	0.21	8
健康（寿命等）	0.18	26

出处：S. Lyubominrsky et al. (2005). "The Benefits of Frequent Positive Affect: Does Happiness Lead to Success?" *Psychological Bulletin* 131(6): 803-855.

从两者（横断面、纵断面）的结果都可以发现，无论在工作、社会关系、健康的各个方面，幸福和成功都呈正相关，也就是通常愈幸福就愈成功。另外，当幸福先于成功时，也可以窥见同样的倾向。可见事实并非一般人相信的"因为成功所以会幸福"，反而是"因为幸福所以会成功"。

【大数据与相关系数】

在迎来大数据时代的今日，相关系数逐渐在周遭扮演重要的角色。到网络商店购物时，相信大家都经常可以看到许多网站有推荐的功能，一般写着"这是推荐给您的商品"。

实际上，这里用到的正是相关系数。作此结论的原因在于，相关系数也可以作为表示相似性和相仿程度的指标来把握。首先要计算你和其他顾客购买记录和浏览记录的相关系数，然后要把相关系数高的顾客，也就是跟你的购买记录和浏览记录相似的顾客，跟你的购买记录和浏览记录相比，再将两者间不重合部分的商品拿出来"推荐"。

表6.7是先设想有一家商学院，将其修课推荐名单简单模型化的产物。现在铃木同学需要别人推荐接下来要修的科目，之前他已经修过科目 A 和科目 B。那么，各位会推荐什么科目给铃木同学呢？

表 6.7 选课的推荐考量

推荐

修习科目	科目A	科目B	科目C	科目D	科目E	科目F	科目G	科目H	科目I	科目J	相关系数
铃木同学	1	1	0	0	0	0	0	0	0	0	
A同学	1	0	1	1	1	0	0	1	0	0	−0.00
B同学	1	1	0	0	0	1	0	1	0	0	0.61
C同学	0	0	1	0	1	0	0	1	1	0	−0.50
D同学	1	1	0	0	0	1	0	0	0	0	0.76
E同学	0	0	1	0	1	0	1	1	1	1	−0.61
F同学	1	1	0	1	1	1	1	1	1	0	0.10
G同学	1	1	0	1	1	1	1	1	1	0	0.25
H同学	0	0	0	1	0	1	0	0	1	1	−0.41
推荐度	—	—	0	0	0	1	0	0.5	0	0	

注: 推荐度是从其他学生的选修（修过为 1，没修过为 0）当中找出与铃木同学高度相关的对象（> 0.5）再平均起来。

要考虑的事情十分简单。跟铃木同学修课记录相似的人，他的选课模式跟铃木同学的选课模式必定相似。因此，我们就可以这样思考，只要找出跟铃木同学修课记录相似的人，将那个人已经修过但铃木同学还没修过的科目推荐出去，准不会有错。

记录修课与否时，用1表示已修的科目，用0表示没修的科目，再以相关系数评估修课记录是否相似。假如有人拥有一定数值以上的相关系数，就将他上过但铃木同学还没修过的科目推荐出去。按照这个思路，从表中的计算可知，要推荐科目 F。因为跟铃木同学高度相关的人是 B 同学和 D 同学，而 B 同学和 D 同学上过但铃木同学没上过的就是科目 F。

这里的关键在于，推荐时完全不必说明因果关系，解释为什么铃木同学接下来该修科目 F。这里只会用到类似度和相关，跟因果关系的有无完全没有关系。

第一章当中提到分析的目标是阐明因果关系，借由行动拿出结果。这件事本身重要是重要，但其实在大数据的世界中，不懂因果关系也无妨（更贴切地说，因果本来就很复杂，还难以掌握什么对什么有效），反而是相关比较要紧。

最后，我们将从散布图到相关系数的分析流程重新汇整成图6.4。

图 6.4 相关分析的流程

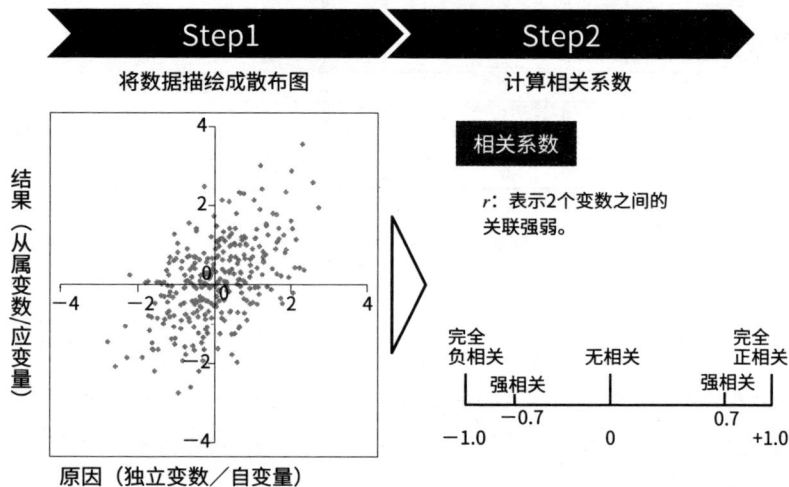

2 简单回归分析（一元回归分析）

相关系数会暗示两个变量之间的关系强度，不过以前面的例子来说，却没有呈现出专有面积多大时租金会有多少。将这份关系化为算式再分析的方法就是回归分析。

回归分析号称是统计分析方法当中最常用的一种。或许商务中不会天天用，但学术论文和以白皮书为首的官方文件都经常在用。假如可以了解分析的含义，世界就会大为宽广。我们至少要熟练到能够明白和解释分析结果的意义。

2-1 回归分析的概念

涉及经营管理的现象通常很复杂，要说明某个现象，就必须衡量一个以上的原因。回归分析可以通过由多种因子组成的算式将该现象说明如下：

$$y = a_1 x_1 + a_2 x_2 + a_3 x_3 + \cdots + a_k x_k + b$$

这个例子是以一次方程式（x 的加减运算）表示，除此之外还有运用对数和指数的算式，运用 x 乘方像是 x_2、x_3 之类的多项式等。只不过，通常商务上的情况很单纯，经常使用前面谈到的一次方程式。左边的 y 会因右边的 x 值而改变，称为因变量或从属变量，x 则称为自变量或独立变量。另外，b 称为常数项，a_k 称为偏回归系数（partial regression coeffficient）[1]。

其中，自变量为一个的算式称为简单回归分析，一个以上的则称为复回归分析。因此，简单回归的模型可以简单用以下算式表示：

---

[1] 有时也常会省略偏字，只称之为回归系数（regression coefficient）。

$$y = ax + b$$

简单回归分析相当于以可视化方式，为散布图上的数据绘制最适合套用的直线。当然，要是把心一横凭着主观将直线画进图表中也不是不行，但这么一来直线就会因人而异，没有再现性[①]。

简单回归分析是在"最适合套用"的意义上，以客观的角度画出直线，让实际的数据和直线之间的偏差缩到最小。

图 6.5 最能套用在数据的直线是

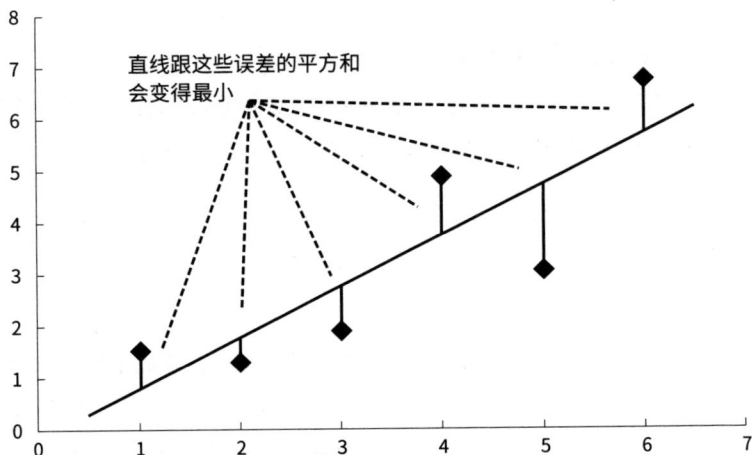

具体的分析就如图6.5所示，从各个数据所在的点新引一条直线与回归直线相交，将各条新直线到回归直线的距离平方和视为误差，就可以将回归直线重新理解为使这个误差最小的直线。由于是将平方的总和缩到最

---

① 科学中一般将可以重复作为客观性的标准，文中"没有再现性"的意思就是不客观、不科学。——译者注

小，所以这种方法又称为最小平方法（least square method）或最小二乘法。求取回归直线之际，虽然凭着直觉想要将距离（绝对值）的总和缩到最小，但出于用数学方法操作容易的考虑，所以实际上是将平方和缩到最小。

事实上，平均值这个代表值也如下面的算式所示，是将各个数据到平均值之间的距离的平方和最小化得到的数值。这项观念跟回归直线的求法也极为相似。

$$\sum_{i=1}^{n}(x_i - a)^2$$ 这里的 x_i 是数据，将这个算式最小化的 a 是简单平均。

只要有数据，回归式本身能以 Excel 的分析工具轻松求出，因此完全没必要记住回归式的公式本身。

对此感兴趣的人可以先记住以下两个条件，这样就能以比较简单的方法求出回归式的公式（请参考图6.6）。

图 6.6 回归直线的特征

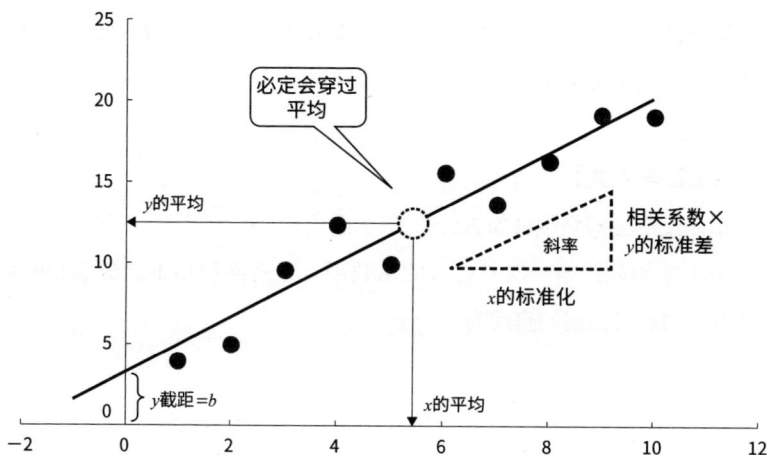

①回归式的斜率为 $r\dfrac{SD_y}{SD_x}$（r 为 x 和 y 的相关系数, SD_y 为 y 的标准差, SD_x 为 x 的标准差）。

②回归式一定会穿过 x 和 y 的平均值（x, y）。

依照上述两个条件, 设 y 截距（y 轴与回归直线的交叉点）为 b 之后, 则：

$$\bar{y} = r\frac{SD_y}{SD_x}\bar{x} + b$$

$$b = \bar{y} - r\frac{SD_y}{SD_x}\bar{x}$$

因此, 回归式为：

$$\bar{y} = r\frac{SD_y}{SD_x}x + \bar{y} - r\frac{SD_y}{SD_x}\bar{x}$$

那我们就用 Excel 的"分析工具＞回归"来分析一下租金与面积的关系吧。分析结果与图表就如图6.7和表6.8所示。另外, 数值标示中, $E+n$ 代表10的 n 次方, $E-n$ 则代表10的 n 次方根。比方说, $E+3$ 是10的3次方即1000, $E-3$ 则是10的3次方根即0.001。

【截距与系数】

最匹配的算式系数就如表6.8的最下面所示。

最下面的截距是一次方程式的常数项, 专有面积项下的数值是面积的系数。由此可知回归直线为：

图 6.7 从 A 车站徒步范围的单房公寓宽敞度与租金之关系

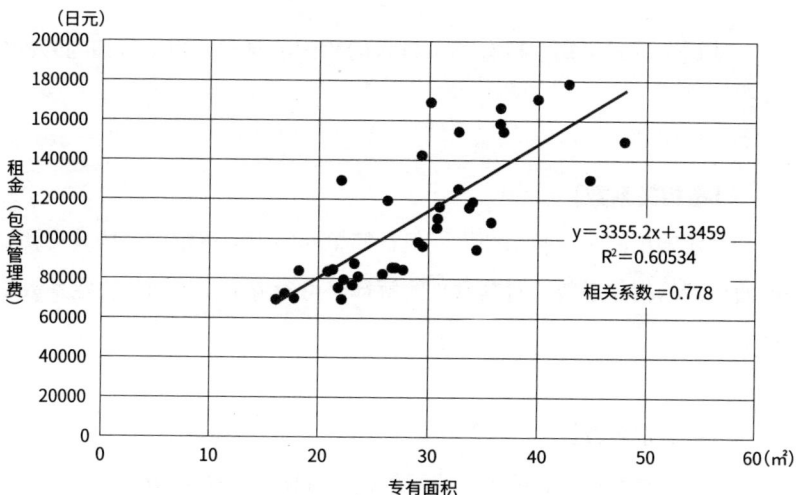

（日元）

y＝3355.2x＋13459
R²＝0.60534

相关系数＝0.778

租金（包含管理费）

专有面积

图 6.8 单房公寓宽敞度与租金之关系（分析结果）

	回归统计
重相关系数 R	0.778
重决定系数 R²	0.605
修正后的 R²	0.595
标准误	21730.4
观察值个数	42

	自由度	SS	MS	F	显著值
回归	1	2.897E＋10	2.897E＋10	61.35	1.3338E－09
残差	40	1.889E＋10	472208520		
合计	41	4.786E＋10			

	系数	标准误	t分	P-值	下限95%	上限95%
截距	13459	12758.47	1.05	0.30	－12327.14	39244.54
专有面积	3355	428.35	7.83	0.00	2489.51	4220.98

注：上表为使用 Excel 的分析工具"回归"所得出的结果。

租金＝ 3355 日元 /m^2× 面积（m^2） ＋ 13459 日元

从这个算式可知，持有25平方米的单间公寓时，租金行情为97340日元。

【重相关系数】

系统输出的名称听来吓人，但在简单回归中，重相关系数其实就是前面提到的相关系数。对其意义的解释，可参考下文谈到的决定系数来理解。

【重决定系数】

在简单回归中，就称为"决定系数"。将决定系数改成百分比之后就会展现说明能力，即在因变量的变异数当中，能以自变量说明的比例（回归式匹配的程度）。商务中可以将此简单理解为自变量能够说明的因变量的百分比是多少（更正确的说法是"自变量能够说明的因变量的变异数的百分比是多少"，但在商务中只要心里明白，就可以"睁一眼闭一眼地"按照正文中的简单说法来理解）。

从相关系数的平方，我们可以知道，数值会在0与1之间（0≤ R^2≤1）。在这个例子中，可知决定系数为0.6053，也就是60% 的租金变动能以面积来说明。

2-2 决定系数的意义：何谓说明力？

这里要用 Excel 的回归分析结果，说明决定系数的意义是什么，以供感兴趣的人参考。假设在回归分析之前有人提供数据，要麻烦你从 x 预测 y，你会怎么做？由于这时很难个别预测，因此要先用平均值预测 y。

这时要将 y 值减掉用作预测值的 y 的平均值将其平方加总（总平方和），作为实际值和预测的误差大小。这就相当于 Excel 回归分析结果表当中的变异数分析表变动合计〔在表6.9的回归分析结果之下，计算出平方和就等于这个数值（图6.8中，SS 的合计）；以上仅供参考〕。

另一方面，进行回归分析将直线套进去预测之后，误差就会缩小。这时，就要将预测值和实际值的差值平方和（残差平方和），当成使用回归分析后的结果误差大小。这就相当于 Excel 回归分析结果表当中的变异数分析表残差变动 SS 的残差解。也就是说，用 y 的平均值预测时，仅有残差平方和是无法说明的地方，换句话说，剩下的部分都已经被解释了。

如图6.9所示，决定系数就是原本的总平方和当中，能以回归直线说明的比率（也就是1减去无法说明的比率）。

决定系数 =1-（残差平方和 / 总平方和）

预测值和平均的差值平方和称为回归平方和，关系如下：

总平方和 = 回归平方和 + 残差平方和

因此，决定系数也可用以下算式表示：

决定系数 = 回归平方和 / 总平方和

表 6.9 R^2 的具体计算方法

	回归统计
R	0.778038
R^2	0.605343
修正后的 R^2	0.595477
标准误	21730.36
观察值个数	42

→变成 R^2 的平方

检查是否一致

	自由度	SS	MS	F	显著值
回归	1	2.897E+10	2.897E+10	61	0
残差	40	1.889E+10	4.722E+08		
合计	41	4.786E+10			

	系数	标准误	t统计	P-值	下限95%	上限95%
截距	13458.70	12758.47	1.05	0.30	−12327.14	39244.54
专有面积（㎡）	3355	428.35	7.83	0.00	2489.51	4220.98

数据编号	x	y	以回归式求出的 y 推算值	y 推算值 −y 平均值（a）	a 的平方	$y-y$ 的平均（b）	b 的平方
1	22.15	69000	87777	−22104	4.886E+08	−40881	1.671E+09
2	17.83	70000	73283	−36599	4.886E+08	−39881	1.591E+09
3	24	80000	92743	−17138	2.937E+08	−29881	8.929E+08
		94000	106600	−3281		25881	6.698E+08
40	40.04	170000	147803	37921	1.438E+09	60119	3.614E+09
41	42.82	178000	157130	47249	2.232E+09	68119	4.640E+09
42	30.2	169000	114787	4906	2.407E+07	59119	3.495E+09
平均	29	109000	109881	合计→	2.897E+10	合计→	4.786E+10

决定系数　2.897E+10　÷　4.786E+10　=　0.6053

図 6.8 R^2 的观念

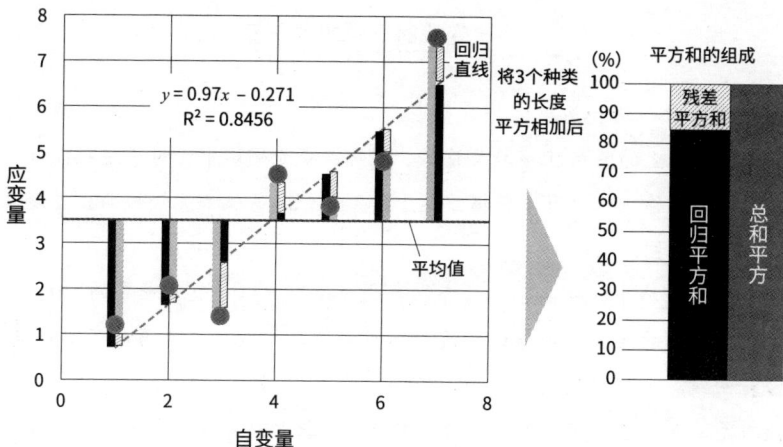

$y = 0.97x - 0.271$
$R^2 = 0.8456$

回归直线

将3个种类的长度平方相加后

平方和的组成

残差平方和

回归平方和

总和平方

应变量

平均值

自变量

图 6.9 散布图与简单回归分析

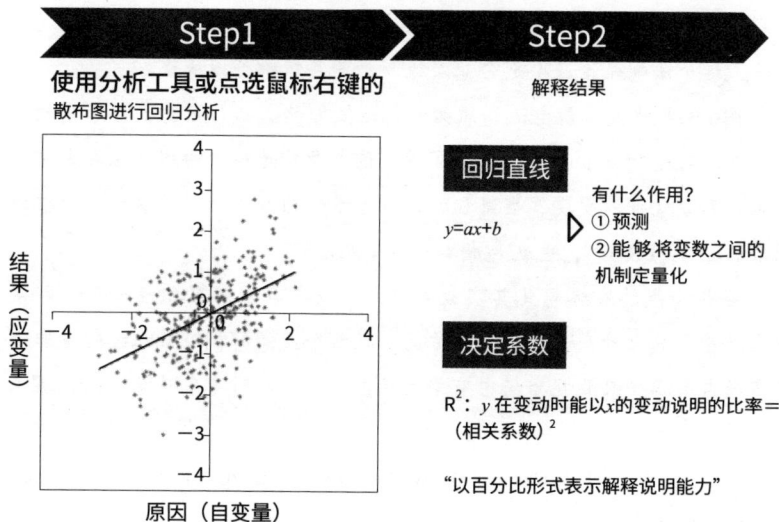

Step1

Step2

使用分析工具或点选鼠标右键的
散布图进行回归分析

解释结果

结果（应变量）

原因（自变量）

回归直线

$y = ax + b$

有什么作用？
① 预测
② 能够将变量之间的机制定量化

决定系数

R^2：y 在变动时能以 x 的变动说明的比率＝（相关系数）^{2}

"以百分比形式表示解释说明能力"

改变战略历史的散布图

因为散布图和简单回归分析在视觉上也浅显易懂，所以极为适合掌握事物本质上的关联性和因果关系。因此在商业领域中，对于规模经济和其他许多定律，只要有了数据，其中的大部分连各位都能轻松画出呈现其实态的散布图。

商业领域中的知名杂志《哈佛商业评论》曾以《改变世界的图表》[1]为题，从影响经营管理学的角度选出五种图表（成长／市场占有率矩阵、经验曲线、破坏性创新、五力、市场金字塔），其中的经验曲线是简单的散布图，而成长／市场占有率矩阵则是以经验曲线为基础，进一步运用散布图对企业业务进行分类的结果。

经验曲线是20世纪60年代波士顿顾问公司（BCG）发现的经验法则。每当累积生产量翻倍时，成本就会降低20%到30%。这意味着通过经验和学习的积累会提升熟练度，成本会因为改善生产线和其他诸多效应而逐渐下降，这个法则无论在个别企业层级或产业层级都可以成立。

图6.10是将太阳能电池、风力和其他能源的成本与累积设备容量的关系撷取对数进行标示而形成的散布图，这本身就是经验曲线。像在太阳能电池的部分就可以发现，当累积的设备容量变为两倍后，成本就变为接近原来的80%（PR）[2]，也就是成本降低了20%。

经验曲线的战略意义其实极为重大。成本会依照累积经验量（即累积生产量）的上升而下降；另一方面，既然企业间的相对累积经验量取决于市场占有率，只要在市场占有率上独占鳌头，面对竞争时就可以在成本

---

[1] "The ChartsThat Changed the World"，https://hbr.org/2011/12/the-charts-that-changed-the-world.

[2] PR（progress ratio）称为进步比例，指的是累积生产量变成两倍时的成本比。

层面上站稳优势。也就是说，从成本层面来看，以市场占有率为目标是很合理的。

比方说，假如面对竞争时常将市场占有率设定为对手的两倍，就算起跑点一样，由于累积生产量维持在对方两倍，面对竞争时成本就能维持低于对手20%至30%的水准。

经验曲线是成长／市场占有率矩阵的重要基础。第四章第三节介绍过，波士顿顾问公司所开发的另一个重要的图表就是成长／市场占有率矩阵，这也是将横轴设为相对市场占有率的理由之一。

成长／市场占有率矩阵将企业的业务依照相对市场市场占有率和成长率分成四类，以便管理。"金牛"业务创造的财富要投入"问题儿童"或"明星"当中，"瘦狗"则要关闭或售出业务。随着时间延长，"问题儿童"会变成"明星"或"瘦狗"，"金牛"有一天会衰退，变成"瘦狗"，这种情形下，就有可能以现金流量为中心发展业务的故事。

图 6.10 能源成本与累积设备容量的关系

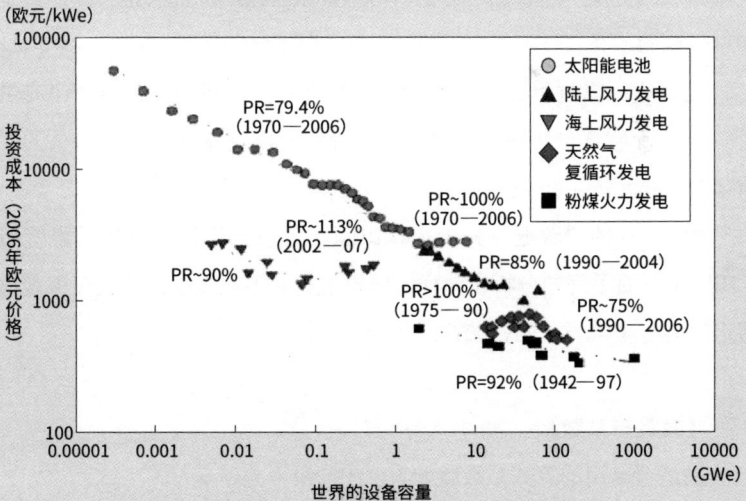

出处：http://www.greenx.at/RSpotdb/potdblong_term_cost_tech_change.php.

3 复回归分析（多元回归分析）

在前面公寓租金的简单回归分析案例当中，决定系数为0.60，也就是租金的变动中有60%可以用面积说明。现在我们就试着增加信息量，具体来说就是增加自变量的数量，以便让说明能力更上一层楼。

复回归分析要使用两个以上的自变量，目标是要说明想要厘清的现象。我们在第一章说过，分析的本质在于比较，而在分析时的一个关键是，除了关心的因素以外，其他的条件也要搜罗齐全。

然而，在以商务为首的活动中，除非是在能进行实验的状况下，否则要保证将其他条件搜罗齐全是很困难的。可以将复回归分析理解为这样一种方法，就是在无法将条件搜罗齐全时，通过运用算式，借由"假想"进行苹果对苹果的比较。

另外，通常因变量处理的是定量的连续数据，但也可以将二值定性变量当成因变量〔逻辑回归分析（logistic regression analysis）〕，比方是否通过了测验。

在这里，影响租金的因素除了面积之外，让我们加上两个自变量来看一下，就是离车站多远的"步行（分）"，以及建造后过了多久的"建筑年数（年）"。

用 Excel 的"数据＞分析工具＞回归分析"进行分析的结果就如表6.10所示。简单回归分析也一样，结果乍看之下很复杂，不过应该观察的重点只有三个地方（回归统计、系数、P 值）。

【截距与系数】

最适合套用的算式系数就如表6.10的最下方所示。

最下面的截距是一次方程式的常数项，还记载了各种变量的系数。由此可知回归直线为：

表 6.10 公寓租金的复回归分析

	回归统计
重相关系树 R	0.960
重决定系数 R^2	0.921
修正后的 R^2	0.915
标准误	9969.013
观察值个数	42

	自由度	SS	MS	F	显著值
回归	3	4.408E＋10	1.469E＋10	147.861	5.35175E－21
残差	38	3.776E＋09	9.938E＋07		
合计	41	4.786E＋10			

	系数	标准误	t统计	P-值	下限95%	上限95%
截距	112084.88	9925.82	11.29	0.00	91991.12	132178.64
徒步（分）	−2988.29	526.18	−5.68	0.00	−4053.49	−1923.09
专有面积（㎡）	1847.19	233.69	7.90	0.00	1347.11	2320.26
建筑年数（年）	−1639.26	149.52	−10.96	0.00	−1941.95	−1336.56

从这个算式可知，持有25平方米的单间公寓时，要从 A 车站徒步走5分钟，建筑年数为一年，考虑到时间距离和建筑年数，租金行情为141681日元。

通过这个算式可以发现，每多步行1分钟，租金就会便宜2988日元，另外，建筑年数每过一年就便宜1639日元。

【R^2】

通常，R^2跟简单回归一样称为"决定系数"，表示整个回归式的精确度和说明能力。决定系数可以用百分比表示，表示因变量的变异数当中，能以自变量变动说明的比例（回归式匹配的程度）。换句话说，就是代表自变量能够说明因变量到多少百分比的程度。

从相关系数的平方也可以发现，R^2的数值会在0与1之间（$0 \leqslant R^2 \leqslant 1$）。这个例子当中是0.92，也就是92%的租金变动能以面积、步行时间和建筑年数三者来说明。跟简单回归的60%相比，可知说明能力大幅提升。

【修正后的 R^2】

一般称之为"经自由度修正后的决定系数"。决定系数的特性在于，其数值随着自变量的数量增多而变大，假如有几个回归式可以当候补，就要考虑到自变量的数量，选择修正后的 R^2 更高的回归式。复回归分析时要选择的回归式不是依据决定系数，而要参考这个"经自由度修正后的决定系数"。

【P值】

Excel 当中是以"P值"表示，要针对各个系数计算，表明一个个系数是否具有统计学的意义（其实是0，但是由于样本关系，该值为0只是偶然的结果）。这个值又称为危险率，愈接近0就愈好，假如数值很大，就最好不要采用这个自变量。

P值一般来说以百分比（%）表示，假如比指定的概率（比方说 P 值 0.1＝10%）还要大时，就不要采用为自变量较好。

然而，10% 这个危险率标准并没有统计上的根据，只不过是习惯用来当作难以发生的概率标准。第五章也谈到从投掷硬币的实验当中，人类也觉得某种现象难以发生，就是其发生概率低于10%。

其实，这里用到了归谬法的观念。做法是建立（想要否定的）假说，宣称获得的自变量系数"其实是0"（即这个自变量没有意义），这么一来就会发生不合常理的事情，所以会判定原本的系数不是0，具有意义。具体来说 P 值是要表示在这个假定（想要否定，其实是0）下，观察到这次数据的概率。

3-1 导入定性变量（"qualitative variable"，又称为分类数据）的复回归分析

目前为止的分析涉及租金、面积和建筑年数的数值数据。结果，修正后的 R^2（调整自由度后的决定系数）为0.91，能够建立说明能力相当高的回归式，但这时会冒出一个念头，房间的方位（坐北朝南与否）不会影响租金吗？这种质性变量、类别数据该怎么挪用到回归式里呢？

质性变量能够借由"虚拟变量"（dummy variable）挪用到复回归分析当中。虚拟变数通常会取0和1的值，比方说想要导入"坐北朝南"的新变量时，具体做法就是通过以下的形式将数量数据化：

坐北朝南（坐北朝南＝1）
除此以外（坐北朝南＝0）

假如想要严格区分坐北朝南、坐南朝北和除此以外这三种类别时，该怎么做才好呢？这种情况下要准备两个虚拟变量。换句话说，就是要将"坐北朝南"和"坐南朝北"这两个变量区隔成以下类别：

坐北朝南时（坐北朝南＝1，坐南朝北＝0）
坐南朝北时（坐北朝南＝0，坐南朝北＝1）
除此以外时（坐北朝南＝0，坐南朝北＝0）

尽管为想导入"除此以外"这一变量的冲动所驱使，但由于"坐北朝南"和"坐南朝北"两者皆为0的时候就相当于除此以外，所以不必多

此一举。导入虚拟变量时，种类总是要比类别数少一个。

现在让我们从表6.11看看实际导入"坐北朝南"这一变量的结果。

由于自变量增加，就会发现 R^2（决定系数）为0.921，跟之前的模型一样，不过修正后的 R^2 则从0.915减少到0.913。也就是说，"不导入坐北朝南"这一变量，由更少的自变量构成的模型是更好的模型。

再者，"坐北朝南"这一变量的 P 值（危险率）为88%，远超过标准的10%，无法否定这个变量其实是0（没有意义）的假说。

思考"坐北朝南"是否会影响租金的想法确实难能可贵，但在这次的例子当中，可从计算结果发现加上"坐北朝南"意义不大，反而是不含这个变量的模型比较好。

表 6.11 公寓租金的复回归分析：追加"坐北朝南"的变数

	回归统计
重相关系数 R	0.960
重决定系数 R^2	0.921
修正后的 R^2	0.913
标准误	10099.931
观察值个数	42

	自由度	SS	MS	F	显著值
回归	4	4.409E+10	1.102E+10	108.04	7.1E−20
残差	37	3.774E+09	1.020E+08		
合计	41	4.786E+10			

	系数	标准误	t统计	P-值	下限95%	上限95%
截距	112251.20	10120.67	11.09	2.53161E−13	91744.8	132758
徒步（分）	−2991.14	533.45	−5.61	2.1381E−06	−4072	−1910.3
专有面积（㎡）	−1636.02	153.10	−10.69	7.2971E−13	−1946.25	−1325.8
建筑年数（年）	1843.80	237.89	7.75	2.904E−09	1361.79	2325.82
坐北朝南	−571.23	3918.12	−0.15	0.88	−8510.1	7367.64

表 6.12 公寓租金的复回归分析：以虚拟变数 1 和 2 追加 "坐北朝南" 的要素

	回归统计
重相关系数 R	0.960
重决定系数 R^2	0.921
修正后的 R^2	0.913
标准误	10099.931
观察值个数	42

	自由度	SS	MS	F	显著值
回归	4	4.409E＋10	1.102E＋10	108.04	7.051E−20
残差	37	3.774E＋09	1.020E＋08		
合计	41	4.786E＋10			

	系数	标准误	t统计	P-值	下限95%	上限95%
截距	111108.74	12081.18	9.20	2.53161E−13	86629.94	135587.54
徒步（分钟）	−2991.14	533.45	−5.61	2.1381E−06	−4072.01	−1910.26
专有面积（㎡）	−1636.02	153.10	−10.69	7.2971E−13	−1946.24	−1325.80
建筑年数（年）	1843.80	237.89	7.75	2.904E−09	1361.79	2325.82
坐北朝南	571.23	3918.12	0.15	0.88	−7367.64	8510.10

　　在虚拟变量的使用上，人们常常会问这样一个问题，那就是能不能不用0与1，难道用1和2就不行吗？问卷当中的选项似乎会安插这样的数值，所以人们提出上面的问题也并非没有道理。假如将"坐北朝南"设为1，"除此以外"设为2，会发生什么事呢？

　　我们就在表6.12实际计算一下。

　　跟前面的算式相比后可知，坐北朝南的系数与截距会变化，其他系数则完全相同。只不过，要解释系数时就会很难懂。设定为0与1的时候，立即就能发现坐北朝南的效应为"−571日元"，但在设定为1与2的时候，就必须要将（1）坐北朝南的效应减掉（2）除此以外的效应。实际计算一下571−571×2，再得出"−571日元"，拐弯抹角真是麻烦。使用虚拟变量时，还是设定成0与1就好。

3-2 哪种自变量的效应最强？

课堂当中学生经常问我："在一个以上的自变量当中，最影响结果的是哪个？"

我们来看看表6.13。这是用在日本出售的外挂软件"Excel统计"，将租金分析的结果再次拿来分析。做回归分析时也常用Excel标准功能以外的软件，所以这里我们就用Excel以外的结果作为参考。应该观察的重点是表6.13的三个地方（回归式的精确度、偏回归系数、P值），表格的其他部分就暂时放着不管。这里的自变量为"步行所需时间""专有面积""建筑年数"这三种，但到头来效应最强、最影响租金的是哪个呢？

刚开始学生经常回复的答案是："既然回归系数的绝对值是2988.29，那么效应最强的应该是步行所需时间吧？"各位是否也有一瞬间这样想呢？

这是回归分析当中容易掉进的陷阱，其实影响应变量的程度无法凭回归系数绝对值的大小来判断。只要依照以下思路去想，就可以轻易明白这一点。

接下来的结果，是以同样的步骤将步行所需时间换算成秒，而不是原来的分钟所获得的产物。既然只有单位改变，本质就会完全不变。只有步行的回归系数看得出改变，将原本的2988.29除以60，等于49.8（请参考表6.14）。

换句话说，假如数据的单位改变，回归系数就有可能在本质完全保持不变的情况下改变。因此，回归系数的大小关系也就有可能大幅改变。从比较来看，不是"苹果比苹果"，而是"苹果比橘子"。

许多统计软件会强制将单位统一（借由标准化将平均化为0，标准差化为1），同时呈现回归分析后的结果，以便能够比较系数。上述的结果当中，与此相当的就是"标准偏回归系数"（standardised partial regression coefficient）。从标准偏回归系数的绝对值比较结果可知，其实最影响租金的是建筑年数。

表 6.13 公寓租金的复回归分析（使用 Excel 统计时）

回归式的精确度					
复相关系数		决定系数		杜宾—瓦特森统计值（Durbin-Watson statistic）	赤池信息量准则（AIC，Akaike information criterion）
R	调整后的R	R²	调整后的R²		
0.9597	0.9565	0.9211	0.9149	1.8652	777.2044

回归式的显著性（变异数分析）					
因素	平方和	自由度	平均平方	F值	P值
回归变动	44083680660	3	14694560220	147.8605	0.0000
误差变动	3776486580	38	99381226		
整体变动	47860167240	41			

包含在回归式内的变数（偏回归系数、信赖区间等）

变数	偏回归系数	标准误	标准偏回归系数	偏回归系数的95%信赖区间	
				下限值	上限
徒步（分）	−2988.29	526.18	−0.26	−4053.49	−1923.09
建筑年数（年）	−1639.26	149.52	−0.59	−1941.95	−1336.56
专有面积（㎡）	1847.19	233.69	0.43	1374.11	2320.26
常数项	112084.88	9925.82		91991.12	132178.64

	偏回归系数的显著性检定			*: P<0.05	与应变量的相关		多重共线性的统计量	
	F值	t值	P值	**: P<0.01	单相关	偏相关	容忍值	VIF
徒步（分）	32.25	−5.68	0.0000 **		−0.36	−0.68	0.98	1.02
建筑年数（年）	120.19	−10.96	0.0000 **		−0.84	−0.87	0.72	1.39
专有面积（㎡）	62.48	7.90	0.0000 **		0.78	0.79	0.71	1.41
常数项	127.52	11.29	0.0000 **					

表 6.14 公寓租金的复回归分析（改以秒计算徒步时间）

变数	偏回归系数	标准误	标准偏回归系数
徒步（秒）	−49.80	8.77	−0.26
建筑年数（年）	−1639.26	149.52	−0.59
专有面积（㎡）	1847.19	233.69	0.43
常数项	112084.88	9925.82	

遗憾的是，Excel无法提供标准偏回归系数的分析结果，但可以从表6.13的t值的绝对值大小来掌握大致的趋势。t值的绝对值以建筑年数的10.96为最大，这与标准偏回归系数的分析结果相对应。

标准偏回归系数和t值都会透露影响力的大小，但不能马上告诉我们结果差异有多大，这也是事实。要观察对租金影响多大，最好从各个自变量数据的实际最大值和最小值，具体观察对结果的影响，这样会比较好懂。

图6.11 对各个自变量（最大值－最小值）的租金影响

专有面积（㎡）	58851日元
建筑年数（年）	63931日元
徒步（分）	35859日元

图6.11是运用各个自变量数据的实际最大值和最小值，呈现以另外的回归式计算出来的租金差了多少。从图中可知，建筑年数的影响最大，租金出现6.4万日元左右的差额。

3-3 样本数要多少才够？

课堂当中学生还常问一个问题："分析时要多少样本数才够？"首先，样本数（n）必须至少比自变量的数量（p）多出两个（n ＞ p ＋1），假如样本数比这还少，回归式就不能运算。

假如将简单回归分析画成示意图，像图6.5一样，或许就能轻易明白这一点。既然我们知道自变量的数量为一，那么样本数最少必须有3个。假如样本数只有两个，画出来的直线就一定会穿过这两点，回归分析本身就没意义了。

一般来说，样本数越多越好。假如数据的数量太少，回归分析的结果就会非常依赖每一个数据，回归分析的结果也可能会因为数据些微的变化而发生巨大变化。通常要是情况允许，样本数就必须在自变量数量的10倍左右。

3-4　预测能力要如何测量？

假如要从几道回归式当中挑最好的出来，不妨使用 Excel 的分析工具，从分析结果当中选择修正后的 R^2（经自由度修正后的决定系数）最大的。

不过，从商务当中的预测观点来看，实在很难了解 R^2 能以多高程度的精确度预测，这也是事实。比如以我们刚才用作案例的公寓租金的情况为例，听到部下报告"我们选了修正后的 R^2 为0.914的预测公式"之后，能够立刻想到预测误差的精确度的上司恐怕寥寥无几。

以租金的情况来说，借由比率掌握预测精确度会比较浅显易懂。在这里，我们试着用误差的比率来呈现预测的精确度。方法十分简单，只需将预测误差的绝对值除以实际数值计算比率，再算出平均。这个方法就叫作平均绝对误差率（MAPE，Mean Absolute Percentage Error）。

MAPE ＝ {｜以回归式计算的预测－实际数值｜ ÷ 实际数值}
　　　　的总数据平均

租金的例子当中，只要用最后选择的回归式（不考虑"坐北朝南"这个变量）计算平均绝对误差率，结果为7.4%。

表 6.15 简单回归下的 MAPE 计算范例

No.	实际的数据a	回归分析下的预测值b	误差c＝b－a	MAPE（＝c/a的绝对）
1	69000	87777	−18777	27.2%
2	70000	73283	−3283	4.7%
3	80000	92743	−12743	15.9%
4	84000	106600	−22600	26.9%
5	87000	91703	−4703	5.4%
6	116000	117572	−1572	1.4%
7	119000	101433	17567	14.8%
40	170000	147803	22197	13.1%
41	178000	157130	20870	11.7%
42	169000	114787	54213	32.1%
			平均→	15.1%

另一方面，刚开始只用到专有面积的简单回归，其平均误差率则为
15.1%，可见复回归分析会大幅提升预测精确度。现将简单回归下的平均
绝对误差率计算范例列出来，仅供参考（请参考图6.12）。

3-5　复回归分析之下的自变量挑选法

考虑到解释和说明的难易度，回归式尽量减少自变量，弄得简单点
会比较方便。挑选自变量的方法大致可分为两种：

①假说检验模式。
②探索模式（自动选取）。

建立关于因果关系的假说，经反复验证再选择变量的方法，就是模
式①的方法。单间公寓租金的案例用的就是这个方法。据此得到的回归式
不见得说明能力就最强，却拥有能让人轻易明白和说明为什么要采用那个
变量的特征。

模式②的方法一般称为逐步选取法（stepwise selection），是要投入所

有具备可能性的候选自变量，之后再通过软件以固定的标准选择最适合的模型。尽管据此得到的回归式说明能力很强，却难以说明为什么要采用那个变量。

上述两种方法都各有优缺点，实际上常用的却是自动选择变量。

R、SAS、SPSS 和其他统计软件，或是像"Excel 统计"这种 Excel 的市售插件，通常都有自动选取自变量的功能，会自动帮忙挑选变量。

遗憾的是，Excel 当中没有自动选取变量的功能，不过可以借由手动操作模拟进行变量选取。具体来说就是变量减少法，从蕴含所有变量的模型当中剔除（不适合的）变量。

【借由变量减少法自动选取变量（假定使用 Excel）】

①基于假说，选出待选的因变量和自变量。
②借由变数减少法锁定自变量。

●运用分析工具的相关系数，制作相关矩阵。为了防止多重共线性（"multicollinearity"，参阅书后附录），相关系数0.9以上的变量要在这个阶段之内，从自变量中排除（通常会留下原因类）。
●刚开始要使用所有的自变量，通过分析工具执行回归分析。
●从结果当中剔除一个 P 值最大的自变量，建立回归式，重复以上步骤直到自变量剩下一个为止。
●选择修正后的 R^2 最大的模型。
●验证：模型当中各个自变量的 P 值是否约略比10%还要小？

以前面的公寓租金分析为例，就是用上述的变量减少法，从列举为候选变量的步行所需时间、建筑年数、专有面积和"坐北朝南"当中，选择最适合的模型。刚开始要用所有变量进行回归分析。

就如表6.16所示，这个阶段当中P值（0.88）最大的是"坐北朝南"这一虚拟变量。要剔除"坐北朝南"这一变量，进行下一步的回归分析。第二个步骤当中，P值最大的是步行所需时间，要剔除这个变量再转到下一个步骤。在最后的步骤当中，以专有面积的P值最大，要剔除这个变量，单凭建筑年数进行最后一步的分析。

重复这道流程归纳结果后，就会变成表6.17。想挑最适合的回归式，就要在 Excel 使用修正后的 R^2（经自由度修正后的决定系数）。这样就会发现，变量有三个（步行、建筑年数和专有面积）的模型是最适合的，因为该模型调整后的 R^2 最高。

表 6.16 使用所有变数的回归分析（变数减少法的第一步）

	回归统计
重相关系数 R	0.960
重决定系数 R^2	0.921
修正后的 R^2	0.913
标准误	10099.931
观察值个数	42

	自由度	SS	MS	F	显著值
回归	4	4.49E+10	1.1021E+10	108.04	7.051E−20
残差	37	3.774E+09	102008604		
合计	41	4.786E+10			

	系数	标准误	t统计	P-值	下限95%	上限95%
截距	112251.20	10120.67	11.09	3E−13	91744.78	132757.63
徒步（分）	−2991.14	533.45	−5.61	2E−06	−4072.01	−1910.26
建筑年份（年）	−1636.02	153.10	−10.69	7E−13	−1946.24	−1325.80
专有面积（㎡）	1843.80	237.89	7.75	3E−09	1361.79	2325.82
坐北朝南	-571.23	3,918.12	−0.15	0.8849	−8510.10	7367.64

表 6.17 变数减少法的分析结果

步骤		修正后的R²	R²	徒步（分）	建筑年数（年）	专有面积（m²）	坐北朝南
1	所有变数	0.91261	0.92114	✓	✓	✓	✓
2	减少1个变数	0.91486	0.92109	✓	✓	✓	
3	减少2个变数	0.84664	0.85412		✓	✓	
4	减少3个变数	0.69160	0.69912		✓		

3-6　是预测，还是对因果关系的说明？

影响日本质量管理甚巨的统计学家爱德华·戴明（W. Edwards Deming）说过下面这段话："统计学家唯一的作用就是预测，以便人们借由它赋予行动以依据。"（"The only useful function of a statistician is to make prediction, and thus to provide a basis for action."）

回归分析的目的大致可分为两种。一种就是戴明所说的"预测"，另一种则是以定量方式"说明"因果关系，这是与行动相连接的。很多时候人总要得到了因的说明才会心悦诚服，回归分析的结果也动辄用在因果性说明上。

然而，从结论来说，假如大家不想撰写论文来呈现因果关系，而是要在商务语境下运用回归分析，我建议大家要把主要目标放在预测上（请参考图6.12）。以下将分述这样做的三大理由：

首先，通过回归分析会发现的终究不过是变量之间的共变与相关，但大家要注意，这些不见得就是因果关系本身。前面介绍过，夏季冰激凌和啤酒的销售额呈高度相关。假设要运用这种相关关系，则从回归分析可以得出以下的算式：

$$冰激凌的销售额 = \alpha \times 啤酒的销售额 + \beta$$

图 6.12 适合回归分析目标的程度

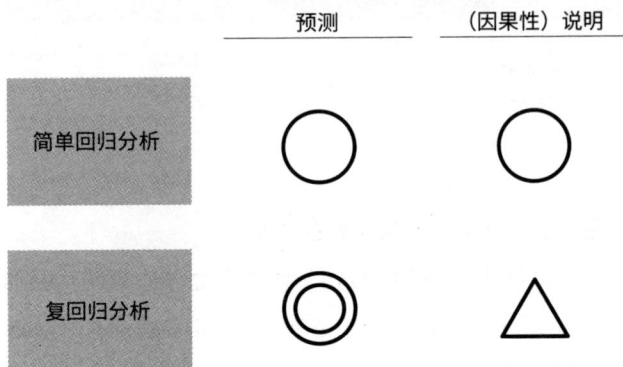

	预测	（因果性）说明
简单回归分析	○	○
复回归分析	◎	△

注：通常自变量之间会有相关，制作模型时需要留意。

　　这个算式本身把啤酒的销售额用来预测冰激凌的销售额，这一点完全没有问题。

　　另一方面，如果想将这则算式用在行动上以增加啤酒销售额，在此瞬间，就会发生奇怪的事情。为了增加啤酒的销售额，认为扩大销售冰激凌就可达成此目的的想法显然无法成立。之所以如此说，是因为冰激凌和啤酒的销售额没有直接的因果关系，两者的相关仅仅是由于气温这个第三因子跟双方都有因果关系。

　　第二个理由是书后附录记载的"多重共线性"问题。在用它来预测自变量时，想不到多重共线性也没关系；但在用来做因果性说明时，就不能忽视它的存在。

　　那是因为，在有多重共线性的情况下，偏回归系数的计算结果就会变得不稳定（只要数据稍有不同，系数就会大幅变动），甚至导致系数前面的正负符号都会因为数据略有差异而发生转换。如此一来，对该使用什么方法才能得出结果，就会茫然而不知所措。

第三个理由涉及自变量之间的关联性。其实，在有一个以上自变量的情况下，自变量之间往往会有相关抑或实际的因果关系。因此之故，单凭回归分析的结果，就常常难以判断哪个变量会造成何种因果效应。不难想象，随着自变量数量的增加，掌握这份关联性就会变得极为困难。

复回归分析算式的系数，表示的是某个自变量独立对因变量产生的效果（在其他变量不变的前提下）。实际在商务中能观察到的数据与研究室的实验不同，自变量之间往往相互相关，自变量增加得越多，要解释回归式的系数就越难。对于使用具体数字的实例感兴趣的读者，烦请参阅卷末的附录。

从这三个理由来看，姑且不论为证明因果关系而精心准备的实验，在商务相关的回归分析中，奉劝大家要选择适合的对象来预测。合适的标准就是，即使对如此这般的系数的解释不注意也没关系。

3-7　复回归分析的威力

【说明的威力：反思学习法有效吗？】

各位记得第一章介绍过的反思学习法吗？

近年来，反思学习（学到的东西要在自己脑中思考和整合）的重要性受到强调。我在商学院执教时，也会建议学生在上课后不断反思学习内容，还会强烈劝说他们通过邮件群组跟其他学生分享，或是在由学生组成的同好读书会和其他场合当中互相传授，而不只是一个人反思。

然而，这种反思和分享的学习方式真的有学习功效吗？我们就来看看表6.18的分析内容，实际为现场反思的功效做复回归分析。

表中的例子是印度的威普罗公司（Wipro Limited, Western India Products Limited）。这家公司会提供商业流程委外（BPO, Business Process Outsourcing）服务给全球企业，承办的业务有客户支援、数据输入和处理等。为了提供适合西欧互联网企业的服务，公司针对新人实施以下三种模式的技术研修：

表 6.18 反思的结果

	模型 1				模型 2			
	系数	标准误	t值	p值	系数	标准误	t值	p值
年龄	−1.392	0.455	−3.1	<1%	−1.024	0.413	−2.5	<5%
性别（虚拟变量）	−4.795	3.509	−1.4		−3.910	3.214	−1.2	
以前的业务经验（月数）	0.171	0.057	3.0	<1%	0.135	0.052	2.6	<1%
反思（虚拟变量）					15.076	2.882	5.2	<0.1%
反思＋共享（虚拟变量）					16.549	2.987	5.5	<0.1%
常数项	100.259	11.033	9.1	<0.1%	80.459	10.505	7.7	<0.1%
样本大小		144				144		
调整自由度后的决定系数		0.065				0.259		

注：平均分数为 66.1 分。

出处：Giada Di Stefano et al. (2014) "Learning by Thinking: How Reflection Aids Performance," Harvard Business School Working Paper.

①纯研修，其他什么都不做。

②实行反思。

③反思＋与别人分享。

这里要通过复回归分析评估实施研修的效果。

具体来说，反思是在研修后拨出15分钟来进行。讲师要求反思分享小组"就主要学了什么，至少写两项内容"，再向其他参加者口头说明反思的内容。

因变量就是在训练结束时的小测验中所得的实际成绩，满分为100分。

年龄、性别、以前的经验、是否反思和分享，则被用来当作自变量。在这里，要针对是否有反思和分享，使用前面说明过的"虚拟变量"。

从结果表可知，反思和分享的相关效用分别为：全体学生的平均分数为66.1分，实行反思后会提升约15.1（取自系数）÷66.1＝22.8%；而再将反思的内容分享时，则会提升约16.5（取自系数）÷66.1＝25.0%。

【说明的威力：品酒方程式赢得了品酒评论家吗？】

现在来谈谈别的话题。各位喜欢红酒吗？

法国波尔多是世界知名的红酒产地。波尔多产的红酒在酿造没多久时涩味强烈，不过涩味会随着时光流逝和熟成[①]而消失，变得可口。因此，不只是低年份的洋酒，熟成几十年的洋酒也是频繁交易的对象。然而其价格就如图6.13所示，会依年份而大为不同，无法避免某一年制造的洋酒是否会有升值空间这种投机性要素。

一般来讲，酒的品质由著名品酒评论家鉴定，他们进行试饮，通过"鼻子"预测该年份的洋酒是否具有前景，但是说到底，他们还是不知道影响洋酒价格的是什么。

普林斯顿大学的经济学家奥利·艾森菲特（Orley Ashenfelter）尝试挑战传统的红酒品鉴方式。他在"产地的气候会影响价格"这一假说下，运用复回归分析建立洋酒价格的预测公式（品酒方程式）[②]。

---

① 其实是通过"呼吸"而产生的效果，红酒一般储存在橡木桶中，通过和外界有限的交换而去掉原有的涩味。——译者注

② Orley Ashenfelter(2008), "Predicting the Quality and Prices of Bordeaux Wines," *Economic Journal* 118(529): F174-F184.

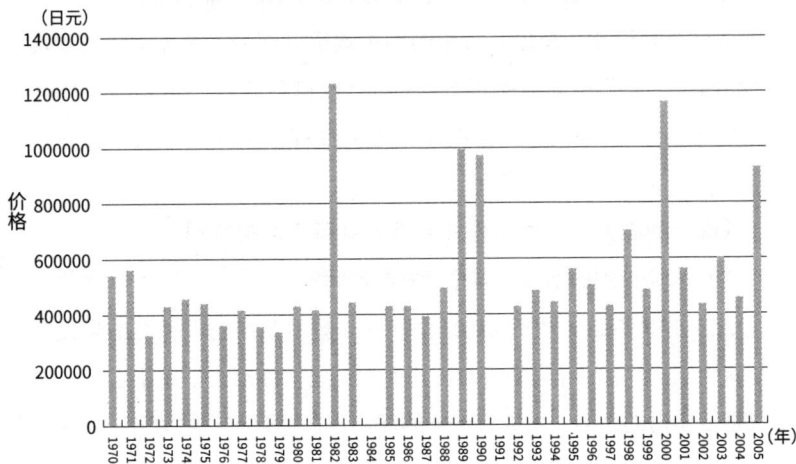

图 6.13 波尔多产柏图斯酒庄（Château Pétrus）
红酒在不同酿造年份的价格示例（750 毫升瓶装）

洋酒的相对价格 log（该年产的洋酒平均价格／1961 年产的洋酒
平均价格）

＝ 0.0238× 洋酒的年份＋0.616× 平均气温（4 至 9 月）－
0.00386× 雨量（8 月）＋0.001173× 雨量（前一年的 10
月至来年 3 月）－ 12.145

决定系数 R^2 ＝ 0.828

※ 葡萄为洋酒原料，收获时期为9至10月。

从分析结果可知，洋酒的相对价格取决于洋酒的年份、洋酒制造年
葡萄成长期间的平均气温、采摘前不久的雨量，再加上前一年冬季期间的
雨量，这些几乎可以说明80%的价格变动。

这条预测公式在1990年当时被知名的品酒评论家罗伯特·帕克（Robert M.Parker, Jr.）评论为"荒谬可笑"（ludicrous and absurd）[1]。然而，当时艾森菲特使用品酒方程式进行的两项预测却指出：

①虽然罗伯特·帕克对1986年的洋酒给予高评价，实际质量却平平无奇。

②1989年的桶装酒连评论家都没有尝过，实际质量却相当优异。

从图6.13也可以看出其先见之明，于是复回归分析的精确度就获得世间的认可了。

---

① "Wine Equation Puts Some Noses Out of Joint," *New York Times*, Mar. 4, 1990.

从逻辑回归分析看航天飞机事故

在复回归分析中，通常是将定量连续数据当成因变量来处理，但也可以将两个定性变量当成因变量（逻辑回归分析），例如是否通过测验，进而计算发生概率。

尤其在医疗领域中，为了评估治疗效果，更常使用逻辑回归分析，将类似"生存／死亡""是／否发作"这样的变量当作因变量。

这里要以逻辑回归来分析我们在第一章谈到的航天飞机事故。使用逻辑回归分析之后，就可以运用算式算出 O 形环发生问题的概率。所用的数据是发射升空23次的记录，就如表6.19所示。因变量用的是发生问题（1）和没发生问题（0），自变量用的则是当天的气温（℃）。

遗憾的是，Excel 没有逻辑回归分析的功能，这里是用市售的外挂软件"Excel 统计"查看结果。

算式当中会出现少许自然对数（In, exp），烦请各位假装没看见，稍微忍耐一下。这里是以 p 为概率。

$$\ln\left(\frac{p}{1-p}\right) = -0.403 \times \text{气温}(℃) + 7.29$$

将这个算式改写成概率的形式后，就会变成以下算式：

$$p = \frac{1}{1 + \exp\left(0.403 \times \text{气温}(℃) - 7.29\right)}$$

将发生意外当天的温度10.6℃代入算式后，就会算出发生问题的概率为99.9%。从逻辑回归分析就可以预测出，发生事故几乎是不可避免的。

逻辑回归分析能够像这样计算现象的发生概率，也可以应用在商业经管领域，例如通过分析顾客面对特定的营销措施时是否有行动等情况，来预测每个顾客的反应。

表 6.19 航天飞机发射升空时的温度与 O 形环发生问题时的状况

发射升空	接缝的温度（℃）	O 形环是否发生问题
STS-1	18.9	0
STS-2	21.1	1
STS-3	26.7	0
STS-5	20.0	0
STS-6	19.4	0
STS-7	22.2	0
STS-8	22.8	0
STS-9	21.1	0
STS 41-B	13.9	1
STS 41-C	17.2	1
STS 41-D	21.1	1
STS 41-G	19.4	0
STS 51-A	19.4	0
STS 51-C	11.7	1
STS 51-D	19.4	0
STS 51-B	23.9	0
STS 51-G	21.1	0
STS 51-F	27.2	0
STS 51-I	24.4	0
STS 51-J	26.1	0
STS 61-A	23.9	1
STS 61-B	24.4	0
STS 61-C	14.4	1

4 建模：以演绎法将关系化为算式

4-1 费米推论

依靠回归分析将关联性化为算式，是一种在实际数据的基础上以归纳的方式描述其背后关联性的方法。与此相对，建模则是一种以演绎的方式（无论何时都必定成立）将关系化为算式的方法。

有一些问题，我们无法马上一眼看穿结果，比如"芝加哥的钢琴调音师人数有多少？""日本的电线杆有多少根？""日本每年销售多少辆新车？"通过已知数字的组合来推测这类无法一眼看穿结果的数字，这种方法被称为"费米推论"，它无非是一种建模。

让我们在这里再次引用第一章介绍过的爱因斯坦名言："假如你没办法简单说明，就代表你了解得不够透彻。"（"If you can't explain it simply, you don't understand it well enough."）

建模是以模型的形式简单呈现乍看之下复杂的商业机制，也可以说是一种对商业本质深入骨髓的把握。

其实上面提到的"芝加哥的钢琴调音师人数有多少？"这个知名的问题，是由诺贝尔物理学奖获得者恩里科·费米（Enrico Fermi，1901—1954）在上课时对学生提出来的。他曾经在芝加哥大学开发出世界第一座核反应炉。

据说费米对一脸迷茫的学生们，就应该如何估算钢琴调音师的人数，做了如下的说明[1]。

---

[1] http://www.grc.nasa.gov/WWW/k-12/Numbers/Math/Mathematical_Thinking/fermis_piano_tuner.htm.

图 6.14 钢琴调音师的建模

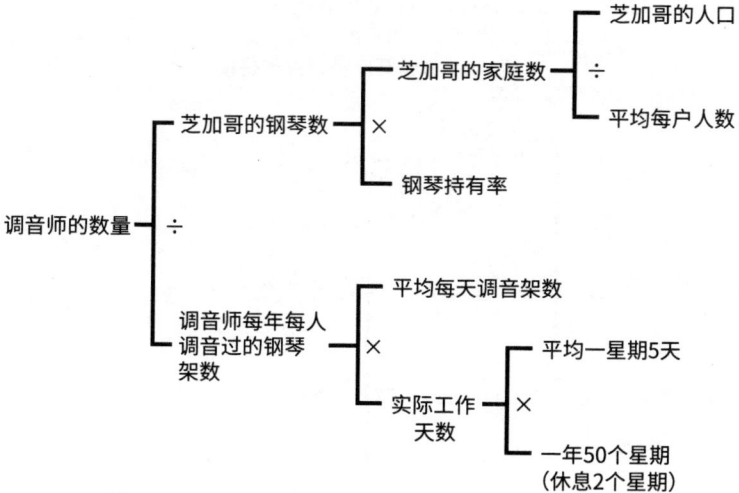

①芝加哥的人口为300万人。

②假设平均每户家庭有四口人，芝加哥的家庭数就是75万户。

③假设每五户家庭就有一户拥有钢琴，则芝加哥有75万 ÷5＝15万架钢琴。

④钢琴平均每年要调音一次。

⑤假设调音师在工作日每天调音4架钢琴，夏天休假两个星期，则每年调音的钢琴架数就有4架 / 天 ×5天 / 星期 ×50星期＝1000架。

⑥因此调音师人数为15万架 ÷1000架＝150人。

虽然计算相当粗糙，却能够由马上可以查出的数字和几个前提推导出答案。或许误差会高达好几倍，但我们无法想象调音师的数量可能是15人或1500人。也就是说，精确度恐怕没有到误差10倍的程度。

我们往往容易陷入"没有信息就无法思考"的状态，但可以将已知的数字组合起来，通过数字推论许许多多的事情。

图 6.15 外食餐厅销售额的建模

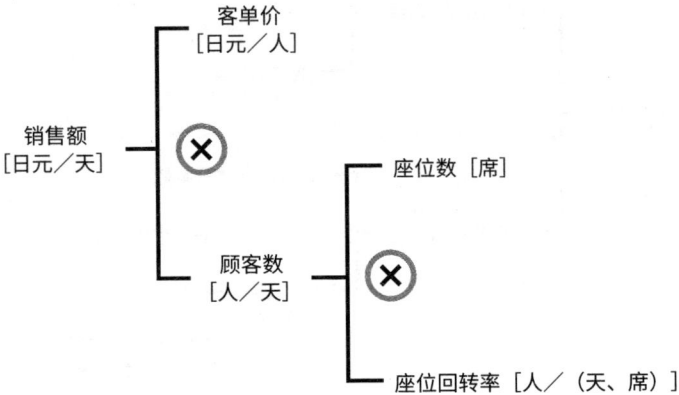

就如图6.15所示，将关心的结果分解成简单的算式形式，像"销售额＝顾客数 × 客单价"，就叫作建模。建模还可称为"因子分解"。

建模这一思考方法是以简单的方式把握乍看之下复杂的现象，通用度相当高，能够应用在这些情况上：

①能够从商业机制、获利结构和其他多种角度掌握情况。
　→重新审视和发现相关产业的机制和特性，采取必要的措施。
②能够活用在预测和敏感度分析（sensitivity analysis）当中。
　→能够活用在运营资源的分配、风险管理和重新建立商业模型等
　　用途上。

比方说，原则上几乎所有的生意都要贩卖某些服务和产品给用户，但在开始做生意之前，必须要思考整体的市场规模究竟有多大之类的问

题。根据思考和调查的结果，能大幅改变商战所需的规模，进而大幅改变所需的资源大小。

在此情况下，第一个会想到的是，是否在哪里有关于市场规模的调查数据。然而，已经有官方数据的市场，还是将其视为某种程度上的成熟市场比较好。通常各位需要面对的恐怕是新市场，也就是没有官方数据的市场。在这种情况下，也可以通过使用建模、费米推论，大略估计市场规模。

在这里，想象我们正在经营餐厅，尝试凭借简单的建模，条理分明地思考应该采取什么行动来增加销售额。下面我们就来挑战一下。

各位假设自己是某餐厅的店长。最近销售额持续低迷，该如何提升销售额的问题让你烦恼不已，于是决定通过建模来思考一下是否有行动的方向。

餐厅的销售额可以分解成各种形态的算式，这里把建模的重点放在顾客和设备当中的座位数上。算式的形态五花八门，但无论哪个业态在观察销售额时都一定会有关键的数字（以外食业为例就是客单价），想要妥善建模就必须掌握这种数字。

每日销售额可以从客单价①这个平均每人一次的用餐金额用乘法计算出来，另外，每日顾客人数则可以从每个座位一天有几个人坐下来吃饭（座位回转率，即翻台率）乘以座位数计算出来。

虽然是简单的模型，但从左往右浏览之后，就会发现想增加销售额，就只能是或者增加客单价或者增加顾客数，此外别无他法。

再进一步分析。我们知道要增加顾客人数，就只能或是增加平均每家店里的座位数，或是提高座位回转率，尽量让更多的人用餐。座位数取决于开店时的设备，不太可能马上增加，所以要想在当下提高

---

① 日常生活中，一般用"人均消费"这个词。——译者注

销售额，就要从模型当中锁定以下两件事，思考具体的行动（请参考图6.16）：

图 6.16 从模型导向行动

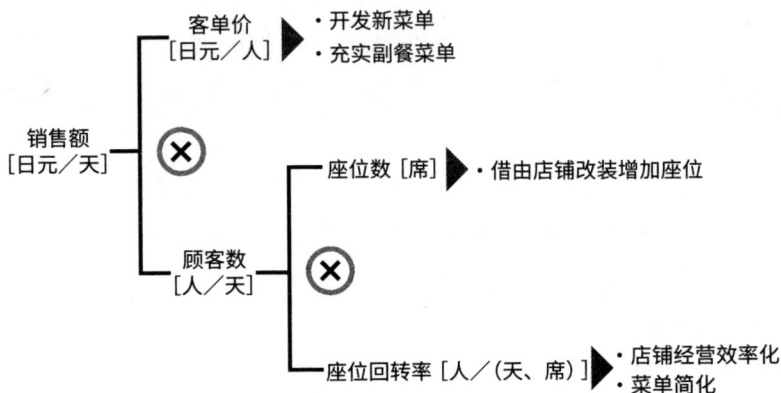

①提高客单价。

②提高翻台率。

比方说通过开发新菜单来拉高客单价，或是全面建立系统和操作手册以追求服务效率，设想该采取什么行动以提升座位回转率。通过建模我们可以具体看到，为增加销售额采取何种行动为宜。

从建模可以发现类似这种增加销售额的行动方向，那么在综观整个餐饮行业时，要怎么选择实际方针呢？我们就从图中来看看吧。

图6.17的散布图呈现的是依照实际餐饮行业的业态划分的客单价与座位回转率的关系。从图中可知，实际上很难同时提升客单价和座位回转率，而不得不锁定其中一个方向去做，看是要像晚餐餐厅一样专心拉高客单价，还是像快餐店一样提升座位回转率。

图 6.17 座位回转率（人／天）

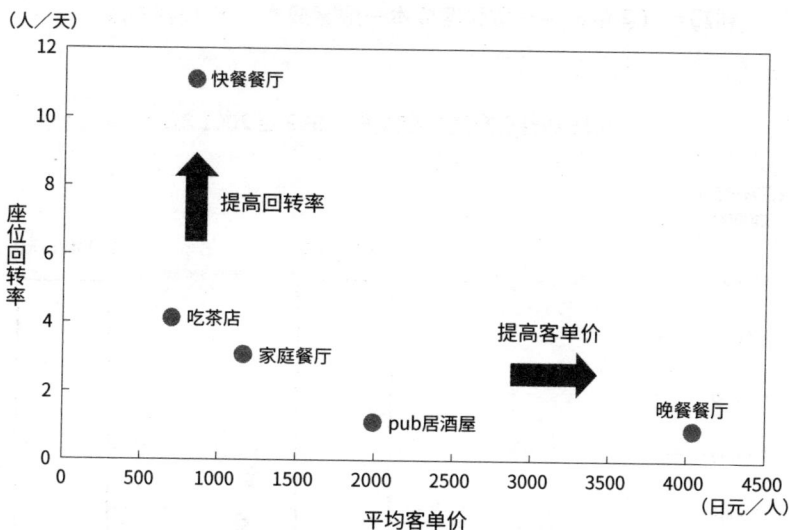

出处：作者根据《外食产业经营动向调查报告书》（2013 年 3 月）制作而成。

4-2　通过利润方程式思考创造利润的方法

商业中的终极之问，可以说用"要怎样做才能有利可图？"这一句话就能概括无遗。那么，要如何行动才能创造利润呢？在这里，有个再简单不过的方法，就是通过简单建模，用因子分解来试着思考。这种建模、分解方法的名称就叫作利润方程式。

比方说，接下来的两个模型双双以利润为目标。第一个算式是一种着眼于商品数量的模型，第二个模型则是以顾客为单位加以汇整，舍弃细节，同时聚焦在对利润敏感度高（看起来影响很大）的因素上。

利润＝（售价－变动成本）× 销售数量－固定成本

利润＝（客单价－获取顾客成本－顾客成本）× 顾客人数

图 6.18 改善日产汽车的利润（1999 至 2001 年）

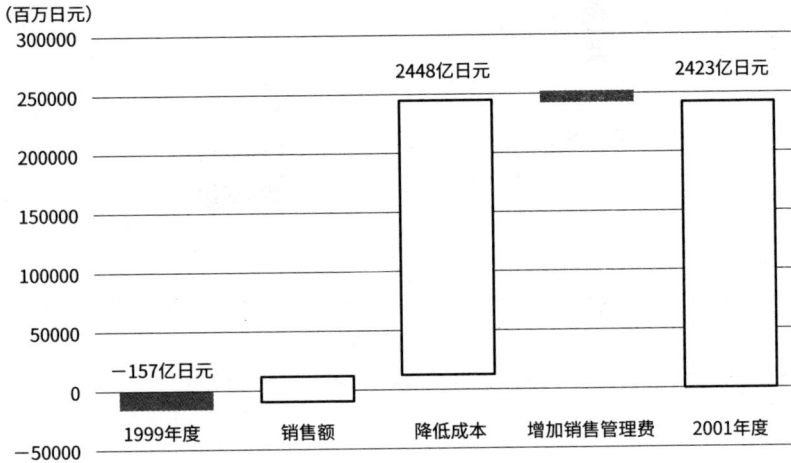

（百万日元）

出处：作者根据 SPEEDA 制作而成。

对于"为提高利润，应该控制何种要素？"这个问题，这两个模型都以极为简单的方式进行了表达，呈现了乍看之下复杂的商业的本质。比方说使用第一个模型之后，就更能明白2000年起在卡洛斯·戈恩（Carlos Ghosn）的带领之下展开的日产复兴计划，是如何让利润达到急速的 V 型复苏的（请参考图6.18）。

日产汽车1999年度的营业净利为157亿日元的赤字，两年后的2001年度则大幅改善，获得2580亿日元的利润，在弥补历年亏损后，还创造出2423亿日元的净利。我们发现在复兴计划之下，2002年为止的购买成本跟1999年相比削减了20%（通过缩减半数供货商和其他各种措施），借由降低成本改善利润的效果极为显著。

现在让我们一起看看第二个模型。它以胜间和代女士的"胜间版'创造利润的方程式'"为依据，探讨了增加利润与其所需行动之间的关系。

从第二个模型可知，增加利润的方法能够归纳为以下四点：

图 6.19 超市的建模

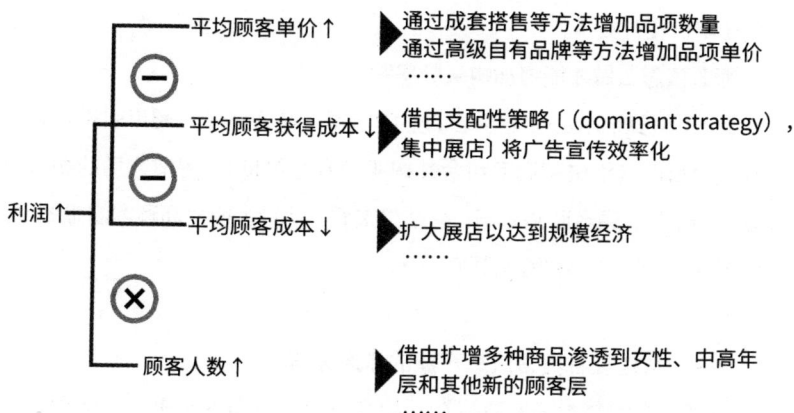

①增加顾客单价。

②减少顾客获取成本。

③减少顾客成本。

④增加顾客人数。

现在我们就运用这个模型想一想，各位周遭的连锁超市该采取什么行动来提高利润（请参考图6.19）。要提升平均顾客单价，就要增加每次购物买进的品类数量（品项数量），或是增加每件产品的单价（品项单价）。请从这些方向去思考。

超市该怎么做才能增加品项数量（让顾客多买一种产品）？比方说，

看看收银台旁边都有些什么样的商品呢？那里会陈列用零钱就能支付的甜点、填饱肚子的油炸食品和其他所谓的柜台商品，让人忍不住购买。

另一方面，想增加品项单价时该采取什么行动呢？比方说我们来看看超市的 PB（private brand，自有品牌）。通常说到自有品牌的卖点，就是可以用低于全国性知名品牌的价格购买相同的东西，但是超市的自有品牌，像是"SEVEN GOLD"的情况，反而是坚持质量，投入的商品线方向是让单价提升更多。

那么该怎么做才能增加购买频率呢？

2013年日经 *TRENDY* 杂志的热门冠军为超市咖啡。超市引进现煮咖啡有几个目的（借由利润率和合并购买提升客单价）。习惯饮用的咖啡跟其他商品相比，顾客回头率高，从结果来看，就是企图提高顾客的忠诚度，也可望提升光顾频率和购买频率。

4-3 从建模看美日汽车产业的作风差异

东京大学的藤本隆宏教授在《构筑能力的竞争》一书中，运用建模化说明美日两国汽车产业提升产能的作风差异。这里就来介绍一下相关内容（请参考图6.20）。

现在要衡量汽车生产工程当中的产能。产能是单位时间的生产量，能够借由以下形式化为算式：

$$产能 = \frac{生产量}{劳动时间}$$

然而，劳动时间都会用在汽车生产上吗？未必如此。实际上无论再怎么努力，都会产生某种意义上的虚耗时间，对生产没有直接贡献。比方说，以下的时间就包含在内：

故障时间（设备故障导致无法运转）

更换工序时间（更换产品种类导致生产线停止运行）

待机时间（等待零件导致工人无法操作）

图 6.20 借由模型化衡量汽车产业的劳动产能

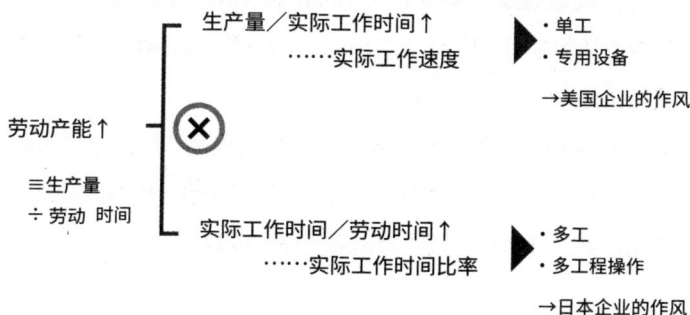

我们在这里将排除上述虚耗时间之后的工作时间称为"净工作时间"。这样一来，前面的产能就能分解成以下形式：

$$产能 = \frac{生产量}{实际工作时间} \times \frac{实际工作时间}{劳动时间}$$

这个公式可以解释为，其中的前项（生产量 ÷ 实际工作时间）代表"实际工作速度"，而后项（实际工作时间 ÷ 劳动时间）则代表"实际工作时间比率"。由此可知，要提升产能可以采取两种行动，那就是在模型当中提升"实际工作速度"或提高"实际工作时间比率"。

该怎么做才能提升"实际工作速度"？比方说，这时需要借由导入单工化（mono-tasking）和专用设备，让工人能够专心做一项工作，以提高生产线的速度，从而加快生产速度。这正是美国汽车厂商采取的做法。

另一方面，若要提高"实际工作时间比率"，则需要采取什么样的行动呢？这些方式与前面恰恰相反，要借由"一人多能化"让一个工人做完好几件工作，或是通过一人多工程（multi-process handling）负责好几道工序，减少虚耗的时间。这种以"丰田生产方式"为代表的方法正是日本汽车厂商的做法。

从模型中可知，照理说无论哪种做法都能提高产能，不过实际上二战后的美日汽车厂商"从丰田生产方式的成果当中也可以明显看出，至少在产能方面后者（日本）的做法会创造更高的成效"。

4-4 从杜邦分析（Dupont analysis）看美日欧净资产收益率（ROE，Return On Equity）差异的原因

净资产收益率是经常用在企业获利分析的指标之一，能够表示股东持有股数的股东权益会提升多少利润，因此又称为股东权益收益率。虽然知道日本企业的净资产收益率比欧美企业低，不过我们要借由建模分析其原因。

给净资产收益率做因子分解时，经常会以杜邦公司（DuPont）在用的杜邦分析模型为例。就如图6.21所示，分析前会分解成销售利润率、总资产周转率和财务杠杆。其中的财务杠杆是企业如何调度用在商务上的金钱（善加活用负债），总资产周转率是能否有效活用资产提高销售额，销售利润率则是在经营事业时有没有重视利润率，以上三者会当成指标来表示。

从图表中可知，日本企业2012年的平均净资产收益率为5.3%，较

美国企业的22.6%和欧洲企业的15.0%略低。通过模型化可以看出，净资产收益率的不同主要产生于销售利润率的差异。

图 6.21 杜邦分析

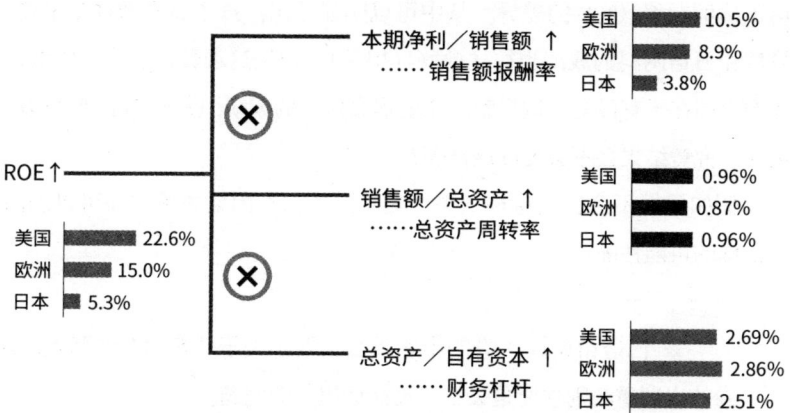

本期净利／销售额 ↑
……销售额报酬率

美国	10.5%
欧洲	8.9%
日本	3.8%

ROE↑

美国	22.6%
欧洲	15.0%
日本	5.3%

销售额／总资产 ↑
……总资产周转率

美国	0.96%
欧洲	0.87%
日本	0.96%

总资产／自有资本 ↑
……财务杠杆

美国	2.69%
欧洲	2.86%
日本	2.51%

出处：作者根据经济产业省经济产业政策局"企业与投资人期盼的关系架构"专题资料制作而成。以 2012 年全年为基础，金融不动产除外，对象为 TOPIX500、S & P500、Bloomberg European 500 企业。

章末问题

1. 下图是2013年实施的日本全国学力暨学习状况调查结果，依照对"每天是否吃早餐"这个问题的回答划分群组，观察其日语和算数测验平均正确解题率（%）的差异。从中可以明显看出，孩子愈是乖乖吃早餐，算数和日语两科的成绩也往往愈好（相关）。根据这项数据，孩子成绩好坏的原因在于有没有摄取早餐。想要提高孩子的成绩，就该推行"吃早餐"运动。究竟结果会不会变成这样呢？

假如觉得不会出现这种结果，其原因为何？因果关系方面可以想出什么样的可能性呢？

※ 日语和算数 A 卷的出题重心主要是关于"知识"的问题，B卷的出题重心则主要是关于"灵活运用"的问题。

图 6.22 "每天是否吃早餐"的平均正确解题率之差异

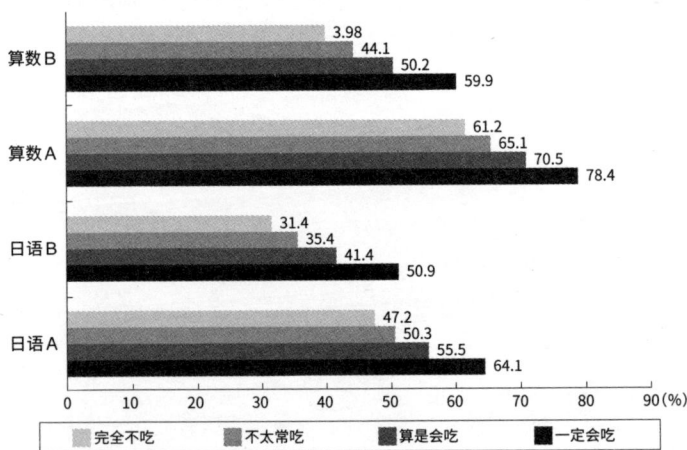

2. 日本加油站的数量有多少家？请运用建模（费米推论）想一想。

总结

感谢各位读者看到最后。

假如大家能够通过这本书，从开头说明的矩阵当中，选择"喜欢和擅长数字"，稍微贴近"数字乐园"所在地的那个象限，我也会十分开心。

结尾的图是以这本书的精华归纳而成，麻烦各位一定要想想能否用自己的话重新说明。最后我要再次引用爱因斯坦的话：

"假如你没办法简单说明，就代表你了解得不够透彻。"

愿数字的力量与各位同在。May "numbers" be with you!

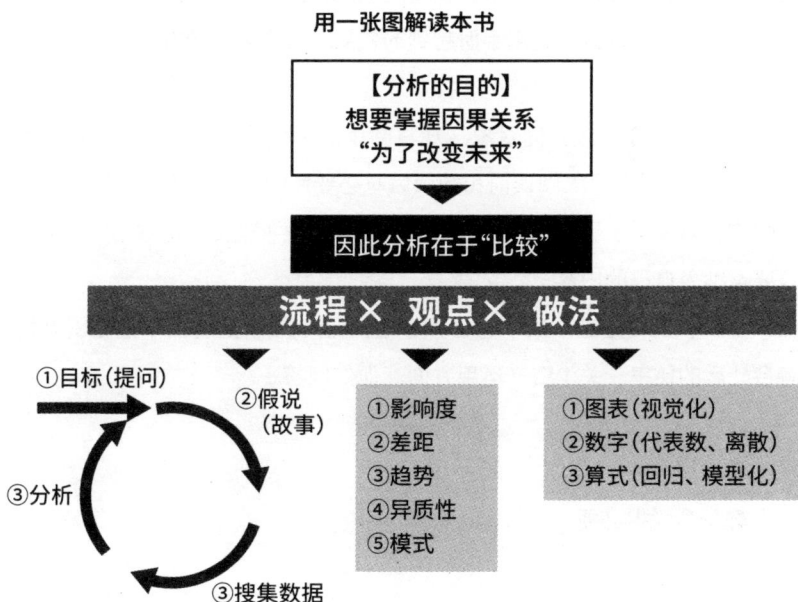

用一张图解读本书

```
        ┌─────────────────────────┐
        │    【分析的目的】        │
        │   想要掌握因果关系       │
        │    "为了改变未来"        │
        └─────────────────────────┘
                    ▼
        ┌─────────────────────────┐
        │   因此分析在于"比较"     │
        └─────────────────────────┘

        流程 ×  观点 ×  做法
```

①目标(提问)

②假说(故事)

③分析

③搜集数据

①影响度
②差距
③趋势
④异质性
⑤模式

①图表(视觉化)
②数字(代表数、离散)
③算式(回归、模型化)

章末问题解答范例

第一章 解答范例

1．关于资产运用必要性的广告应以何为课题？

虽然说"分析就是比较"，但从"想要传达的信息"逆推，比较的是什么就非常重要了。这则广告想说的是，"阅读奖金运用手册→发现资产运用的必要性"存在因果关系。就使人们意识到资产运用的必要性这一点而言，假如要展现奖金运用手册起到的效果，就需要比较有奖金运用手册跟没有的差异。

比如，可以比较不同对象，观察阅读过运用手册和没有阅读过的案例，或是比较同一个人阅读前和阅读后对必要性的反应有什么变化。然而，这则广告只列举了阅读运用手册后的数字，根本就没有把本来所需的比较要素纳入自己的内容。

另外，85.1% 这个数字也必须小心。这个数字是将两个选项的答题者合计后的比率。关于资产运用方面，他们回答：

●觉得必要
●稍微觉得必要

除此之外究竟还有什么选项呢？遗憾的是，这则广告没有描述得那么详细。假如要从列举出来的必要性大小类推选项的话，还有一个选项是：

●不觉得有必要

假设关于资产运用的必要性有以上三个相关选项，预料会得到什么样的回答呢？

恐怕这个时代不觉得有必要运用资产的人是少数吧？特别是以"稍微"来形容的选项，"稍微觉得必要"处于灰色地带，所以答题者的心理负担很轻，容易被选中。假如从一开始就连"稍微"都包含在内，将意识到必要性的人加总起来，或许在做问卷调查之前，就会看出结果是大多数答题者觉得必要。

2．辅酶 Q10 的广告有什么问题？

既然要说"不够"，就需要比较所需量和摄取量。这则广告的数据当中没有明列所需量。因此，表只会显示辅酶 Q10 在体内的含量会随着年龄的增加而减少。

从这张表来看，辅酶 Q10 过了二十几岁之后就会不够，所以似乎只能暗含着这样一个前提，人体的辅酶 Q10 所需量为二十几岁时的量，即使年龄增长也不会改变。辅酶 Q10 这种营养剂会帮助细胞内新陈代谢和其他需要能量的活动。解释此表时，如果考虑到新陈代谢也会随着年龄增长而减少，或许辅酶 Q10 并不会因为年龄增长而导致不够，而是原本所需量就会由于年龄增长而减少，所需量与体内的辅酶 Q10 含量也有可能是均衡的。

3．小班制的影响该如何验证为宜？

从直觉来看，减少每班平均学生数的"小班制"，似乎较能提升孩子们的学习。然而，一旦每班人数减少，班级数就会增加，需要的教师人数就会相应增加，因此所需的费用也会增加。有鉴于此，在日本以外的各国，根据学习指标，进行着测量班级规模、教师薪资和其他政策上的效应的尝试。

以往要找出缩小班级规模的成效时，看似简单，做起来却困难重重。比方说，比较按县^①划分的学习指标，发现引进小班制的县比没引进的要好，就该断定小班制有效果吗？除了小班制以外，各县之间的诸多条件不同，称不上"苹果比苹果"，所以难以看出小班制是否真的影响学力。为了保证比较的同构型，应该将学生随机分为两组，一边的学生是小班制，另一边的学生则以通常的班级规模上课，再测量学力的变化。能如此操作当然不错，但只要想到现实中不知是否能得到参与学生和家长的协助，就会发现实施起来难上加难。

庆应义塾大学的赤林英夫教授^②等人，关注日本班级人数超过一定规模后就将班级重新分割的班级编排制度，调查了班级规模带给学力的影响。标准的班级编制为40人，假如每学年的人数有40人，班级规模就是40人，但若有41人就编成两个班，平均班级规模就变为20.5人。

尽管这种班级规模的变化并非有意设计的结果，而是偶然的产物，不过从结果可以看出，多样化的班级规模是随机产生的，能够当成是模拟实验。赤林等人依据横滨市中小学当中的公开数据，调查班级规模与学力的关系，结果发现如下两点：

---

① "县"是日本的一级行政区之一种，共有43个。加上一都一道两府，全日本共有47个一级行政区。——译者注

② 赤林英夫《班级规模缩小的教育成效暨经济学方法》（第三次各大公立义务教育学校最适班级规模和教职员编制研讨会议听证资料）。

●缩小班级规模的功效在初中几乎得不到验证。

●小学当中只有国语呈现出缩小班级规模的功效，但是功效不算大。

缩小班级规模的政策主题，往往会沦为各说各话的神学式的论争，不过我们可以期待今后借由扎实的效用测量进行的基于事实的讨论。

第二章 解答范例

1．该怎么做才能化解日本少子化危机？

要思考少子化危机的解决方案，就需要认清是什么要素对少子化产生了影响，导致了它的发生。这里的思考将聚焦于影响生育率的因素和结构。

总生育率是将某个时间点15至49岁的女性生育率加总而成的。近年来，其他先进国家的非婚生子女（没有结婚的伴侣所生的孩子）比率变高，根据美国疾病管制与预防中心（CDC，Centers for Disease Control and Prevention）的报告《变化中的美国非婚生育模式》（"Changing Patterns of Nonmarital Childbearing in the United States"），2007年法国和瑞典的非婚生子女比率超过50%。另外，虽然美国1980年的比率仅为18%，后来却增加到40%。相对来说，日本的比率低得可怜，2013年的数据仅为2.2%，跟其他先进国家相比更是天壤之别。

日本的状况是几乎所有的孩子都是由具有婚姻关系的伴侣所生，所以衡量生育率时要试着分为以下两个阶段来考察：

●究竟是否会做出结婚的决定？

●婚后是否会做出要小孩的决定？

稍微用算式的形式进行描述的话，就如以下所示：

某个年龄女性的生育率＝该年龄结婚的女性比率 ×
该年龄结婚的女性生育率

因此，想提高算式左边的生育率，就需要在结婚比率上升（未婚率下降）的同时，鼓励他们做出婚后要小孩的决定。

【降低未婚率】

日本的未婚率在上升，截至1985年，男女的终生未婚率（到50岁时保持未婚状态者的比率）都在5% 以下，2010年则分别上升到20.1% 和10.6%。

从商学院的视角来看，是否结婚的决定也是在权衡某种投资报酬率（ROI，Return On Investment）或是利弊之后做出的个人判断。

比方说，借由结婚而得到的好处，经济学当中通常会做出如下描述 [1]：

● 夫妇分工合作后的好处（专精各自擅长之事）。
● 规模经济下产生的成本层面的好处。
● 生病时对方能照顾自己以及其他以防万一的规避风险的好处。
● 通过结婚拥有小孩后的好处。

其中拥有孩子的好处，将会在婚后生育率的地方再次探讨。

还有，虽然夫妇之间擅长的领域、薪资和其他方面差距越大，分工

---

① 像是《"不结婚才是占便宜"的经济学》（「結婚しないほうが得」），《经济学人》（*The Economist*）日文版2005年1月11日号。

合作的好处就会越大，不过近年来，男女之间的薪资差距逐渐缩小。另外，20至34岁的未婚人士几乎有一半跟父母同住，而且比率还在增加当中。假如是已经跟父母同住的单身人士，或许就不会期待在成本层面和"保险起见"的好处（通过结婚）上有大的改善。

另一方面，假如把结婚后丧失的东西视为弊端和成本，则可列举出以下这一点：

●自己一个人可以自由支配的收入和时间减少。

关于时间和金钱方面也是如此。只要站在与父母同住之人的立场想一想，就会发现以前父母帮忙做的家事必须由自己来做，还必须负担房租，近年来结婚后丧失的东西变得更多了。

【提高结婚后的生育率】

这里也要从商学院的视角判断是否生儿育女，这也可当作是基于某种投资报酬率的决策。

首先回报是生儿育女获得的满意度水平和效用。只不过，像现代都市这样享受人生的选项也在增加当中，相对来说养育儿女获得的效用也在减损其魅力。

而从成本层面来看，跟孩子有关的成本当然包括教育费用和其他看得见的费用，但是除此之外，职业妇女还会因为生产和育儿而中断职业生涯，更会失去收入，所以在"失去的收入→机会成本"的前提下可以视为费用。这么说来，女性收入越高，做出怀胎生子的决定就越是比预料中艰难。

另外，上述的成本负担可以认为是一种相对的感受，它和家庭收入息息相关。

第三章 解答范例

1．日本年轻人背离国外留学，向内发展了吗？

要探寻日本年轻人对国外留学意向的变化，就必须首先思考那是针对什么而发生的变化。根据这篇报道，大概可以想出两种可能性。一种是时间序列（趋势）之下的变化，现在的年轻人比以前更喜欢向内发展。另一种则是横断面的比较（差距），跟中国、韩国和其他国家相比，日本年轻人较爱向内发展。

首先我们就来看看到底年轻人是不是变得不爱去国外留学了。

表7.1是文部科学省根据经济合作暨发展组织和其他统计数据，汇总出的从日本到国外留学人数近30年的演变。光看数据会觉得2004年的确大约有8.3万人，创下最高峰，此后转为减少。然而，尽管如此，2012年却还是有大约6万人留学。比方说，这跟我1992年在美国读书时的约4万人相比，人数增加将近5成。何况也可以主张在少子化的影响下，原本被当成考察对象的年轻人数量^①正在减少。确实，若以18岁的人口为例来看，1992年为205万人，2014年则减少到118万人。

表中还将日本海外留学生人数与很可能出国念大学或者研究所的20到29岁的人口数的比率一并记录了下来。据此我们发现，2000年以后，这一比率几乎维持在0.5%一带横向推移，只要想到1992年当时的数字是0.2%，就会发现不仅不是向内发展，简直称得上积极"向外发展"了。

---

① 即基数减少了，单纯比较留学人数没有意义。——译者注

图 7.1 日本的旅游消费

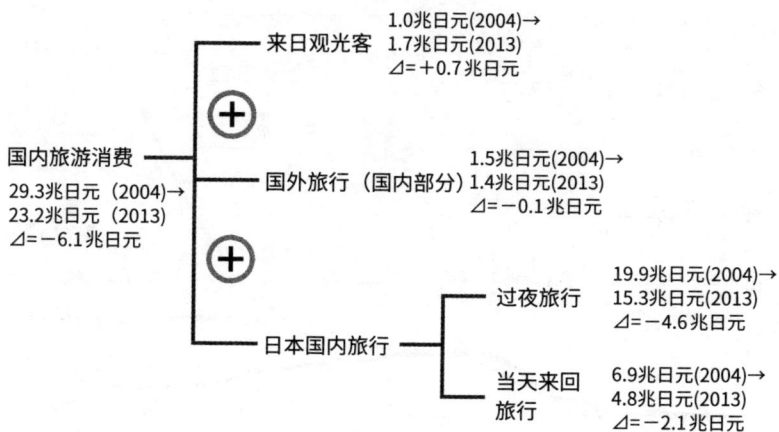

```
                                      1.0兆日元(2004)→
                         来日观光客    1.7兆日元(2013)
                   ⊕                  ⊿=＋0.7兆日元

国内旅游消费                           1.5兆日元(2004)→
29.3兆日元（2004）→  国外旅行（国内部分）1.4兆日元(2013)
23.2兆日元（2013）                     ⊿=－0.1兆日元
⊿=－6.1兆日元
                   ⊕                          19.9兆日元(2004)→
                                      过夜旅行  15.3兆日元(2013)
                                              ⊿=－4.6兆日元
                         日本国内旅行
                                      当天来回  6.9兆日元(2004)→
                                      旅行      4.8兆日元(2013)
                                              ⊿=－2.1兆日元
```

出处：《旅行观光产业经济效果的相关调查研究》(『旅行·観光産業の経済効果に関する調査研究』)
（2013 年版）。

表 7.1 从日本到国外留学人数与占二十几岁人口比率的演变

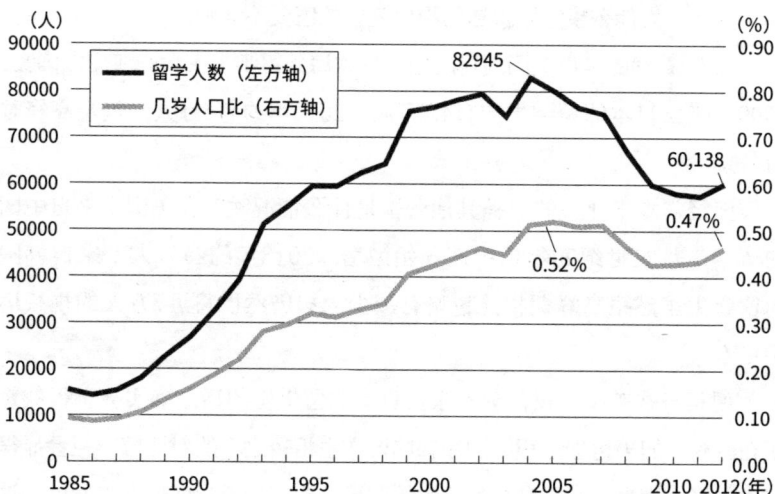

图例：
留学人数（左方轴）
几岁人口比（右方轴）

82945

60,138

0.47%

0.52%

（人）纵轴：90000 80000 70000 60000 50000 40000 30000 20000 10000 0
（%）纵轴：0.90 0.80 0.70 0.60 0.50 0.40 0.30 0.20 0.10 0.00
横轴：1985 1990 1995 2000 2005 2010 2012(年)

出处：作者根据文部科学省总计结果制作而成。

表 7.2 赴美留学人数的演变

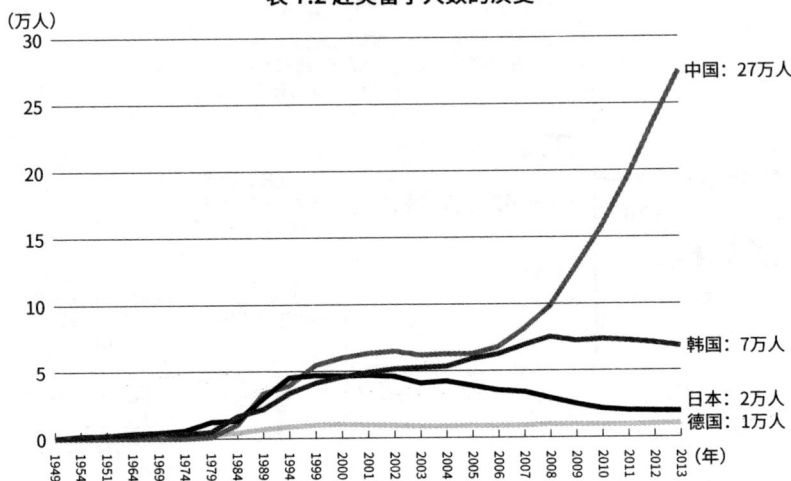

注： 1999 年以前是以 5 年为间隔。
出处： 作者根据 Open Doors Data 制作而成。

那么，为什么事实跟报道的根岸先生的感受不同呢？

表7.2看到的是以美国为目的国的日本海外留学生人数的演变。确实，1999年来自日本的留学生约有4.7万人，2013年约有2万人，仅及高峰时的41%。

而经常拿来比较的亚洲其他各国是什么情况呢？在美国，来自中国的留学生从21世纪00年代中期开始激增，2013年约27万人；来自韩国的留学生虽然跟高峰期相比也略有减少，却仍然以将近7万人的规模远超日本。

要是身在美国，仅仅观察来自日本的留学生的话，确实会觉得数量正在减少，如果再加上跟中国和韩国留学生相较之下的对比感，更会显得日本年轻人中来美留学者数量的大幅倒退，也就是感觉他们向内发展，这或许是必然的结论。

表 7.3 美国留学人数对全国人口的比率

(%)

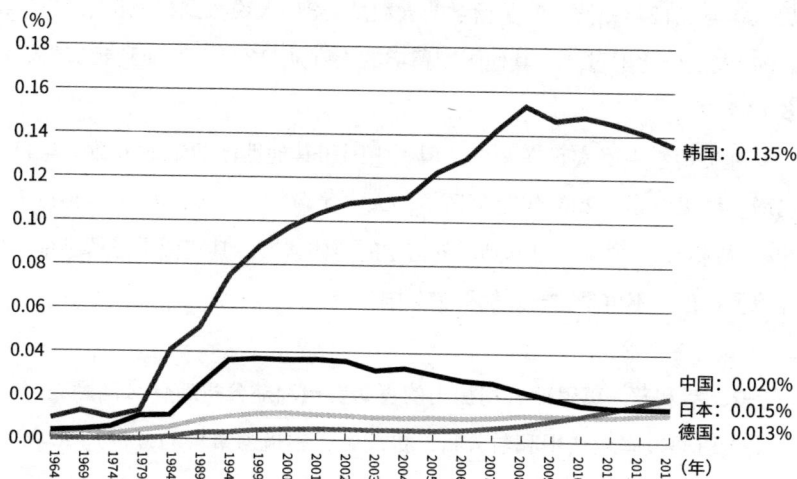

注：1999 年以前是以 5 年为间隔。
出处：作者根据 Open Doors Data 制作而成。

　　然而，若我们把视线从中国和韩国移到其他地区，比如欧洲，就会看到另一番不同的景象，这也是事实。

　　在这里作为例子，要把德国的数据一并画在同样的图表当中。从德国到美国的留学生人数约有1万人，只不过是日本的一半。然而人口规模原本就不同，硬要拿来比当然会闹笑话，所以要撷取各考察对象国的人口对留美学生人数的比率，如表7.3所示。

　　从表中可知，就人口规模来看，来自日本的留学生人口比率虽有下降的倾向，却和二战之后几乎一贯稳定的德国比率相近，反倒是来自韩国的留学生比率跟其他国家相比出奇地高。或许是日本对美国的兴趣也像欧洲一样逐渐淡漠了。

　　既然从日本到美国留学的人数大幅减少，为什么留学生总人数却没有锐减得那么夸张呢？

这是因为留学地点变得多样化，留学目的国不局限于美国了。比方说，2001年与2012年相比，赴美留学的人数从46810人锐减到19568人，少了27242人；与此相对，去其他国家留学的人则从31341人增加到40570人，多了9229人。

赴美留学生确实正在减少，但到中国和其他地区留学的人数却与日俱增。结果就是，2001年赴美留学的人占了留学生总数的60%，2012年却减少到33%。关于从日本到国外留学的整体状况，其实似乎是留学地点变得多样化，不再是"一边倒"去美国。

2. 菲利普·莫里斯公司提出的香烟费用利益分析有什么问题？

投资回报率或费用利益分析，是商务当中极为常用的分析方法。借由比较费用和利益的差额，决定该采取什么行动。

菲利普·莫里斯公司的分析自公开之后，就饱受社会极大的诟病。烟害让人早死反而对社会比较有利，不难想象这个结论本身就能让许多人从直觉上无法接受。

从分析的观点出发，可以指出两个严重问题。

首先，这个分析完全没有考虑生命的价值。吸烟者及其周遭的人，因为吸烟短命早死而造成的损失，更是不在考虑之列。因此可以说，问题在于应该考虑的比较对象没有搜罗齐全。

第二点是更为本质的问题，究竟生命该不该换算成金钱进行加加减减？在分析当中为了比较，当然需要统统换算成金钱，但问题是生命能够换算成金钱吗？这可是根本性的问题。

费用利益分析的基础是从社会整体来看利益是否高于费用，以这个观点做决定，换句话说就是"最大多数的最大幸福"的功利主义想法。另一方面，也有人站在不同的立场，认为每一条生命的自由除了本人之外谁都不能任意践踏，所以不能换算也不允许换算成金钱。既然如此，将生命换算成金钱、比较费用和利益的分析方法本身，从前提开始就已经是错误的。

第四章 解答范例

1．眼之所见，并非全部

第四章以格言的形式提出"肉眼是最佳的分析工具"，旨在将视觉充分活用到分析上。这里要稍微离题一下，探讨有时"眼之所见，并非真相全部"的问题。

我在商学院的课堂上询问这个问题时，能够找出正确答案的人连一成都不到。出现最多的答案是这样的：主持人打开一道没中奖的门，剩下的门就有两道。其中一道门会中奖，两者的概率同样是二分之一，所以换不换都一样。

其实，正确答案为还是换门比较好。换门时中奖的概率是三分之二，维持原来选择的中奖概率则是三分之一。许多人可能会疑惑，明明眼前只有两种选择，为什么概率会如此分布呢？

这个问题叫作蒙提·霍尔问题（Monty Hall problem）。1990年有位读者向美国 *Parade* 杂志的专栏"求教玛莉莲"（Ask Marilyn）就此提问，该问题由此声名大噪。尽管玛莉莲女士 [1] 回答："换门的中奖概率是三分之二，所以还是换选项比较好。"但是全美国无法接受这个回答的读者，向该杂志寄出的读者来信多达1万封。更为夸张的是，这1万封来信当中，居然有近1000封出自持有博士学位的人之手。

像是这样的投书："你错了。不过，就连爱因斯坦也是在承认自己的

---

[1]　这里的玛莉莲指的是玛莉莲·福斯·莎凡（Marilyn vos Savant），曾由《吉尼斯世界纪录》认定为智商最高的人。

错误之后，才获得了大家对他的更高评价。"（http://marilynvossavant.com/
game-show-problem/）

解决这个问题的思路有好几种，最容易的或许是以下的说明。在这个问题中，尽管实际上主持人从你没有选择的两道门当中打开其中一道，让观众看到山羊；但我们设想一下，假如主持人不打开任何一道门，你会坚持刚开始选的那道门，还是选择你刚才没选的作为一组的两道门？假如有人这样问你，你该怎么做？这时要把问题当作只有两个选项，一个是刚开始选择的那道门，另一个是你刚才没选的作为一组的两道门。既然"你刚才没选的作为一组的两道门"当中内含奖品的概率为三分之二，可见改变选择比较有利。

实际上，虽然主持人打开一道门让大家看到没中奖的山羊，但不管怎样，两道门当中至少会有一道门没中奖，所以无论有没有开门让观众看到山羊，本质也完全不会改变。换句话说，主持人开门之后，眼前的选项看似是单独一道门，但说穿了，其实这个选项有两道门的分量。

这个问题违反直觉的理由，就在于很多人用现场的数字来衡量概率，认为眼前的两个选项概率都相同。虽然"肉眼是最佳的分析工具"，但过于相信视觉却是分析之大忌[①]。

2．散布图当中人均国内生产总值很高、平均寿命却短暂的非洲国家在哪里？原因是什么？

从趋势乖离到下方的非洲国家是南非。该国是以拥有世界最大的金矿蕴藏量著称的矿物资源大国，经济方面则是撒哈拉沙漠以南的非洲各国

[①] 以上原文有些啰唆，反而不易让读者理解。其实可以简单表述为：把自己没选的两道门作为一个选项，已选的那道门作为另一个选项，由于前者的权重是后者的一倍，所以选择前者中奖概率就会大一倍。无论主持人是否打开前者中的一道门，都不影响其权重，造成人们误解的原因在于"人们为眼前的表象所迷惑"。——译者注

当中最富裕的地方。尽管如此，平均寿命却相对短暂，可以认为这是因为国内的所得分配极不均衡。

当大多数国民贫困，所得集中在一部分人身上，国内所得差距很大时，所得的平均会被部分超高所得者拉高，而平均寿命则被大多数贫民拉低。话虽如此，但就算赚的钱再多，寿命也有自然的上限，活不到150岁或200岁。

实际上，南非的所得差距很大，比如说根据美国中央情报局的《世界一览》（*The World Facebook*）提供的信息，在其所调查的145个国家当中，它的基尼系数 [①] 仅次于莱索托，名列第二（表明收入差距悬殊）。基尼系数正是表示收入分配差距的数值。

表7.4表达的是按照人种划分的南非2008年居民收入分布情况，可以看出占了劳动力大半的黑人集中在低收入区域，而高收入区域则几乎由白人占据。

表 7.4 南非不同人种所得分布（2008 年）

	总劳动人口	未满5万兰特	5万至10万兰特	10万至30万兰特	30万至50万兰特	50万至75万兰特	75万兰特以上
黑人	75.3%	83.0%	65.9%	47.1%	29.9%	20.3%	16.3%
有色人种	8.8%	8.3%	14.3%	9.0%	5.6%	3.0%	2.1%
亚洲／印度人	2.8%	2.2%	4.0%	5.4%	5.1%	8.4%	4.3%
白人	13.0%	6.5%	15.7%	38.5%	59.5%	68.4%	77.4%
总劳动人口	100%	75.5%	10.1%	10.7%	2.3%	0.8%	0.6%

注：1 兰特 =7.5 日元（2016 年 10 月）

出处："The Price of Freedom: A Special Report of South Africa," *The Economist*, Jun. 5, 2010.

[①] 国际上通用的用来衡量一个国家或地区居民收入差距的指标。该系数位于"1"和"0"之间，越趋近于后者，表示居民收入越趋向平等。——译者注

3．为什么就学补助率愈高，数学成绩就愈下滑？

有个假说经常被提到，那就是家庭收入的不同会导致补习班和其他校外教育机会的差距。或者，假如父母对学习的关心程度不同，也就是所谓的家庭教育环境和教育能力不同，说不定也会影响成绩。

尽管也有人认为"有差距是没有办法的事"，然而这种学力的差异会影响孩子将来的升学和就业，很可能导致孩子将来的收入出现差距。更为严重的是，收入差距会通过学力差异被保留，导致下一代的收入差距，让人们对社会上的差距会再生产和固着化而担心不已。

第五章 解答范例

1．为什么各年龄层金融资产持有额上的中位数和平均值会大幅乖离？

众所周知，平均值难以抵抗异常值的影响。照理说，要是整体的分配呈左右对称的吊钟形分配，平均值就和中位数相差无几。然而，如果两者之间有一定差值，就是在暗示平均值受到了异常值影响。由于平均值比中位数大很多，因此可以想见，持有巨额金融资产的少数年龄层，会让整体的平均值比中位数还要高。

另外，平均值和中位数的差距在二十几岁时是150万日元，不过这会随着年龄层的上升而扩大，六十几岁以上退休后的年龄层将会扩增到将近1000万日元。由此可知，高龄人士的绝对性资产差距会节节攀升。

第六章 解答范例

1．每天吃早餐成绩就会提升吗？

有些观点主张早餐与成绩之间具备直接的因果关系。比如说，有观点认为，脑部只能通过葡萄糖才能产生能量，要是没有摄取早餐，葡萄糖就会不足，脑部功能就会恶化。另一方面，也有人指出以往对于早餐的观念很可能完全错误。这种观点认为成绩提高并不是出于与早餐的直接因果关系，而是有影响每天吃早餐和成绩双方的第三因子存在。

换句话说，这种观点认为真正的原因是，孩子每天会吃早餐的特质以及让孩子养成这种生活习惯的家庭的养儿育女态度。作为孩子的这种特质和家庭的这种态度的结果，就造就出孩子良好的成绩。

假如站在后者的立场，就会得出以下结论：如果忽略孩子的特质和家庭环境，那么很遗憾，即使让孩子每天吃早餐，成绩也不会提升。

2．日本的加油站数量有多少？

这很像顾问公司的招聘面试上会出现的问题。假如这种问题是在商务的语境下，则大致有两种思路有助于模型化。一种是以需求为出发点的思路，另一种则是以空间为出发点的思路。

前者的步骤是，先查出日本全国整体的汽油需求有多少，然后看一家加油站的处理量有多少，再计算满足整体供应需求的加油站必须有几家。后者的步骤则是将平均大约多少平方公里有一家加油站，除以日本的面积之后，就会知道全国有几家。加油站看起来相当仰赖需求密度，空间上来说以都市居多，郊外似乎非常稀疏。因此，采用空间性的平均值来模型化似乎会相当困难。

这里要以前者的需求为基础来衡量。比方说，假如着眼于汽油量本身：

加油站数量＝日本的汽油需求 ÷ 平均每家能够满足的汽油需求

或者，假如着眼于加油次数，而不是油量本身：

加油站数量＝平均每周日本汽车的总计加油次数 ÷ 平均每周一家
加油站要处理的总计加油次数

要是不知道每辆汽车消耗多少汽油量，就很难计算前一个公式，所以要用后者来衡量，而且感觉可以轻易掌握。首先：

平均每周汽车总计加油次数＝汽车数量 ×
平均每周一辆的加油次数。

汽车的数量要进一步用以下算式估计：

汽车数量＝自家用车＋工作用车
＝日本家庭数 × 平均每户持有辆数＋工作用车

从日本的人口数，可以推断出日本的家庭数。前者大致有1.2亿人左右[1]，假设每户有3人，后者就是4000万户[2]。而若几乎每个家庭都拥有一辆汽车，自家用车的总数就是4000万辆。至于工作用车方面，则要跟自家用车比较之后感觉一下大致的数量。看看周围，假设工作用车的数量是自

---

[1]　实际为1亿2730万人（2013年）。

[2]　2010年的人口普查为5195万户，其中单身家庭为1678万户。

家用车的一成左右，则汽车的总数要增加一成，估算出共有4400万辆 ①。

那么，加油次数总计有多少次呢？假设平均每星期加油一次，则每星期的总计加油次数就是4400万 ×1次＝4400万次。

还有，从加油站的网站可以看出每星期要加油多少辆吧。

每星期一家加油站要处理的总计加油次数＝加油机数量 × 每星期加油次数＝加油机数量 ×（营业时间 ÷ 每次加油所需时间 × 设备运转率）

假设加油机有4台之多，每次加油所用的时间为10分钟左右，一天12小时营业就是12小时 ×6次 ×4台＝一天总计288次，而一星期就有2016次。当然，这是满负荷运转时的数值，假设设备运转率为50% 左右，那么一星期就有1000多次。

因此，加油站的数量可以估算为4400万次 ÷1000次＝44000家。

谈到实际的数值，2013年为34706家（资源能源厅调查），至少我们估算的数字和实际的数字在位数上是一样的。以费米推论的精确度来说，第一感觉这应该是还算不错的水准。

---

① 汽车检查登录信息协会的数据指出，2015年5月底时约有8000万辆。

给想要知道更多的人

　　为了想要学得更多、想要知道更多的人，我将至今仍在实际使用的工具和阅读的书籍归纳成下列清单。虽然清单不见得将相关材料"一网打尽"，但若能当作读者诸君入门的参考，则是本人之幸。

书籍

●《图解不再嫌恶统计学》
　　（自修完整版 统计学入门）小岛宽之以浅显易懂的方式解释所有统计知识。

●《入门统计学：从检定到多变量分析和实验计划法》
　　（『入門統計学—検定から多変量解析・実験計画法まで』）栗原伸一（奥姆社）
　　不愧是敢宣称"靠这本书就能学会整个统计学！"的著作，将横跨多方面的内容归纳得简洁有力。

●《解读统计数字的能力：为什么马上就知道判断无误?》
　　（『統計数字を読み解くセンス—当確はなぜすぐわかるのか』）青木繁伸（化学同人）

这本书是将统计的能力和范例融会贯通撰写而成，相当好懂。以下网站中介绍的"统计学自学笔记"（「統計学自習ノート」）就是由作者青木先生掌管。

●《统计学，最强的商业武器》

（『統計学が最強の学問である』）西内启

以极为性感的方式道出统计学的世界观，将统计学的魅力和影响日后世界的可能性编排到书里。

●《数学女子：由智香告诉你，商务上运用数字就是这么回事》

（「数学女子 智香が教える　仕事で数字を使うって、こういうことです。」）深泽真太郎（日本实业出版社）

这本书也很努力地尽量多写一点范例，但水平还达不到商务运用的状态。内容是通过故事描述商务上运用数字能力的样貌，一口气就能看完。

●《战略取决于这种数学》

（*Super Crunchers*）伊恩·艾瑞斯（Ian Ayres）

虽然是耶鲁大学经济学家的书，却特别以预测为中心，用许多例子铿锵有力地道出数字的可能性。

●《苹果橘子经济学》

（*Freakonomics*）史帝文·D.利瓦伊特（Steven D. Levitt）/史帝芬·J.杜伯纳（Stephen J. Dubner）

枪支和游泳池哪个危险？相扑力士有放水吗？这种问题或许在社会上不见得重要，兴味盎然的主题却是通过数字切入。假如不好玩就不是数字，这本书就是让读者有这种感觉。

网站（网址省略。各位在网上搜索应该就能马上找到。）

●统计WEB

由推出 Excel 统计的社会信息服务公司（SSRI, Social Survey Research Information）主建的网站，以总括的方式汇整相关信息、书籍和软件介绍。这本书后面还会谈到 Excel 统计这个软件。

●统计学自学笔记（统计学自习ノート）

由群马大学的青木繁伸教授掌管的网站。对于要自学统计的人来说，这里充满了让人有所启发的信息。另外，后面会谈到的软件 R 这里也有好好归纳信息。

● Gapminder

这或许该称为以事实为基础培养世界观的网站，能够根据公开数据，使用散布图，将世界上的贫富差距问题可视化，并且追踪时间变化。管理者汉斯·罗斯林（Hans Rosling）在 TED 网站上谈到如何用数字做简报，也请各位观看。

● Google Public Data Explorer

比 Gapminder 更有威力，将官方数据可视化的网站，能够轻松制作过去20年日本和其他各国平均每人国内生产毛额成长率的时间序列图。

●社会实况数据图录 Honkawa Data Tribune

这个日本网站跟前面两个一样，尝试以数据为基础将社会实际情况可视化。这里也充满了让人兴味盎然的数据。

软件工具

● Excel统计

由社会信息服务公司提供的付费统计软件产品。虽然要收钱，但跟知名的统计软件相比，还是便宜很多。相信许多社会人士常用 Excel 来分析，这个软件的特征则在于可以当成插件嵌入用习惯的 Excel 当中。以在企业工作的社会人士使用的功能来说，它准备的功能很充实，像是在复回归分析方面，就有自动选取变量的功能，而这并不在 Excel 的分析工具内。

● R 与 R commander

R 是威力极为强大的免费统计软件。虽然功能强大，但若想用就必须要熟悉指令，或许对平常只用 Excel 的一般社会人士来说门槛很高。R commander 则是像 Excel 一样，能以下拉式菜单使用回归分析和 R 的部分功能。至于使用方法，在网络上就有丰富的信息，烦请搜寻一下。

● Rapidminer

能够用在根据数据的预测、发现和其他用途的机器学习工具。除了商用付费版之外，还有缩减功能的免费版，对于想要先尝试机器学习各种算法的人，这会是理想的工具。

● KH Coder

虽然免费，却是强大的文字探勘（text mining）工具。使用菜单形式的接口，能够给文字数据做定量分析。

附录　关于回归分析的补遗

1　回归分析与多重共线性

　　假如自变量中蕴含两个以上高度相关的自变量，偏回归系数的正负符号就会发生逆转，偏回归系数的计算结果就会在统计上不稳定，这就叫作多重共线性。研究中接触到回归分析的人会将英文的多重共线性简称为"马尔契科"（multico）。

　　这就要求我们在高度相关的自变量中去掉其中一个，作为应对方法。学过回归分析的人会相当在意"马尔契科"，但如果在目的只是预测，系数的解释不重要的情况下，就算不关注多重共线性本身也没关系。研究的目标是阐明因果关系，解释和说明回归分析的系数（比如说，系数前面的符号是正号还是负号等）相当重要，不过商务上往往是只要能够预测就好。这时请各位继续分析，不要在意多重共线性。

　　这里要根据实际的数据，看看存在多重共线性时会发生什么事。现在假设了一组数据，以两个自变量（x_1, x_2）来预测因变量 y，其实两个变量之间呈 -0.90 的高度相关。

表 8.1

数据	x_1	x_2	y
a	1	7	10
b	2	5	12
c	3	5	14
d	4	4	15
e	5	4	20
f	6	2	20
g	7	1	22

回归分析的结果如下:

表 8.2 回归分析

	回归统计
R	0.99
R^2	0.98
修正后的 R^2	0.97
标准误	0.84
观察值个数	7

	自由度	SS	MS	F	显著值
回归	2	122.04	61.02	86.72	0.0005082
残差	4	2.81	0.70		
合计	6	124.86			

	系数	标准误	t统计	P-值	下限95%	上限95%	下限95.0%	上限95.0%
截距	-0.20	4.95	-0.04	0.97	-13.95	13.55	-13.95	13.55
x_1	3.02	0.60	5.04	0.01	1.36	4.69	1.36	4.69
x_2	1.06	0.65	1.64	0.18	-0.73	2.86	-0.73	2.86

表 8.3 回归分析（三维空间）

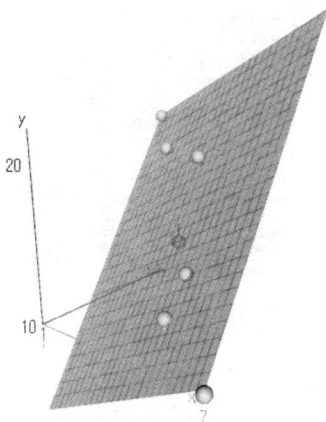

　　决定系数为0.98，代表其说明能力相当强。接下来我们要通过三维图表看看结果（这张图表是使用统计软件 R 绘制而成的）。

　　图表上的平面是以可视化途径呈现回归分析的结果。决定系数很高，也可以从数据大量附着在平面上的情况看出来。另一方面，由于自变量之间高度相关，因此数据会像轴一样排列在空间的直线上。哪怕单单有一个数据从轴线偏离，空间上的平面也会容易发生像以这条轴为中心旋转那样的变化。

　　现在，要稍微挪动 c 这个数据。

　　从三维可视化图表可知，平面（回归分析的结果）的方向会大为改变。另外，算式的系数和 x_2 的系数从"1.06"变成"－1.61"，变化甚巨。假如仅仅是用在预测上，就会发现，实际上在对既存数据的附近（数据的空间轴一带）的预测中，结果差异并不大；但在企图解释算式系数的瞬间，这个系数的不稳定性就会变成很大的问题。

比方说，要衡量该以什么行动让 y 增加时，这就会变成大问题。在刚开始的分析结果当中，x_2 增加后 y 就会增加；但在第二次的分析结果当中，反而是 x_2 减少后 y 才会增加，结果相当矛盾。

表8.4

数据	x_1	x_2	y
a	1	7	10
b	2	5	12
c	3	3	20
d	4	4	15
e	5	4	20
f	6	2	20
g	7	1	22

表8.5

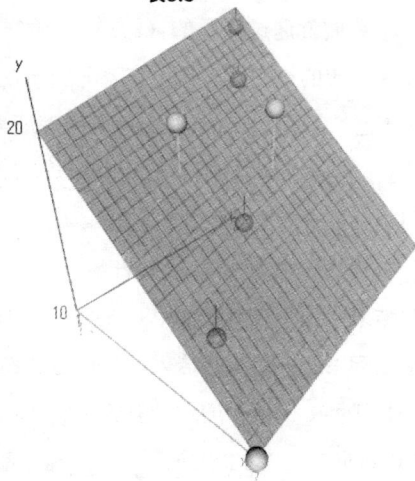

表8.6

	回归统计
R	0.91
R^2	0.83
修正后的 R^2	0.75
标准误	2.33
观察值个数	7

	自由度	SS	MS	F	显著值
回归	2	108.27	54.14	9.97	0.0279289
残差	4	21.73	5.43		
合计	6	130			

	系数	标准误	t统计	P- 值	下限 95%	上限 95%	下限 95.0%	上限 95.0%
截距	20.82	7.91	2.63	0.06	−1.14	42.78	−1.14	42.78
x_1	0.54	1.00	0.54	0.62	−2.24	3.32	−2.24	3.32
x_2	−1.61	1.09	−1.47	0.22	−4.64	1.43	−4.64	1.43

2 回归系数的因果性解释

其实当自变量不止一个时，自变量之间相关或实际具有因果关系的情况多有所在，单凭回归分析的结果，经常难以判断某个变量会影响因果到何种程度[①]。

我们就通过简单的（假想）范例一起来看一看。假设你正在经营有10家分店的小规模超市，每家分店所在的商圈规模和竞争环境几乎一致。只不过，店面面积和店长的经营管理能力（根据监察人的评估）参差不齐，这会影响各个分店的日均销售额吗？于是你就实际撷取数据，尝试进行复回归分析。

以下是试着用了"Excel 统计"这个为 Excel 设计的外挂软件而得到的结果。因为人们多使用 Excel 以外的软件来进行回归分析，所以这里决定使用 Excel 以外的结果。在最近的统计软件中，为了分辨是否具有多重共线性，一般是通过计算容忍值（tolerance）和变异数膨胀因素（VIF，Variance Inflation Factor）这两种统计量，当容忍值在0.1以下，或是变异数膨胀因素在10以上时，就要怀疑多重共线性是否存在，这个结果似乎问题不大。

从结果可知：

销售额＝ 6.26× 店长的经营管理能力＋ 1.51× 店面面积－ 140.03

---

① 这跟多重共线性的详细差异可参见相关书籍，像是小岛隆矢、山本将史（2013），《用 Excel 学共变异数结构分析与图形模型化》（『Excel で ぶ共分散构造分析とグラフィカルモデリング』，奥姆社）。

表 8.7 回归分析：以超市为例

分店	销售额	店长的经营管理能力	店面面积
a	61	6	112
b	52	8	94
c	71	9	106
d	69	8	106
e	82	7	112
f	48	7	94
g	62	10	88
h	41	9	88
i	30	10	71
j	80	6	121

表8.8

变数选择结果

回归式的精确度

复相关系数		决定系数			
R	R	R^2	修正后的R^2	杜宾－瓦特森统计值	赤池信息量准则
0.95	0.93	0.90	0.87	2.06	38.55

回归式的显著性（变异数分析）

因素	平方和	自由度	平均平方	F值	P值
回归变动	2299.1407	2	1149.5704	31.04	0.0003
误差变动	259.2593	7	37.0370		
整体变动	2558.4000	9			

包含在回归式内的变数（偏回归系数、信赖区间等）

变数	偏回归系数	标准误	标准偏回归系数	偏回归系数的95%信赖区间	
				下限值	上限
店长的经营管理能力	6.26	2.27	0.55	0.89	11.63
店面面积	1.51	0.23	1.33	0.97	2.05
常数项	−140.03	38.74		−231.64	−48.43

变数	偏回归系数的显著性检定			与应变量的相关		多重共线性的统计量	
	F值	t值	P	单相关	偏相关	容忍值	VIF
店长的经营管理能力	7.59	2.75	0.0283*	−0.51	0.72	0.36	2.79
店面面积	43.91	6.63	0.0003**	0.89	0.93	0.36	2.79
常数项	13.07	−3.61	0.0086**				

*：P<0.05
**：P<0.01

附录 关于回归分析的补遗 289

决定系数 R^2 为0.9，也可以解释销售额变动的90%，这意味着回归式的说明能力相当杰出。店长的能力越强，或是店面面积越大，销售额也就越高，这个结果符合你日常的直觉。

所以，你决定按照这项结果改装 i 分店，店面面积扩大30平方米左右。照理说从算式可以看出，这样能让销售额增加45万日元。然而，在店长保持不变的条件下实际扩大店面之后，却只增加了30万日元，与当初的期望相反。究竟发生了什么事？

现在要再次撷取各个变量之间的相关系数来看一下，就会发现相关系数成了负号的组合。

表 8.9 销售额、店长经营管理能力与店面面积的相关系数

	销售额	店长的经营管理能力	店面面积
销售额	1.00		
店长的经营管理能力	0.51	1.00	
店面面积	0.89	0.80	1.00

然后试着把这画成表。虽然店面面积与销售额的关系毋庸置疑，不过店长的经营管理能力越高，销售额就越低，这种结果实在不可思议。

接下来是将三个变量的关系汇总为一张表。另外，变量间的关系以回归式归纳后，则如下所示：

①销售额＝1.0056× 店面面积－40.1567

②销售额＝ －5.8× 店长的经营管理能力＋106

③销售额＝6.2604× 店长的经营管理能力＋1.5075× 店面面积－140.0315

④经营管理能力＝15.9535－0.08018× 店面面积

表 8.10 店面面积 vs. 销售额

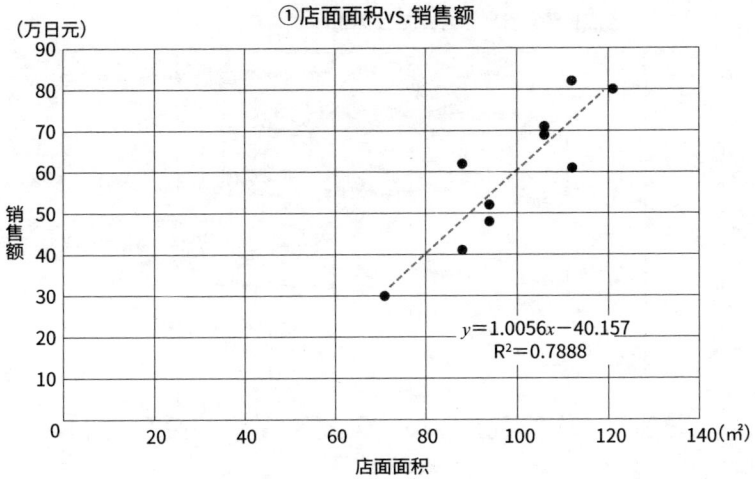

①店面面积vs.销售额

（万日元）

销售额

$y=1.0056x-40.157$
$R^2=0.7888$

店面面积 (㎡)

表 8.11 店长经营管理能力 vs. 销售额

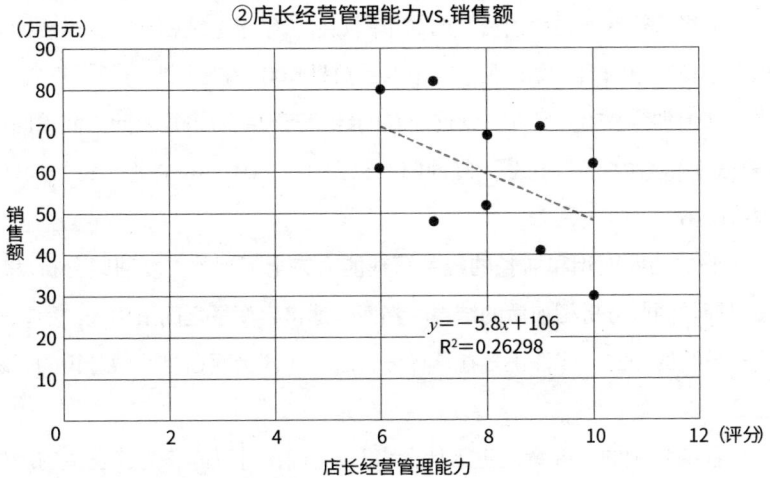

②店长经营管理能力vs.销售额

（万日元）

销售额

$y=-5.8x+106$
$R^2=0.26298$

店长经营管理能力 (评分)

表 8.12 店长经营管理能力 vs. 店面面积 vs. 销售额

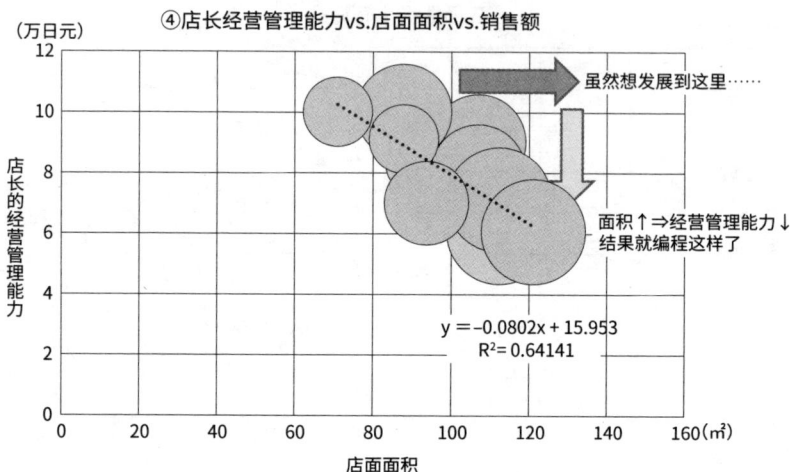

④店长经营管理能力vs.店面面积vs.销售额

（万日元）

虽然想发展到这里……

面积↑⇒经营管理能力↓
结果就编程这样了

$y = -0.0802x + 15.953$
$R^2 = 0.64141$

店长的经营管理能力

店面面积

这里必须注意的是，最后的复回归分析结果，并不是将店面面积、店长的经营管理能力和销售额的简单回归分析结果单纯相加。像是店面面积原本在简单回归（算式①）当中的系数是1.00，在复回归分析（算式③）当中却增加到1.50。另外，就连店长的经营管理能力也是如此，简单回归（算式②）当中是"−5.8"，复回归（算式③）当中却是将正负符号逆转，变成6.26。

假如店面面积和店长的经营管理能力完全不相关，复回归分析就应该是简单回归分析相加后的结果。然而，通常自变量之间呈相关，所以不能用单纯的加法，或许正是在这样分析之后，才会明白复回归分析的有趣之处。

前文提到的"究竟发生了什么事？"，现在可以回答为"发生的恐怕就是这样的事"。从复回归分析来看，照理说，的确是面积增加30平方米之后，就会增加45万日元〔30平方米 ×1.5（算式③的系数）〕，但这一结果有个前提条件就是店长的经营管理能力不变。实际上就像从经营管理能力和店面面积的回归式估算的一样，一旦店面面积增加，店长就很难管理这么宽敞的店面，表现不出业绩，就会出现被观察到的经营管理能力在下降（当然，店面越大，店长表现就下降，这并不是有意安排的因果关系）的结果。

从算式④可知，面积增加30平方米之后，店长的经营管理能力就会下降2.4点〔30平方米 ×−0.08（算式的系数）〕。对销售额的影响为"−15万日元"〔−2.4点 ×6.26（算式③的系数）〕。因此，当初增加45万日元销售额的计划，加上店长的管理变得困难的副作用 −15万日元的效应之后，净额就只增加了30万日元。

表 8.13 店长经营管理能力、店面面积与销售额的回归分析

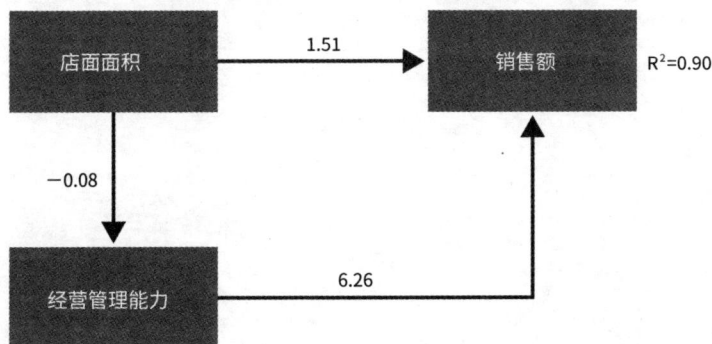

现在要依照回归分析的结果将这种关联性绘制成图。直线上的数值是回归分析的偏回归系数。从店面面积对销售额的综合影响来看，直接影响为1.51，再将通过经营管理能力发挥的间接影响"−0.08×6.26＝ −0.50"加总后，就会变成"1.51−0.50＝1.01"。顺便说一句，在这个例子中，

这个数字跟店面面积和销售额的简单回归系数1.01一致。

这个案例的自变量只有两个，对自变量之间的相互关联性做因果性解释或展开故事也比较简单，但随着自变量数量的增加，不难想象要把握这种关联性就会变得极为困难。当复回归分析算式的偏回归系数在个别变量（前提是其他变量不变）移动时，就会展现其作用到因变量上。这跟自行设定条件的科学实验不同，实际在商务中观察到的数据，多半与解释系数相互相关，自变量的数量越多，要解释回归式系数就会变得越加困难。

再说一遍，为了证明因果关系而精心准备的实验姑且不论，在商务上的回归分析中，我建议各位把关注用在预测主体上，不需要过度关注自变量系数的因果解释。

译名对照

人名

安冈正笃（Masahiro Yasuoka）
艾瑞克·莱斯（Eric Rice）
阿尔夫·兰登（Alf Landon）
阿尔伯特·爱因斯坦（Albert Einstein）
奥利·艾森菲特（Orley Ashenfelter）
爱德华·塔夫特（Edward Tufte）
爱德华·戴明（W. Edwards Deming）
比尔·盖茨（Bill Gates）
保罗·杰奈（Paul Janet）
俾斯麦（Bismarck）
彼得·德鲁克（Peter Drucker）
赤林英夫（Hideo Akabayashi）
稻盛和夫（Inamori Kazuo）
恩里科·费米（Enrico Fermi）
弗罗伦斯·南丁格尔（Florence Nightingale）
富兰克林·罗斯福（Franklin Roosevelt）
福地茂雄（Shigeo Fukuchi）
弗朗西斯·高尔顿（Francis Galton）
弗朗西斯·培根（Francis Bacon）
哈利·罗伯茨（Harry Roberts）
汉斯·罗斯林（Hans Rosling）
卡伊洛斯（Kairos）
卡洛斯·戈恩（Carlos Ghosn）
克里斯塔·麦考利夫（Christa McAuliffe）
栗原伸一（Shinichi Kurihara）
罗纳德·里根（Ronald Reagan）
刘易斯·卡罗（Lewis Carroll）
罗伯特·帕克（Robert M. Parker, Jr.）
迈克尔·波特（Michael Porter）
马克·吐温（Mark Twain）
马修·培里（Matthew Perry）
迈克尔·摩尔（Michael Moore）
马尔科姆·格拉德威尔（Malcolm Gladwell）
青木繁伸（Shigenobu Aoki）
乔治·布什（George Bush）
乔治·金斯利·齐夫（George Kingsley Zipf）
乔治·盖洛普（George Gallup）
史帝文·D. 利瓦伊特（Steven D. Levitt）

史帝芬·J. 杜伯纳（Stephen J. Dubner）
似鸟昭雄（Akio Nitori）
孙正义（Masayoshi Son）
深泽真太郎（Shintaro Fukasawa）
胜间和代（Kazuyo Katsuma）
田坂广志（Hiroshi Tasaka）
藤本隆宏（Takahiro Fujimoto）
威廉·莎士比亚（William Shakespeare）
维多利亚·梅德维克（Victoria Medvec）
维多利亚女王（Queen Victoria）
小山升（Noboru Koyama）
小岛宽之（Hiroyuki Kojima）
西内启（Hiromu Nishiuchi）
伊恩·艾瑞斯（Ian Ayres）
亚伯拉罕·沃尔德（Abraham Wald）
亚里士多德（Aristotle）
约翰·赫歇尔（John Herschel）
御手洗富士夫（Fujio Mitarai）
泽田秀雄（Hideo Sawada）

专有名词

A/B 测试（A/B testing）
P 值（p-value）
一人多工程（multi-process handling）
72法则（rule of 72）
二倍标准差原则（two standard deviation rule）
80/20法则（The 80/20 Rule）
大数据（big data，海量资料）
不偏变异数（unbiased variance，无偏方差）
中心位置量数（measure of central location）
中位数（median）
五力（five forces）
反曲点（Inflection point，拐点）
支配性策略（dominant strategy）
文字探勘（text mining）
加权平均（weighted arithmetic mean）

加权平均资本成本（WACC, Weighted Average Cost of Capital）史塔基法则（Sturges´rule）

市场金字塔（market pyramid）

平均每人国内生产毛额（per capita gross domestic product）

平均绝对误差率（MAPE, Mean Absolute Percentage Error）

母群体（population）

交叉分析（cross tabulation）

共变（covariance）

共变异数（covariance, 协方差）

基尼系数（Gini coefficient）

多任务化（multi-tasking）

多重共线性（multicollinearity）

年平均成长率（CA GR, Compound Annual Growth Rate）

成长 / 市场占有率矩阵（growth-share matrix）

有教无类政策（NCLB, No Child Left Behind）

顺序数据（ordinal data）

利率掉期交易（interest rate swap）

投资报酬率（ROI, Return On Investment）

折线图（line chart）

杜邦分析（Dupont analysis）

杜宾－瓦特森统计值（Durbin-Watson statistic）

决定系数（coefficient of determination）

赤池信息量准则（AIC, Akaike information criterion）

帕累托法则（Pareto principle）

帕累托图（Pareto chart）

抽样偏误（sampling bias）

东京证券交易所股价指数（TOPIX, Tokyo Stock Price Index）

枚举归纳法（enumerative induction）

法柯纳公式（Falconer method）

直方图（histogram）

直接教学法（DI, Direct Instruction）

柱形图（vertical bar chart）

空白简报（ghost deck）

长尾效应（the long tail）

直方图（bar chart）

非监督式学习（unsupervised learning）

置信区间（confidence interval, 信赖区间）

品控圈（QCC, Quality Control Circle）

后设分析（meta-analysis, 元分析）

故事板（storyboard）

相转移（phase transfer）

相关（correlation）

相关系数（correlation coefficient）

相关矩阵（correlation matrix）

赴日旅游宣传推进计划（Visit JAPAN Campaign）

韦伯－费希纳定律（Weber-Fechner law）

个体经济学（microeconomics）

幸存者偏误（survivorship bias）

容忍值（tolerance）

应变量（criterion variable）

时间序列图（time series plot）

消费者物价指数（CPI, Consumer Price Index）

消费者间商务（C to C）

真值（true value）

破坏性创新（disruptive innovation）

回归分析（regression analysis）

回归系数（regression coefficient）

偏回归系数（partial regression coefficient）

偏误（bias）

商品陈列法（merchandising）

商业流程委外（BPO, Business Process Outsourcing）

执行长（CEO）

常态分布（normal distribution）

推论统计学（inferential statistics）

敏感度分析（sensitivity analysis）

净值报酬率（ROE, Return On Equity）

产品组织者（PPM, Product Portfolio Management）

异质性（heterogeneity）

众数（mode）

统计机器翻译（SMT, Statistical Machine Translation）

规模经济（economies of scale）

逐步选取法（stepwise selection）

杰奈法则（Janet´slaw）

单工化（mono-tasking）

算术平均（arithematic mean）

几何平均（geometric mean）

散布图（scatter plot）

最小平方法（least square method, 最小二乘法）

期望值（expected value）

比率数据（ratio data）

区间数据（interval data）
虚拟变数（dummy variable）
费米推论（Fermi estimate）
进步比例（PR，progress ratio）
集中趋势（central tendency）
集中趋势量数（measure of central tendency）
饼状图（pie chart）
极区图（polar area diagram）
经验曲线（experience curve）
自变量（explanatory variable）
资料探勘（data mining）
实地实物（go and see for yourself）
实证管理（EBM，Evidence-Based
　　Management）
实证医学（EBM，Evidence-Based Medicine）
对应产品生命周期（PLC，Product Life Cycle）
监督式学习（supervised learning）
精实生产方式（lean manufacturing）
精实创业（lean startup）
综合适性测验（SPI，Synthetic Personality
　　Inventory）
聚类分析（cluster analysis）
蒙提霍尔问题（Monty Hall problem）
齐夫定律（Zipf's law）
标准差（standard deviation）
标准偏回归系数（standardised partial regression
　　coefficient）
标准普尔500指数（S&P 500，Standard &
　　Poor's 500）
建模（modeling，模型化）
确认偏误（confirmation bias）
复合年平均成长率（CAGR，Compound Annual
　　Growth Rate）
复回归分析（multiple regression analysis，多元
　　回归分析）
定性变数（qualitative variable）
质量互变律（law of mutual change of quality
　　and quantity）
销售时点情报系统（POS，Point Of Sale）
幂定律（power law）
条形图（horizontal bar chart）
随机对照试验（RCT，Randomized Controlled
　　Trial）
总生育率（TFR，Total Fertility Rate）
临界量（critical mass）
临界点（critical point）

购买力平价（PPP，Purchasing Power Parity）
瀑布图（waterfall chart）
简单回归分析（simple regression analysis，一
　　元回归分析）
丰田生产方式（TPS，Toyota Production
　　System）
离散（dispersion）
离散量数（measure of dispersion）
异常值（outlier）
边际递减效应（the law of diminishing marginal
　　return）
分类数据（categorical data）
权数（weight）
变异数（variance，方差）
变异数膨胀因素（VIF，Variance Inflation
　　Factor，方差膨胀因素）
逻辑回归分析（logistic regression analysis）

组织、团体、企业

@cosme
7&I 控股（Seven & i Holdings）
7·11（7-Eleven）
顾彼思商学院（Globis University Graduate
　　School of Management）
谷歌（Google）
三井住友银行（Sumitomo Mitsui Banking）
三和银行（The Sanwa Bank）
三星（SAMSUNG）
三菱银行（Bank of Mitsubishi）
三贤旅行社（H.I.S.）
日本放送协会（NHK）
日本航空（JAL）
日本连锁加盟协会（JFA，Japan Franchise
　　Association）
日本棒球机构（Nippon Professional Baseball
　　Organization）
日本银行（Bank of Japan）
日本兴业银行（The Industrial Bank of Japan）
日产汽车（Nissan Motor）
日联银行（UFJ Bank）
三菱东京日联银行（BTMU，The Bank of
　　Tokyo-Mitsubishi UFJ）
牛津大学（University of Oxford）

肯尼迪太空中心（Kennedy Space Center）
住友银行（The Sumitomo Bank）
杜邦公司（DuPont）
沃尔玛（Walmart）
亚马孙（Amazon）
京瓷（KYOCERA）
佳能（Canon）
宜得利（NITORI）
披头士乐团（The Beatles）
东京三菱银行（The Bank of Tokyo-Mitsubishi），2006年与日联银行合并为三菱东京日联银行（BTMU，The Bank of Tokyo-Mitsubishi UFJ），2018年4月起更名为三菱日联银行（MUFG，Mitsubishi UFJ Financial Group）
东京大学（University of Tokyo）
东京电力（Tokyo Electric Power）
东京银行（The Bank of Tokyo）
东海银行（The Tokai Bank）
武藏野（Musashino）
波士顿顾问公司（BCG，Boston ConsultingGroup）
社会信息服务公司（SSRI，Social Survey Research Information）
芝加哥大学（University of Chicago）
哈佛大学（Harvard University）
威普罗（Wipro Limited，Western India Products Limited）
柯尔百货（Kohl's）
皇家统计协会（RSS，Royal Statistical Society）
美国中央情报局（CIA，Central Intelligence Agency）
美国太空总署（NASA，National Aeronautics and Space Administration）
美国疾病管制与预防中心（CDC，Centers for Disease Control and Prevention）
美国国防高等研究计划署（DAPPA，Defense Advanced Research Projects Agency）
美国国家安全局（NSA，NationalSecurity Agency）
美国国家标准暨技术研究院（NIST，National Institute of Standards and Technology）
美国国际教育研究所（IIE，Institute of International Education）
耶鲁大学（Yale University）
哥伦比亚大学（Columbia University）

康奈尔大学（Cornell University）
第一劝业银行（Dai-Ichi Kangyo Bank）
软件银行（SoftBank）
麦肯锡（McKinsey & Company）
富士银行（Fuji Bank）
普林斯顿大学（Princeton University）
华为（HUAWEI）
菲利普莫里斯（Philip Morris）
塔吉特百货（Target Corporation）
瑞穗银行（Mizuho Bank）
经济合作暨发展组织（OECD，Organization for Economic Cooperation and Development）
群马大学（Gunma University）
雷曼兄弟（Lehman Brothers）
剑桥大学（University of Cambridge）
庆应义塾大学（Keio University）
乐金电器（LG Electronics）
联合国（UN，United Nations）
联想（Lenovo）
赛奥科（ftiokol）
丰田汽车（Toyota Motor）
罗森（LAWSON）
苹果（Apple）
樱花银行（Sakura Bank）菲利普莫